总第5辑

哲学与中国

2018年春季卷

冯鹏志　主编

中国马克思主义研究基金会　资助

中国社会科学出版社

图书在版编目（CIP）数据

哲学与中国 . 2018 年 . 春季卷：总第 5 辑 / 冯鹏志主编 . —北京：中国社会科学出版社，2020.7
ISBN 978-7-5203-5534-6

Ⅰ.①哲⋯　Ⅱ.①冯⋯　Ⅲ.①哲学—研究—中国　Ⅳ.①B2

中国版本图书馆 CIP 数据核字(2019)第 247700 号

出 版 人	赵剑英
责任编辑	朱华彬
责任校对	张爱华
责任印制	张雪娇

出　　版	中国社会科学出版社
社　　址	北京鼓楼西大街甲 158 号
邮　　编	100720
网　　址	http://www.csspw.cn
发 行 部	010-84083685
门 市 部	010-84029450
经　　销	新华书店及其他书店
印刷装订	北京市十月印刷有限公司
版　　次	2020 年 7 月第 1 版
印　　次	2020 年 7 月第 1 次印刷
开　　本	787×1092　1/16
印　　张	16
插　　页	2
字　　数	228 千字
定　　价	99.00 元

凡购买中国社会科学出版社图书，如有质量问题请与本社营销中心联系调换
电话：010-84083683
版权所有　侵权必究

2018年春季卷编委会

顾　　　问：	韩树英　杨春贵　徐伟新　张绪文　宋惠昌
	岳长龄　许全兴　庞元正
主　　　编：	冯鹏志
副　主　编：	董振华　孙晓莉（常务）　何建华　薛伟江
编辑委员会：	冯鹏志　董振华　孙晓莉　何建华　薛伟江
	赵立地　乔清举　朱辉宇　任俊华　靳凤林
	杨玉成　王克迪　侯　才　段培君
学术委员会：	冯鹏志　董振华　孙晓莉　何建华　薛伟江
	乔清举　朱辉宇　焦佩锋　彭劲松　邓　莉
	都　岩　王晓林　孙要良　王纵横　孙海洋
	任俊华　胡　卫　古　荒　郝　栋　靳凤林
	王　乐　刘余莉　王　杰　陈中浙　王　峰
	曹润青　杨玉成　梁晓杰　李晓兵　郭大为
	成官泯　钱圆媛　王克迪　付　立　胡明艳
	赵建军　刘晓青　侯　才　边立新　段培君
	阮　青　刘毅强

写在前面的话

编撰《哲学与中国》书系，以"哲学与中国"为问题导向和学术定向，定期发表相关哲学研究成果以及更为开阔的人文思想研究成果，是中央党校（国家行政学院）哲学部集体承担的一项学校"教学与智库建设创新工程"任务，某种程度上也反映了多年来哲学部全体同志潜心主业主责的实践历程与精神坚守。借书系出版的契机，简要地说明一下我们之所以要做这样一件事情并以"哲学与中国"来为其命名的缘由与心志，我以为是有必要的。

在历史学家的眼中，中国是一种时间性的存在，浩荡向前而自进不息。在中华民族和中华文明五千多年的漫长历史中，这样一种时间性的存在依次展现为中原的中国、中国的中国、东亚的中国、亚洲的中国以至世界的中国，分别表征了中华民族在与时间的相依相伴中成就出来的不同历史阶段的天下形态及其历史意义。

而在文化人类学家的视野里，中国是一种空间性的存在，海纳百川而多元一体。在以一整块大陆的规模和体量而存在的广袤山海之间，这样一种空间性的存在既在自然意义上呈现为昆仑西来、瀚海黄沙、大漠孤烟、丘峦起伏、平野千里、河湖纵横、江渚沙洲、海阔天风的面貌，又在人文意义上展现为乡村、城市、绿洲、走廊、聚落、圩厝乃至更为宏观的文化圈、文化带等形构，它们共同承载了中华民族在与空间的相生相成中生长出来的多样化人文生活形态及其永恒乡愁。

那么，在哲学和哲学家的思维中，中国意味着什么呢？与之相对应，在中国的怀抱中，哲学又表征了什么呢？我以为，从整个人类世界的范围和历史来看，在人类漫长的哲学思维的生成和演进行程中，每一个民族和文明都是有其特有的精神范畴和哲学概念，也都根据这些独特的精神范畴和哲学概念来"认识世界"和"改变世界"，从而独到地奋斗、探索和洞察着一些其他民族和文明未知的思想现实、观念现实和精神现实。因此，只要一个民族或文明不丧失其奋斗精神、独特经验、文化记忆和关于这一精神、经验与记忆的范畴概念，这一民族或文明就不仅会与世长存，更会成为人类总体进化和精神发展必不可少的关键。

由此来看，把哲学与中国关联起来，从内在超越而又合理合情合度的独特取向去生成、实践、创造和升华中华民族的精神生活和思想创造，本质上既是中华民族从古至今能够始终坚守自强不息、厚德载物、参天赞地、中和位育之大道的根基和特色，也是中国的哲学思维能够在内外兼修和实理相推中去开拓天人合一、大道自然、仁恕并举、民胞物与、知行合一、万邦协和之深邃境界的一贯脉络。具体来说，从轴心时期的"百家争鸣"为中华民族开启理性之光，到儒家学说为中华文明厘定天下秩序，到纳佛入华而成就儒释道兼容并立，到理学和心学的重新挺立和并辔而行，再到以"延安道路"和"中国特色"为代表和主流的当代中国和中国共产党人在会通中西马三者上的伟大精神创造和成功思想解放，正是中国与哲学二者之间相启相发、相琢相磨且以一贯之的真实历史写照。

正因为如此，数千年来中华民族从来都是把自己的生活和历史自然而然地引向宽广平和的实践之维，也从来都是把自己的理念和精神自由自在地融入月映万川的理性、道德和审美之思。

正因为如此，我们完全可以自信地说：中国不仅是哲学的对象，更是一种独立的世界观和方法论，是一种自性具足的本体论、现象学和形而上学本身；哲学不仅是中国的知识和智慧，更是中国人的认知实践、道德判断、审美体验和历史进程本身。

回想起来，这一段宏阔悠远而壮烈奔腾的历史，虽然经历了近代以来"三千年未有之变局"及其天翻地覆，但中华民族之与哲学思维的共生共进、共思共觉的行程在近代几乎遭遇灭顶之险后，如今也终于要走出历史的"三峡"了。每念及此，我们的确感慨和寄畅于中华民族和中国思想的不以物喜、不以己悲、登高望远、宠辱不惊的大道、刚毅、包容与坦荡。

回想起来，时间的确赋予了我们中华民族能够在古往今来中创造中国的契机及其展开的过程，中华民族也回报了历史以中华文化的轴心突起和绵延广大；空间的确馈赠了我们中华民族能够在万古江河中开拓中国的构架及其广延的视野，中华民族也回报了天地以中华文明的满天星辉和经络血肉。

而今，当中华民族的创造奋斗和中华文化的开放包容，历经数千年的延续、转折与开展，终于能够在中国特色和中国道路的支撑和引领下又一次壮丽挺立于世界民族之林并积淀于人类命运共同体之文化意义体系的时候，如何让中国的哲学之思闪耀，又如何让哲学的中国之魂凝聚，从而更加完整、更加深刻、更加广阔、更加绵延，尤其是更加自信自觉地呈现光大出一个中国之于哲学的实践支撑和时空推进，建构实现出一个哲学之于中国的我者之思与和而不同，必然要成为当代中国哲学的学科体系、学术体系、话语体系和哲学人的总体意识与使命担当。

进入21世纪以来，中华民族的伟大复兴经过近代以来的跌宕起伏，终于开始走向中华文化和中国思想伟大复兴的新的历史阶段，中华民族在精神上从被动走向主动的伟大历史进程正在绽放出"最盛开的花朵"。但与此同时，当代中国也前所未有地面临着域外哲学思维、历史观念和文化思潮的传播、扩散、介入乃至霸权，面临着各种西学、东方学、汉学、"后学"、隧道时空观等对于中国人精神世界的输入乃至"规划"和抢占。这样的历史时空和思想背景，也迫切需要我们能够更加自信地站在中国的大地上，更加自觉"哲学与中国"的问题意识，并经由这一问题意识的中介，去更好地把握和回应这样一个观念多元、思潮博弈和理论竞争的时代，去把握并确立中华民族的伟大复兴所必需的民族精神的精粹和时代精神的精华，同时也推动着当代中国的哲学发展能够成长为一种具有主体性、前瞻性、引领性和包容性的中国精神现象学。一句话，加快构建中国特色哲学体系，正在成为21世纪中国学术的时代精神的重要组成部分。

2016年5月17日，习近平总书记在哲学社会科学工作座谈会上指出："当代中国正经历着我国历史上最为广泛而深刻的社会变革，也正在进行着人类历史上最为宏大而独特的实践创新。这种前无古人的伟大实践，必将给理论创造、学术繁荣提供强大动力和广阔空间。这是一个需要理论而且一定能够产生理论的时代，这是一个需要思想而且一定能够产生思想的时代。我们不能辜负了这个时代。"显然，随着中国特色社会主义进入新时代，一个全新的世界和历史正在中国面前徐徐打开，也必然要为哲学与中国的关系以及我们对这种关系的现实的理解与运用开展出新的面貌与新的要求。

只有在现实中实现的哲学才是真正的哲学，只有在哲学中把握的现实才是本质的现实。

新时代及其现实呼唤着当代中国的哲学和哲学工作者不忘初心、牢记使命，在不断面向并走向坚持和完善中国特色社会主义、奋力实现中华民族伟大复兴历史实践的过程中，以"加快构建中国特色哲学社会科学体系"为旗帜，在"时代精神的精华"和"文明的活的灵魂"的高度上，更加及时地发出中国声音，更加鲜明地展现中国思想，更加响亮地提出中国主张，更加深刻地呈现中国现实。

真诚地希望有更多的同行和同道，能够对我们所提出和寄托的"哲学与中国"问题意识多有理解和指导；真诚期待广大同行和读者，能对我们的学术努力有更多的支持、参与和共进。中国马克思主义研究基金会为本书系的出版提供了重要支持，在此亦表示衷心感谢。

冯鹏志
［中共中央党校（国家行政学院）哲学部主任、教授］

目录

学科与中国   1

陈　来	早期儒家的德行论	
	——以郭店楚简《六德》《五行》为中心	3
郭齐勇	中国哲学的问题与特质	17
王　杰	明清之际的经世实学思潮与人文启蒙思潮	31
陈中浙	觉的"无生观"	48
王　乐	《中庸》研究的基本历史脉络梳理	57
曹润青	康有为《论语》观析论	68

学术与中国   83

侯　才	《德意志意识形态》"费尔巴哈"章的重释与新建	
	——兼评 MEGA2 第一部第 5 卷《德意志意识形态》	
	正式版	85
赵玉兰	《德意志意识形态》：著作还是季刊？	108
边立新	马克思论财产关系与资本的本质	121

话语与中国   135

戴木才	社会主义核心价值观需要深化研究的几个问题	137
董振华	信仰的价值追问与共产党人的初心	150
王纵横	美与善的言和	
	——席勒的道德审美与黑格尔早期道德思想的形成	156
娄瑞雪	信任在生命伦理学中的价值及构建策略	169

理论与中国　　　　　　　　　　　　　　　　　　　183

任俊华	学好《孙子兵法》　提高战略思维	185
罗　骞	建构性政治与中国道路的建构性特征	192
成官泯	柏拉图阅读中的几个问题（上）	209

问题与中国　　　　　　　　　　　　　　　　　　　227

| 钱圆媛 | 亚里士多德与人工智能 | 229 |
| 廖　苗
黄　磊 | 国内外"数字劳动"研究述评 | 237 |

学科与中国

早期儒家的德行论

——以郭店楚简《六德》《五行》为中心

陈 来[*]

【内容提要】 郭店楚简中与《五行》篇倡言"仁、义、礼、智、圣"五种德行不同;《六德》篇主张"圣、智、仁、义、忠、信"六种德行。《五行》篇重在从内在化、普遍化、性情化的方向去理解并处理德行问题,而《六德》篇强调德行的角色化、社会化。这是两种不同的德行伦理,或者说,《五行》属于德性伦理;《六德》属于角色伦理,显示出早期儒家伦理内部包含了不同的发展取向。《六德》应早于《五行》,但其思想既体现了早期德行论的特点,也体现了早期角色伦理的特点。从文化继承的角度说,德性伦理因其普遍化性格,比较容易处理其继承的问题。而角色伦理中与特定时代特定社会的特殊性相联结的成分,在现代人的继承时就必须加以明确扬弃,要区别角色伦理中"纯粹是地方性、历史性的东西"和"具有普遍意义,要求普遍遵循的东西"在此基础上来进行创造性的继承。

【关键词】 郭店楚简;五行;六德;德性伦理;角色伦理

从德行论的角度看,郭店楚简的出土,为孔子以后100余年间的儒家思想的传承发展提供了新的研究资料,揭示了孔子到孟子之间的儒家德行论的多样开展。其中最重要的文献,当然是《五行》与《六德》。郭店楚简的

---

[*] 陈来,清华大学国学研究院院长、哲学系教授。

《五行》篇是马王堆帛书《五行》篇的经部，而马王堆帛书《五行》篇是说部，对这两部文献我已有专书研究，①故本文的重点不放在《五行》，而放在《六德》，把《五行》作为讨论《六德》的参照。②

一

《五行》篇一开始，在第 1 章就提出了"德之行"和"行"的区分：

仁形于内谓之德之行，不形于内谓之行。义形于内谓之德之行，不形于内谓之行。礼形于内谓之德之行，不形于内谓之行。智形于内谓之德之行，不形于内谓之行。圣形于内谓之德之行，不形于内谓之（德之）行。(1 章)③

仁形于内，是指"仁"内化为德性；仁不形于内是指"仁"尚未内化为德性，仅仅作为仁的行为呈现。义礼智圣亦然。可见，《五行》所提出的"形于内谓之德之行"和"不形于内谓之行"，实际上是用"德之行"和"行"来区别德性和德行。德之行指德性（virtue），即人的内在的品性、品质，行在这里则泛指德行（moral conduct），即合乎道德原则的行为。

在古代中国思想中，孔子以前都使用"德行"的观念，有时简称为德。古代"德行"的观念不区分内在和外在，笼统地兼指道德品质和道德行为，重点在道德行为。以往认为，到了汉代，才明确把德和行进行区分，如郑玄《周礼注》所谓"在心为德，施之为行"。但竹简《五行》的作者已经认识到，一个人做了一件合乎仁的道德行为，却并不等于这个人就是一个具有仁的德性的人。竹简《五行》所强调的是，人不仅要在行为上符合仁义礼智圣，更要使仁义礼智圣成为自己的内在的德性，这样的人才是真正的君子。所以，竹简《五行》的开篇主题是对于"德"的内在性的强调，其注意力主要不在道德行为，而在道德德性。行为是外在的，德性是内在的，只有具有

---

① 陈来：《竹帛〈五行〉与简帛研究》，生活·读书·新知三联书店 2009 年版。
② 郭店楚简原文可见荆门市博物馆编《郭店楚墓竹简》，文物出版社 1998 年版。本文引用的竹简《六德》释文亦参考了李零《郭店楚简校读记》，北京大学出版社 2002 年版，以下不再注明。《六德》文本的问题本文不加处理。
③ 所引竹简《五行》篇文字及章数，取自李零《郭店楚简校读记》（订增本），北京大学出版社 2002 年版，错漏字则据《郭店楚墓竹简》补改。

了内在的德性，道德行为才有稳定的基础和保障。所以，德一定要和内心有关，否则只是行为而已。按照这个说法，仁义礼智圣形于内，就是五种"德之行"，而如果仁义礼智不形于内，就只是四种"行"。仁义礼智四种"行"当然是善的，而"德之行"是更重要的。所以，这里"德之行"和"行"的区分，并不表示"行"是否定的，而是说在肯定"行"为善的基础上，强调"德之行"更为重要。由此可见，所谓"五行"，在直接意义上就是指仁、义、礼、智、圣五种德行。德行的内在化是《五行》篇的主题。①

《五行》篇中的所谓"五行"，就是指仁、义、礼、智、圣五种德行，此处的"行"即是"德行"。把仁、义、礼、智、圣作为德性之目，并非本篇作者的创见，此五种德行已经散见于春秋至孔子的德行论。但若分析起来，亦不简单：首先，此五者在孔子以前并没有连用的例子；其次，仁、义、智三者在春秋至孔子的思想中都作为德行之目出现过，但"礼"在孔子以前并未作为德行的概念，"礼"在春秋时代不是德行，而是社会文化的基本规范；至于"圣"，在春秋时代亦非德行之目，而指能力的卓越，亦属很高的智慧和境界。而在竹简《五行》篇中，仁、义、礼、智、圣五者不仅连用，而且都作为德行，这与春秋时代是不同的。还应当指出，在中国古代，"德"有时是指行为，即道德行为；有时是指德性，即道德品质或道德本性。其具体意义要在文本的脉络中确定。

竹简《五行》的第一个特色是把"行"与"德之行"加以区分，行即是一般的德行，即道德的行为，侧重于行为的实现；而"德之行"虽然也是德行，但这是指从内心之德发出的道德行为，故称"德之行"。一个人做一件道德的行为，不一定是出自道德的动机，不一定出自其内在的品质德性，这只是行；只有出自道德动机、出自内在的仁义礼智圣而做出的仁义礼智圣行为才是"德之行"。内在的仁义礼智圣是德性，发形于外的行为是德行，所以竹简五行的作者显然很重视德性对行为的内在动力作用、重视区别行为的内心动机。一个行为如果发自于内心之德，才是德之行，用竹简作者的话，即"形于内谓之德之行"。如果一个行为不是发自于内心之德的自觉要求，那就只是一般的行，故称"不形于内谓之行"。

因此，就行为来讲，仁义礼智圣五行是五种行，也是五种德行。可以分别称为仁行、义行、礼行、智行、圣行。但只有发自内心的仁德之行、义德

---

① 按以"形于内"论德，古籍有之，如《淮南子》要略篇"德形于内，治之大本"。此段以上的文字亦见于拙著《竹简五行与简帛研究》。

之行、礼德之行、智德之行、圣德之行，才是"德之行"。可见作者建立了两种德行的概念，一种是一般道德行为，一种是发自德性的道德行为，于是君子之所以为君子，不仅是行德、有德行，而且其德行都是发自于内心的德性，故云"五行皆形于内而时行之谓之君子"[①]。

所以《五行》篇的特色是关注德行的内在面，和普遍性，而没有从德行的内涵定义和阐发入手，也说明在仁、义、礼、智、圣的基本定义上此篇并没有与前人不同的理解。

竹简《五行》的第二个特点是，它不仅区分了"行"与"德之行"，不止要求仁义礼智圣五行应当发于内心，而且追溯或力求阐发"德之行"是如何"形于内"的心理过程和心理机制。即一个德之行如仁，是如何从最原初的"仁之思"开始，在内心逐步发展、逐步明朗化、逐步向外在的行为发展的具体过程。竹简《五行》篇对此的描述属于道德新理学的范畴，为此作者建立了诸多从"几"到"发"到"形于外"的心理阶段的概念。

在内在意识的发展过程中，《五行》篇所提出的道德心理学的概念，多属情的范围，虽然不是发作完整的情，但它所说的悦、戚、亲、爱的过程，从不强烈、不显著到强烈、显著，把这些情意范畴作为德性的显发和德行的根据，关注意向性心理状态和意向性心理过程，这在思想史上是少有的。《五行》篇的作者不仅强调德行要发自内心，着力描述了德行发形的内在过程，而且重视从内在的意向性活动发形于外的种种形式，如玉音、玉色，玉色是指内在的意识情感发形为容貌颜色，玉音是指内在意识情感发之于声音之容。这也是很有特色的，合乎礼乐文化既重视行为又重视仪容的文化特性。也说明早期儒家的德行伦理既有自己的特色，也达到了较高的层次。从德性伦理学的角度看，《五行》篇的这种思想表示出，在《五行》篇的作者看来，仅仅关注行为，或仅仅关注品质，都是不够的，儒家的德行论，在《五行》篇的意义上，一方面，是主张全面掌握从内在品质发为外在行为的整个过程，是对"德—行"的全面刻画。这是与目前西方复兴的德性伦理学专注内在德性的立场有所不同的；另一方面，就其对"德—行"的关注点来看，其重点是内在意识与情感，从而也包含了这样的立场，真正重要的不是把"五行"作为外在的规范，而是把"五行"作为内在的意识和感情。

作者不仅提出了较"行"为高的"德之行"，而且还提出了德行之"和"

---

① 《五行》，《郭店楚墓竹简》，文物出版社1998年版，第149页。

的问题，这里的和即协和、配合。如果诸"德之行"未能达到协和配合，那就只完成了善，而没有完成德。

二

《六德》是郭店楚简中另一篇突出"德"的篇章。与《五行》篇倡言"仁、义、礼、智、圣"五种德行不同，《六德》篇主张"圣、智、仁、义、忠、信"六种德行。从德目表来说，六德的排列次序中，圣智置于前，与《五行》篇的排列次序中仁义置于前，便不相同。同时，六德中的圣、智、仁、义，在《五行》篇的五行中都有，但五行中无忠信；五行中的仁义智圣，六德中都有，但没有礼。《五行》篇不以"圣智"对举，而在次序上多为"智圣"。可见，五行与六德根本是两个不同的德目体系。从一般的知识来看，"忠信"是春秋时代的普遍德行，而"礼"作为德行则不能早于子思孟子时，故由此观之，六德应早于五行，是孔子第一代弟子子贡、子游氏所为。

《六德》篇的内容可分为四大段或四节，我们先来看作者对六德的说明："何谓六德？圣智也，仁义也，忠信也。"可见六德之中圣、智为一组，仁、义为一组，忠、信为一组，接着说：

> 何谓六德？圣、智也，仁、义也，忠、信也。圣与智就矣。仁与义就矣，忠与信就矣。作礼乐，制刑法，教此民尔，使之有向也，非圣智者莫之能也。亲父子，和大臣，寝四邻之抵牾，非仁义者莫之能也。聚人民，任土地，足此民尔，生死之用，非忠信者莫之能也。[①]

照这个说法，圣智是作礼乐，制刑法，教民有向的德性，故云"非圣智者莫之能也"，圣智者就是指具有圣智之德的人。此德当作德性讲。在上面这段话中，不仅圣智是政治德行，"仁义""忠信"亦然，如仁义是"亲父子，和大臣，寝四邻之抵牾"的德性，这里的父子也是君主的父子关系，指政治德性。又如忠信，是"任土地，足此民尔，生死之用"的德性。可见，这里所说的圣、智、仁、义、忠、信六德都是政治领导者应具备的三组德

[①] 《六德》，载《郭店楚墓竹简》，文物出版社1998年版，第187页。

行。德行的主体是君主，而不是其他社会角色。这个意义上的六德，其意义就受到限制，它们不是普遍的德性或德行，而特指君主的政治德行，这就与五行不同了。

三

与上面一段讲政治领导者具备三方面的政治德性不同，《六德》的另一段则讲六职，把六德分别作为夫、妇、君、臣、父、子六种职分的德行，以六德对应六职，即每一德目都对应于一类特定的社会角色。这进一步把六德具体化、特殊化，使得圣智仁义忠信六德成为社会的角色伦理，可见《六德》篇的论何谓六德的一段，和论六职的一段，二者的德行体系也有所不同：

> 生民斯必有夫、妇、父、子、君、臣此六位也。有率人者，有从人者；有使人者，有事人者；有教者，有学者，此六职也。既有夫六位也，以任此六职也，六职既分，以裕六德。①

其实这里的六位是三种基本伦理关系，即夫妇、君臣、父子，但六德篇认为，每一伦都包含两种分位或职位，即每一伦都包含两种社会角色，故以六种角色论之。如夫妇一伦中，夫是率人者，妇是从人者。君臣一伦中，君是使人者，臣是事人者；父子一伦中，父是教人者，子是受教者。于是在《六德》篇作者看来，人类社会的基本角色就是率人者、从人者、使人者、事人者、教人者、受教者六种。六种分位又称"职"，即社会分工单位。而每一职分都有其道德规范，即德。故六种职分对应着六德。值得一提的是，《六德》篇在这里把夫妇置于首位陈述，把夫妇父子置于君臣之前，这与现有经典都以君臣为首不同。

现在来看六职与六德的对应关系：

> 任诸子弟，大材艺者大官，小材艺者小官，因而施禄焉，使之足以生，足以死，谓之君，以义使人多。义者，君德也。

---

① 《六德》，载《郭店楚墓竹简》，文物出版社1998年版，第187页。

非我血气之亲，畜我如其子弟，故曰：苟济夫人之善也，劳其藏腑之力弗敢惮也，危其死弗敢爱也，谓之臣，以忠事人多。忠者，臣德也。

知可为者，知不可为者；知行者，知不行者，谓之夫，以智率人多。智也者，夫德也。

一与之齐，终身弗改之矣。是故夫死有主，终身不嫁，谓之妇，以信从人多也。信也者，妇德也。

既生畜之，又从而教诲之，谓之圣。圣也者，父德也。

子也者，会墩长材以事上，谓之义；上共下之义，以睦□□，谓之孝，故人则为人也，谓之仁。仁者，子德也。[①]

这样的叙述与上一段次序有所不同，上一段是夫、妇、父、子、君、臣六位的次序，这一段则是君、臣、夫、妇、父、子六职的次序。六位的次序与六职的次序本无不同，这在前面开始的一段中也说明了。但在这一段对六职的叙述中，却把君臣提到了前边。这一段的思想是：

义是君之德，君是使人者，对子弟量材录用而施禄，其德为以义使人，要按照义的原则任用人。故义是君主任用使人之德。

忠是臣之德，臣是事人者，对施禄于我的人要竭力服事，不惧危死，臣之德是以忠事人，故忠是臣德。

智是夫之德。夫为率人者，知道什么可为什么不可为，知道什么可行什么不可行，这是统领一家的夫的智慧德性，所以智是夫德。

信是妇之德。妇为从人者，夫死而终身不变，其德是以信从人。故信为妇德。信在春秋后期本是朋友之德，这在论语十分明显，但六德篇却强调信为妇德，这是少见的。

圣是父之德。父对于子是教人者，既能生育之，又能教诲之，因此圣是做父亲的德性。按孔子到中庸，圣本是知天道的智慧，六德篇却把圣作为父德，即教人之德，这也是耐人寻味的。

仁是子之德。子是受教者，对父既要以义事上，又要以孝事亲，而从人伦关系讲，仁是子德，用仁来对待父亲。

这一段最后的结论是：

[①] 《六德》，载《郭店楚墓竹简》，文物出版社1998年版，第187页。

> 故夫夫、妇妇、父父、子子、君君、臣臣，六者各行其职，而谗谄无由作也。观诸《诗》、《书》则亦在矣，观诸《礼》、《乐》则亦在矣，观诸《易》、《春秋》则亦在矣。①

"各行其职"，包含着各按其职分的规范而行之意，故六德的"德"，规范之意较重。这就把六德分属于六种社会角色以处理其伦理关系，即特定社会结构中的特定角色规范，这就限制了德行的普遍性意义。这对仁的限制特别明显。

以上我们分析了《六德》篇中的前面两段。实际上，这两段分别代表不同的体系，我们引用的第一段讲的是君主的三组德行，偏重在政治德行。而我们引用的第二段讲的是六种社会角色的规范，偏重在社会的伦理德行。照我们引用的第二段所说，圣智为父、夫之德，仁义为子、君之德，忠信为臣、妻之德，这与早期儒家主流思想的讲法距离甚大，与所引第一段的讲法亦不能相合。如果暂不理会《六德》篇自身的不同，比照《五行》篇，可以看出，《五行》篇重在从内在化、普遍化、性情化的方向去理解并处理德行问题，而《六德》篇强调德行的角色化、社会化，即麦金太尔所说的体现地方性特殊社会关系和社会秩序的德性。这是两种不同的德行伦理，或者说，《五行》属于德行伦理，《六德》属于角色伦理，显示出早期儒家伦理内部包含了不同的发展取向。

四

现在来看《六德》篇中论六德分内外说的一段：

> 仁，内也。义，外也。礼乐，共也。内立父、子、夫也，外立君、臣、妇也。疏斩布绖杖，为父也，为君亦然。疏衰齐牡麻绖，为昆弟也，为妻亦然。袒免，为宗族也，为朋友亦然。为父绝君，不为君绝父。为昆弟绝妻，不为妻绝昆弟。为宗族疾朋友，不为朋友疾宗族。人有六德，三亲不断。门内之治恩掩义，门外之治义斩恩。②

---

① 《六德》，载《郭店楚墓竹简》，文物出版社1998年版，第188页。
② 同上。

这应当是说，仁是内在产生的，义是外在的义务；礼乐则既内在又外在，故说为"共"。父、子、夫之德是内在的，君、臣、妇之德是外在的，对照前文，即是说仁圣智是内在的，义忠信是外在的。以下讲丧服制度的原理，父和君是同一个层次，但父先于君；昆弟和妻子是同一个层次，但昆弟先于妻子；宗族和朋友是同一个层次，但宗族先于朋友。宗族内的伦理以恩为主而不用义来调节，宗族之外的伦理以义为主而不用恩来调节。恩是血缘亲情，义是分位义务。至于"人有六德，三亲不断"，应是指六德是功能是维护、密切三种亲属关系伦理（父子、夫妇、兄弟）。这与第一第二段所讲又有不同。

来看《六德》最后一个大段：

> 男女别生言，父子亲生言，君臣义生言。父圣子仁，夫智妇信，君义臣忠。圣生仁，智率信，义使忠。故夫夫、妇妇、父父、子子、君君、臣臣，此六者各行其职，而谗谄蔑由作也。君子言信言尔，言诚言尔，设外内皆得也。其反，夫不夫，妇不妇，父不父，子不子，君不君，臣不臣，昏所由作也。君子不啻明乎民微而已，又以知其一矣。男女不别，父子不亲。父子不亲，君臣无义。是故先王之教民也，始于孝弟。君子于此一体者无所废。是故先王之教民也，不使此民也忧其身，失其体。孝，本也。下修其本，可以断谗。生民斯必有夫妇、父子、君臣。君子明乎此六者，然后可以断谗。道不可体也，能守一曲焉，可以讳其恶，是以其断谗速。凡君子所以立身大法三，其绎之也六，其衍十又二。三者通，言行皆通。三者不通，非言行也。三者皆通，然后是也。三者，君子所生与之立，死与之敝也。①

所谓"男女别生言，父子亲生言，君臣义生言"，即孟子所说的男女有别、父子有亲、君臣有义，这与《孟子·滕文公上》所说一致。父生子、父率妇，君使臣，这些伦理关系的表达亦见于前段。"夫夫、妇妇、父父、子子、君君、臣臣，此六者各行其职，而谗谄蔑由作也。"这句话在本篇中强调了两次。这与孔子所说的"君君、臣臣、父父、子子"是一致的，即君要像个君，臣要像个臣，父要像个父，子要像个子，孔子是针对春秋末期宗法

---

① 《六德》，载《郭店楚墓竹简》，文物出版社1998年版，第188页。

政治伦理严重破坏的情形而发的,而本文此段的问题意识只是"断谗"。

《孟子·滕文公上》有"父子有亲,君臣有义,夫妇有别,长幼有序,朋友有信"之说,而竹简六德篇认为,虽然男女有别,但对不同位置的人来说相互的职分和德行不同,夫为智妇为信,夫率妇从,故曰智率信。虽然父子有亲,但相互职分和德行不同,父德为圣,子德为仁,父生子故曰圣生仁。虽然君臣有义,但二者职分与德行不同,君德为义,臣德为忠,君使臣事,故曰义使忠。这就是以六德分属于六种社会角色以处理其中的伦理关系,三种关系性质有别,父子是血缘亲情,君臣是政治义务,夫妇是家庭分工。《中庸》说"天下之达道者五",即"君臣也,父子也,夫妇也,昆弟也,朋友也",但不以职分论德,而以"智、仁、勇,天下之达德也"。本篇则强调"六者各行其职,而谗谄无由作也","孝,本也。下修其本,可以断谗"。说明作者如此看重职分,主要目的之一是杜绝为巴结奉承某人说他人的坏话,维持六者的正常合理关系。这一视角也是较为狭窄的。此段最后说,"君子所以立身大法三,其绎之也六,其衍十又二","三"应指"三亲"即夫妇、父子、君臣三伦,"六"应指夫、妇、父、子、君、臣六位,"十二"应指夫智妇信、父圣子仁、君义臣忠。

其实,《周礼》也有六德说,即"知、仁、圣、义、忠、和",与《六德》"圣、智也,仁、义也,忠、信也"唯一不同的是,有和而无信。《说苑·建本》篇有四道说,即"父道圣,子道仁,君道义,臣道忠",这里关于圣和仁的说法与六德篇是基本一致的,可见《说苑》所载是有依据的,是战国时代的儒家思想。六德除了提倡夫夫、妇妇、父父、子子、君君、臣臣之外,其伦理观可概括为"夫智妇信、父圣子仁、君义臣忠"。《礼记·礼运》有十义之说,即"父慈子孝,兄良弟悌,夫义妇听,长惠幼顺,君仁臣忠,十者谓之人义"。除了君义臣忠外,与《六德》篇差别较大。《左传》载晏子语:"君令臣共,父慈子孝,兄爱弟敬,夫和妻柔,姑慈妇听,礼也。君令而不违,臣共而不贰;父慈而教,子孝而箴;兄爱而友,弟敬而顺;夫和而义,妻柔而正;姑慈而从,妇听而婉:礼之善物也。"《孟子》中也有"仁之于父子也,义之于君臣也,礼之于宾主也,知之于贤者也,圣人之于天道也"的说法,虽与《六德》不同,但其仁、义之说与之也有相承之迹。贾谊《新书》:"君惠臣忠,父慈子孝,兄爱弟敬,夫和妻柔,姑慈妇听,礼之至也。君惠则不厉,臣忠则不贰,父慈则教,子孝则协。兄爱则友,弟敬则顺,夫和则义,妻柔则正,姑慈则从,妇听则婉,礼之质也。"孟子以仁、义、礼、智为四主德,后人将它扩展为"五伦十教",即"君惠臣忠、父慈子孝、兄友弟恭、夫义妇顺、朋友有信",成为中国伦理学史上的普遍说法,规定了古代中国社会基本伦理关系中双方的德行规范。

五

现在我们来讨论《六德》篇与儒家德性伦理的问题。《中庸》把五伦称为"达道",孟子"父子有亲,君臣有义,夫妇有别,长幼有序,朋友有信"之说讲的是五伦及其伦理要义,但都并没有指出每一伦的双方所应具有的德行,还不能算是德性伦理,也不是角色伦理。而晏子所说则明确规定了五伦中十方的德行即"君令臣共,父慈子孝,兄爱弟敬,夫和妻柔,姑慈妇听",《礼记》的十义"父慈子孝,兄良弟弟,夫义妇听,长惠幼顺,君仁臣忠,十者,谓之人义"也是如此,更早如《左传》文公十八年"舜臣尧……使布五教于四方,父义、母慈、兄友、弟共(恭)、子孝"。这些既是规范伦理,也是德行伦理,又是角色伦理。

近20年来,有些学者在西方美德伦理运动兴起的影响下,提出儒家伦理是德性伦理,特别是研究西方伦理学的学者。[①] 同时,也有不赞成用美德伦理或德性伦理来描述儒家伦理的学者,而主张用"角色伦理"来理解早期儒家伦理,代表人物是安乐哲和罗斯文。[②]

他们认为,最好以"角色伦理学"描绘早期儒家,这种角色伦理学主张把人视为关系中的人而不是个体的自我,认为儒家是以家族为基础的,它不主张抽象的关系之道,而坚持儒家的规范性是具体地表达为做好家庭角色,集中关注于多重互动关系中的具体的人。他们认为,古希腊的城邦主张普遍的共同体,而儒家需要的是这个儿子、这个父亲等具体的角色集合,儒家的基本德行是在与有关联的其他人共同适宜地担当其角色的过程中实现的。所以,古希腊亚里士多德指向的是某种共通的德性,而儒家所要求的多是促使特殊关系变得更好的具体的德性。[③] 这一看法是值得重视的。

其实,德性伦理学与角色伦理学不一定是对立的,角色伦理也可以是某

[①] 如石元康的《两种道德观》(载《从中国文化到现代性》,东大图书公司1998年版),和余纪元《德性之镜》(中国人民大学出版社2009年版)。

[②] 已有一些学者对安乐哲、罗思文的"角色伦理"说提出批评,如赵青文《儒家伦理是"角色伦理"吗》(《学术界》2012年12期)、郭齐勇、李兰兰《安乐哲"儒家角色伦理"说评析》(《哲学研究》2015年第1期)、金小燕《论语中"孝"的德性期许》(《孔子研究》2016年第3期)。

[③] 参看安乐哲、罗斯文《早期儒家是德性论的吗?》,《国学学刊》2010年第1期。

种类型的德性伦理。而整个来说，儒家伦理则既包括了德性伦理，也包括了角色伦理，这在郭店楚简中看得很清楚。当然，角色伦理也可以有其他的表达方式，不一定只是以德性德目的语汇来表达。自然，我们也不认为儒家伦理可以全部简单归结为德性伦理，但这个问题不在这里讨论。关于德性伦理与角色伦理的关系，还有学者把德性伦理全部看作角色伦理，这也是我们不赞成的，如五行篇强调的就不是角色伦理，而是具有普遍性的德性伦理。普遍性的德性伦理是讲个人作为人的基本德性，而角色伦理是讲个人作为一个角色的德性。

《中庸》以"智、仁、勇"为三"达德"，因而"智、仁、勇"在《中庸》中被表达为普遍意义的德行，成为早期儒家德行伦理的代表。在这个意义上说，认为早期儒家伦理根本不是或无关于德性伦理是不恰当的。早期儒家伦理从孔子到孟子和荀子的思想中都包括了这种具有普遍意义的德性伦理，这是不能否认的。《五行》篇在形式上更是这种德性伦理的一个代表。因为德性伦理学之成为德性伦理学，以亚里士多德为典型，必须以提出德行或德目表为基本思想和中心观念，如勇敢、节制、慷慨、公正等，否则即使是主张关注行为者动机，关注成为什么样的人，而不提出德目表和德性概念，就不能属于德性伦理学。德性伦理学不能泛化而等同于"成为什么样的人"的人生哲学或人生理想，尽管亚里士多德的伦理学观念要比今天的伦理学观念来得广。

此外，早期儒家思想中也确实包含并重视角色伦理，早期儒家的德性论中也包括了角色德行论，其典型代表即是《六德》。儒家伦理中本来既强调伦理关系中双方各自负有的德行要求和道德规范，又注重普遍意义的德行和德性，这两方面不是对立的，而是相辅相成的。如《六德》篇的思想既属于德性伦理，也属于角色伦理，但儒家伦理思想中的角色不是独立的个体，而是关系中的角色，伦理关系中的角色。[①] 所以，一方面它强调的不是一般的、普遍意义的德行；另一方面是把儒家的基本德行诠释为特定伦理关系中特定社会角色的德行。由于伦理关系是双方的，所以儒家伦理总是说到伦理关系双方应负的角色责任和义务，具有互相承担义务的要求（至于这种责任和义务的表达则是多样的）。这是儒家角色伦理的特点，而不是一般的社会角色。当然，也应该承认，《六德》篇的具体诠释在先秦儒学中不是主导思

---

① 安乐哲在他的书中也强调这一点，见其所著《儒家角色伦理学》，山东人民出版社2017年版，中文版序言，第1页。

想。同时,《六德》篇也显示出另一变化的方向,即仁义礼智圣这些普遍化的德行在提出之后,仍有可能通过特殊化的诠释而满足其社会角色的要求,如《六德》篇中"仁"被说成子之德等。这是因为,中国古代的先秦社会是宗法社会,与雅典希腊社会的"城邦—公民"结构不同,宗法社会的人伦关系对角色伦理有更多的要求。

其实古希腊也有类似的情况。麦金太尔在其《追寻美德》(或《德性之后》)中指出,英雄社会中的美德与社会结构实际上是一回事,既定的规则不仅分派了人们在社会阶层中的位置以及相应的身份,而且也规定了它们应尽的义务和别人对他们应尽的义务。一个人若试图脱离他在英雄社会中的既定位置,那就是试图使自身在这个社会消失。因而,英雄社会的美德的践行既要有一种特定的人,也要有一种特定的社会结构。麦金太尔说,这一事实告诉我们,一切道德总在某种程度上缚系于社会的地方性和特殊性。这当然也体现了麦氏自己解构普遍性、不赞成抽象化和普遍化的立场。他还指出,英雄史诗表征了一种社会形式,其中突出了社会角色,和使个体去做其角色所要求的事情的品质与美德。很显然,麦氏所刻画的古代希腊英雄社会的德行就是突出角色伦理或角色德性的。① 而到了雅典社会,他认为,"美德概念现在已明显脱离了任何具体的社会角色概念"②。其实在雅典时代的德性论中,也并不是只有普遍性没有地方性的。

所以,在道德史上,早期社会文化的发展中,不可能没有关于社会角色的道德规范或德行要求,反而,越是早期这一类角色的规范和德行可能越是占主要地位。而随着社会文化的发展,普遍性的规范或德行便会日益发展起来,这种注重特殊到注重普遍的发展合乎人类理性的发展。当然,中国文化注重关系伦理,因此关系中的角色规范和德性会始终是中国文化的重要方面,特别是所谓人伦关系的角色规范与责任;但人伦基本关系和一般所谓社会角色还是有所不同的,这一点也应该得到注意。《六德》篇虽然是孔门七十子及后学的作品,并不是三代或春秋的作品,但其思想可谓既体现了早期德行论的特点,也体现了早期角色伦理的特点。而由于《六德》篇产生于孔子之后,所以其中的提法,如以仁为子德,就无异于把普遍性德性限定为特定伦理角色的义务,这就具有其明显的局限性了。

---

① [美]麦金太尔:《追寻美德》,宋继杰,译林出版社2003年版,第155、156、159、160、162页。

② 同上书,第167页。

如果从文化继承的角度说，德性伦理因其普遍化性格，比较容易处理其继承的问题。而角色伦理中与特定时代特定社会的特殊性相联结的成分，在现代人的继承时就必须加以明确扬弃，如麦金太尔所说，要区别角色伦理中"纯粹是地方性、历史性的东西"和"具有普遍意义、要求普遍遵循的东西"在此基础上来进行创造性的继承。

中国哲学的问题与特质

郭齐勇

【内容提要】	与西方哲学不同，中国哲学有其独特的问题意识和思想特质，讨论中国哲学或中国哲学史，首先必须回答这个问题。本文认为，中国哲学的基本关怀与问题是环绕着天道、地道与人道的关系展开的，在这一根本问题下，中国哲学的精神与特点可以概括为以下七点：自然生机、普遍和谐、创造精神、秩序建构、德性修养、具体理性、知行合一。
【关键词】	中国哲学；问题；特质

中国哲学史这门学科自20世纪20年代前后诞生以来，已经有了一百年的历史。虽经过胡适、冯友兰、张岱年、任继愈、冯契、萧萐父、汤一介、李泽厚、陈来等数代专家学者的耕耘，这一学科仍处在成长与发展之中。

百年来，凡讨论中国哲学史，必先涉及关于哲学的定义。哲学是人们关于宇宙、社会、人生的本源、存在、发展之过程、规律及其意义、价值等根本问题的体验与探求。在远古时期，各个大的种族、族群的生存样态与生存体验，既相类似又不尽相同，人们思考或追问上述问题的方式亦同中有异，这就决定了世界上有共通的，又有特殊的观念、问题、方法、进路，有不同的哲学类型。人类进入文明时代的几个大的典范文明，各有不同的方式，其哲学有不同的形态。古代中国、印度、希腊的哲学是其中的典型。不仅今天所谓中国、印度、西方、阿拉伯、非洲的哲学类型各不相同，而且在上述地

---

* 作者于2015年7月在香港中文大学出席第十九届国际中国哲学大会，应邀在大会上作主题演讲。本文即这次演讲的基本内容。

** 郭齐勇，武汉大学哲学学院及国学院教授。

域之不同时空中又有不同的、千姿百态的哲学传统。并没有一个普遍的西方的或世界的哲学，所有哲学家的形态、体系、思想都是特殊的、各别自我的。

我们认为，凡是思考宇宙、社会、人生诸大问题，追求大智慧的，都属于哲学的范畴。中国人关于人与天、地、人、物、我的关系，宇宙与人的关系，人在宇宙中的地位、人的尊严与价值、人的安身立命之道等学问，当然都是哲学的题中应有之义。

一 中国哲学的问题

中国哲学讨论什么问题或课题？问题之间有什么联系？有什么问题意识？张岱年1937年写成的《中国哲学大纲》一书，副题为《中国哲学问题史》，是以问题与范畴为纲，论述中国古典哲学发展演变的书，是书强调中国哲学问题的条理体系，值得咀嚼。他认为，中国哲学有自身系统，其内容约略可分为宇宙论或天道论、人生论或人道论、致知论或方法论、修养论与政治论五个部分，以前三个部分为主干。张先生这一著作的特点是凸显了中国哲学自身问题与课题，以解读中国哲学的范畴为中心。如宇宙论中包含三论：本根论或道体论、大化论、法象论。本根论讨论的是道、太极阴阳、气、理气等；大化论讨论的是变常、反复、两一、大化、终始、有无等。人生论中包含四论：天人关系论、人性论、人生理想论、人生问题论。天人关系论讨论的是人在宇宙中的位置、天人合一、天人有分与天人相胜等。人性论讨论的是性善与性恶、性无善恶与性超善恶、性有善恶与性三品、性与心之诸说等。人生理想论讨论的是仁、兼爱、无为、有为、诚及与天为一、与理为一、明心、践形等。人生问题论讨论的是义与利、命与非命、兼与独、自然与人为、志功、损益、动静、欲理、情与无情、人死与不朽等。致知论中包含知论与方法论等。

张先生书启发我们思考中国哲学的问题。我们认为，中国哲学的基本关怀与问题，环绕着天道、地道与人道的关系而展开，或抽绎为道，展开而为道与人、道与物、道与言等。宋代以后，道的问题转化为理或心的问题。

具体地说，中国哲学关注的若干向度：一是人与至上神天、帝及天道，人与自然或祖宗神灵，即广义的天人、神人关系问题；二是人与宇宙天地（或地）的关系，是宇宙论，尤其是宇宙生成论的问题，包括今天讲的人与自然的关系；三是人与社会、人与人、自我与他人的关系，社会伦理关系问题；四是性与天道、身与心，心性情才的关系问题，君子人格与人物品鉴，修养的工夫论与境界论等；五是言象意之间的关系，象数思维，直觉体悟的问题；六是古今关系即社会历史观的问题。司马迁讲"究天人之际，通古今之变，成一家之言"，除天人问题外，中国人尤重社会政治与历史发展，关注并讨论与古今关系相联系的诸问题。这都是中国哲学的题中之义。

今天讨论中国哲学或中国哲学史，我们反对不假反思地将西方哲学范畴应用于中国古代文本，我们也反对完全把中西哲学范畴看成是绝对对立、不可通约的。美国学者史华兹说："不能设想，诸如自然、理性、科学、宗教和自由之类的术语能够与诸如'道'、'理'和'气'之类在中国文化内部同样有着复杂历史的术语恰好吻合。"① 我们运用东西方哲学范畴时特别注意的是，一方面，哲学范畴、术语的语义范围，在什么样的语境中，以什么样的方式使用它；另一方面，"超越了语言、历史和文化以及福柯所说'话语'障碍的比较思想研究是可能的，这种信念相信：人类经验共有同一个世界"②。因此，中西、中外哲学是可以比较，可以通约的。

中国哲学的中心问题及问题意识与西方哲学有同有异，且同中有异，异中有同。与犹太—基督教式的创世论最大的不同，在于中国没有至高无上的造物主上帝。牟复礼说："中国没有创世的神话，这在所有民族中，不论是古代的还是现代的，原始的还是开化的，中国人是唯一的。这意味着中国人认为世界和人类不是被创造出来的，而这正是一个本然自生的宇宙的特征，这个宇宙没有造物主、上帝、终极因、绝对超越的意志，等等。""无需置信仰于理性之上，它强调伦理和社会事务上的理性，它的知识问题很少涉及那些无法用道理来阐明的信仰。"③ 中国上古的神话基本上是英雄神话，而没有创生神话。当然，中国有盘古开天地的故事，西南少数民族有类似传说，但基本上是晚出的，公元3世纪才有最早记载，可能与印度传来的创世神话有关。

在解释宇宙如何形成的问题上，"中国的宇宙生成论主张的是一个有机的过程，宇宙的各个部分都从属于一个有机的整体，它们都参与到这个本然自生的生命过程的相互作用之中，这是个天才卓颖的观念……李约瑟分析了

---

① ［美］本杰明·史华兹：《古代中国的思想世界》，程钢译，刘东校，江苏人民出版社2004年版，第12页。
② 同上。
③ ［美］牟复礼：《中国思想之渊源》，王立刚译，北京大学出版社2009年版，第19、25页。

中国人的宇宙模式之后，称之为'没有主宰却和谐有序'，李约瑟描述的中国人的有机的宇宙让我们瞠目惊讶，和人类历史上其他关于宇宙的观念相比，中国人的观念是何等特别"[1]。宇宙的发展不必依赖任何外力，中国哲学的气论与宇宙自生、创生的观念是各派哲学的共识。

钱新祖指出："中国的传统哲学不但不把人和天在本体上截然划分为两种不同存在，并且还认为人和天在存在上是一体的，以为人之成神、成圣是人的本性的自我实践。所以中国的传统哲学，在肯定人的时候，也同时肯定天，在肯定天的时候，也同时肯定人。"[2] 钱新祖认为中西人文主义是两种不同类型，中国是内在人文主义，西方是外在人文主义。中国传统的个人主义是关系性或整合性的个人主义，而不是原子论式的个人主义。"中国传统哲学的出发点往往不是团体，而是个人。譬如说，《大学》里所讲的'八条目'，其中的第一条目就是修身，修身的身就是指的个人一己的自身。"[3] 中国人肯定人与人之间的现实关系与联系，然而在西方，人伦世界里的人伦也还得依赖神这个创世主的存在而存在，因此个人之间并没有内在的直接的相互关系，因为每一个人都是上帝创造的，个人间的关系是以与神这个创世主的共同关系为媒介的。

历史上的中国人不承认有所谓"启示的真理"，"不承认真理是由一个高高在上、超人的神所启示给人的，而是认为真理是可以、也必须在人事中找寻得到的……中国人认为真理是在历史的过程里显现，必须在历史的过程中去追寻和求证，也必须在我们每个个人的日常生活里去体验和实践的"[4]。所以中国哲人肯定"知行合一""即知即行"，而且中国人有很强的历史感，有最悠久且从未间断的史学传统。同时，在历史的陈述中就寓含褒贬即价值评价。

牟宗三指出，与西方式的以知识为中心、以理智游戏为特征的独立哲学不同，中国哲学"是以'生命'为中心，由此展开他们的教训、智慧、学问与修行"[5]。这里所说的生命，不是自然生命，而是道德实践中的生命。"它的着重点是生命与德性。它的出发点或进路是敬天爱民的道德实践，是践仁

---

[1] [美] 牟复礼：《中国思想之渊源》，王立刚译，北京大学出版社2009年版，第21—22页。
[2] 钱新祖：《中国思想史讲义》，台湾大学出版中心2013年版，第35页。
[3] 同上书，第43页。
[4] 钱新祖：《中国思想史讲义》，台湾大学出版中心2013年版，第46页。
[5] 牟宗三：《中国哲学的特质》，上海古籍出版社1997年版，第6页。

成圣的道德实践,是由这种实践注意到'性命天道相贯通'而开出的。"①这里没有西方式的以神为中心的启示宗教,有的是凡俗的活生生的人,在圣贤传统下的人格修养与生命生活的实践,在现实中对生命意义的追求。

在这样的哲学问题与问题意识下,中国哲学中的天人关系论、宇宙生成论、群己关系论、治身治国论、天道性命与心性情才论、德性修养的工夫论与境界论、知行关系与古今关系论、由道德直觉到智性直观等论说比较发达。

二 中国哲学的特质

所谓"中国哲学",内容非常复杂,从流派来看有诸子百家、儒释道、宋明理学等,从典籍来说有经史子集与地方文献等,还有不同时空的中华各民族的哲学思潮与思想家,以及口耳相传的思想内容。

任何概括都有危险性,不免挂一漏万,以偏概全。尽管如此,人们还是要概括、提炼。冒着可能陷入化约主义偏失的危险,我们还是试图从儒、释、道诸家的哲学中抽绎出反映"中国哲学精神与特点"的若干内涵,尽管儒释道诸家及其所属诸流派之间的主张也不尽相同,但它们仍有一些共同的思想倾向。

我把中国哲学的精神与特点概括为以下七点:自然生机、普遍和谐、创造精神、秩序建构、德性修养、具体理性、知行合一。

(一)存有连续与生机自然

所谓"存有的连续",即把无生物、植物、动物、人类和灵魂统统视为在宇宙巨流中息息相关乃至互相交融的连续整体,这种观点区别于将存有界割裂为神界、凡界的西方形而上学。受此影响,中国古代思想家始终聚焦于生命哲学本身,没有创世神话,不向外追求第一原因或最终本质等抽象答案,不向超越的、外在的上帝观念致思,故也不曾如西方哲学那样摇摆于唯物与唯心、主观与客观、凡俗与神圣之间。②所谓"生机的自然主义",指中国哲学认为"自然是一种不断活动的历程,各部分成为一种有生机的整体形

---

① 牟宗三:《中国哲学的特质》,上海古籍出版社1997年版,第10页。
② 参见杜维明《试谈中国哲学中的三个基调》,《杜维明文集》第5卷,武汉出版社2002年版,第4页。

式，彼此动态地关联在一起……此种活动的历程是阴与阳的相互变动，在时间的历程中来实现自己"。中国哲学并不强调主体和客体、物体和精神之间的分辨，而是一种自然的相应，互为依藉和补充，在互为依藉和补充以及自然的相应中，就成就和保存了生命与理解。[①]

长期以来，在西方，一元外在超越的上帝、纯粹精神是宇宙的创造者。人与神，心与物，此岸与彼岸，致思界与存在界，身体与心灵，价值与事实，理性与情感，乃至如如不动的创造者与被它创造的生动活泼的世界，统统被打成两截。然而中国哲学的宇宙论是生成论而不是构成论，他们认为，世界不是宰制性的建构，而是各种主体的参与。中国哲学的主流是自然生机主义的，没有凌驾于世界之上的造物主。中国哲学是气的哲学而不是原子论的哲学，气的哲学昭示的是连续性的存在，变动不居，大化流行，生机无限。宇宙绝非孤立、静止或机械排列的，而是创进不息、常生常化。由此，人类赖以生存的宇宙是一个无限的宇宙，创进的宇宙，普遍联系的宇宙，其包举万有，统摄万象。对宇宙创化流衍的信念，实际上也正是对人创造能力的信念。

（二）整体和谐与天人合一

中国人有着天、地、人、物、我之间的相互感通、整体和谐、动态圆融的观念与智慧。中华民族长期的生存体验形成了我们对于宇宙世界的独特的觉识与"观法"和特殊的信仰与信念，即打破了天道与性命之间的隔阂，打破了人与超自然、人与自然、人与他人、人与内在自我的隔膜，肯定彼此的对话、包含、相依相待、相成相济。与这种宇宙观念相联系的是宽容、平和的心态，有弹性的、动态统一式的中庸平衡的方法论。正如汤一介所言："普遍和谐"的观念是"天人合一"的基本命题和"体用一源"的思维模式的产物，包括了自然的和谐、人与自然的和谐、人与人的和谐以及人自身内外身心的和谐，是儒、释、道三家共同的思想旨趣。[②]"天人合一"体现了中国哲学精神中存有的连续和有机的整体。天是事物存在及其价值的根源，天道有化生万物之德。"大哉乾元，万物资始乃统天。云行雨施，品物流

[①] 成中英：《中国哲学的四个特性》，《成中英文集》第 1 卷，湖北人民出版社 2006 年版，第 18—19 页。

[②] 参见汤一介《中国哲学中和谐观念的意义》，载《新轴心时代与中国文化的建构》，江西人民出版社 2007 年版，第 91 页。

形……乾道变化，各正性命。保合太和，乃利贞。首出庶物，万国咸宁。"（《周易·乾·彖辞》）这正说明中国文化以天道贯人事的特点。"天"是万物的最终依据，"天"不是与地相对的"物质之天"，而是作为自然界整体意义的"自然之天"。此外，"天"还有着"道德义理之天"，乃至"宗教神性意义"的内涵。正是由于天所具有的多重含义，"天"便不只是指外在于人的自然界，而是一有机的、连续性的、生生不息的能动的、与"人"相关联的不可分的存在。[①] 中国人有着对天、天地精神的信仰及对天命的敬畏，并提升自己的境界以"与天地精神相往来"。这种精神上的契合与颖悟，足以使人产生一种个人道德价值的崇高感。由此对天下万物、有情众生之内在价值，油然而生出博大的同情心，进而洞见天地同根，万物一体。儒家立己立人、成己成物、博施济众、仁民爱物之仁心，道家万物与我为一、天籁齐物之宽容，佛家普度众生、悲悯天下之情怀，都是这种精神的结晶。

中国文化重视人与自然之间，各族群、民族之间，人与人之间的和谐统一的关系。所谓"天人合一"，包含有经过区分天人、物我之后，重新肯定的人与自然的统一，强调的是顺应自然而不是片面征服、绝对占有自然。中国人在观念上形成了"和而不同""协合万邦""天下一家"的文化理想，既重视各民族、族群及其文化、宗教的分别性、独特性，又重视和合性、统一性。在人与人的关系问题上，善于化解与超越分别与对立，主张仁爱、和平、和为贵与协调性，有民胞物与的理想，厚德载物，兼容并包，爱好和平，从不侵略别人，反对以力服人，主张"远人不服，则修文德以来之"。

（三）自强不息与创造革新

中国文化是"尊生""重生"、创造日新的文化，所崇拜的"生"即创造性的本身。《周易·系辞上传》："富有之谓大业，日新之谓盛德，生生之谓易。"宇宙间最高最大的原理就是：一切都在迁流创化中发展着，世界是一个生生不息、日化日新的历程，生长衰亡，新陈代谢，永不停息，"为道也屡迁"。中国的易、儒、道、释诸家尊奉的"道"，就是天地自然或人文世界的永恒运动和发展变化，正所谓"变动不居，周流六虚，上下无常，刚柔相易，不可为典要，唯变所适"（《周易·系辞下传》）。

"天行健，君子以自强不息；地势坤，君子以厚德载物。"人们效法天地

[①] 汤一介：《论"天人合一"》，载《汤一介集》第 5 卷，中国人民大学出版社 2014 年版，第 58 页。

的，就是这种不断进取、刚健自强的精神与包容不同的人、事、物与文化、思想的胸怀。人在天地之中，深切体认了宇宙自然生机蓬勃、盎然充满、创进不息的精神，进而尽参赞化育的天职；由此产生了真善美统一的人格理想，视生命之创造历程即人生价值实现的历程。在天地宇宙精神的感召之下，人类可以创起富有日新之盛德大业，能够日新其德，日新其业，开物成务。所以《礼记·大学》引述古代经典说："汤之《盘铭》曰：'苟日新，日日新，又日新。'《康诰》曰：'作新民。'《诗》曰：'周虽旧邦，其命维新。'是故君子无所不用其极。"无论是对我们民族还是个人，我们不能不尽心竭力地创造新的，改革旧的，推陈出新，革故鼎新，这是天地万象变化日新所昭示给我们的真理。此正是王夫之所言："天地之间，流行不息，皆其生焉者也，故曰'天地之大德曰生'……今日之日月，非用昨日之明也；今岁之寒暑，非用昔岁之气也……故人物之生化也，谁与判然使一人之识亘古而为一人？谁与判然［使一物之命］亘古而为一物？"（《周易外传》卷六）

总之，世界自身的永恒运动、创新、变化、发展，自我更新，自我否定，日生日成，日新其德，革故鼎新，除旧布新，是中国文化的主调。创新的动源，来自世界或事物自身内部的张力或矛盾。中国文化凸显了积极有为、自强不息的精神，强调革故鼎新，创造进取，即人要向天地学习。无数的仁人志士奋发前行，不屈服恶劣的环境、势力与外来侵略者的凌辱压迫，正是这种刚健坚毅的精神使然。

（四）德性修养与内在超越

中国文化特别凸显在道德文明层面，并且用道德取代了宗教的功能。儒、释、道、宋明理学四大思想资源与思想传统，最根本处是做人，是强调人的德性修养。这四大思想传统及其内部各流派在根本的目的上并无大的差别，他们彼此的分歧或纷争，主要是修身工夫人格问题。儒家的理想人格是成圣人、贤人、君子，道家的理想人格是成真人、圣人、神人、至人、天人，佛教的理想人格是成菩萨、佛陀，他们的修养要旨表明，生活在俗世、现实之中的人，总要追求一种超脱俗世和现实的理想胜境。儒家的"极高明而道中庸"，佛教的"平常心即道心"都表明了现实与理想的统一。人人皆可为尧舜，人人皆具佛性，是儒家与佛教的最高信仰。实际上，儒、道、佛与宋明理学都是要追求一种理想的高尚的社会，因此其共同点都在培育理想的人格境界，以出世的精神干入世的事业。

这四大思想传统的道德精神并非只停留在社会精英层面，相反通过教化，通过民间社会、宗教与文化的各种方式，如蒙学、家训、家礼、戏文、乡约、行规等，把以"仁爱"为中心的五常、四维、八德等价值渗透到老百行的日用常行之中，成为他们日常生活的伦理。而这些伦理是具体的、有生命的，甚至其中每一个赞扬与责备都包含很高的智慧。[①] 中国人以仁义为最高价值，崇尚君子人格，肯定"三军可夺帅也，匹夫不可夺志也"，"富贵不能淫，贫贱不能移，威武不能屈"的大丈夫精神，弘扬至大至刚的正气，舍我其谁的抱负，乃至"不识一个字，亦须还我堂堂的做个人"，强调人人都有内在的价值与不随波逐流的独立意志，以"知其不可而为之"的气概，守正不阿，气节凛然，甚至杀身成仁，舍生取义。

内在超越的精神是中国传统哲学在面对超越性与内在性问题时展现出来的共同精神。儒家的天道性命之学、为己之学，是"以道德理想的提升而达到超越自我和世俗的限制，以实现其超凡入圣的天人合一境界"；道家的道德论和逍遥思想，"以其精神的净化而达到超越自我与世俗的限制，以实现其绝对自由的精神境界"；中国禅宗的明心见性、转识成智、见性成佛等中心思想，强调"人成佛达到超越的境界完全在其本心的作用"。[②] 儒、释、道三家都呈现出内在的超越性。内圣外王之道，同样为中国传统哲学中儒、道、释（禅宗）所共有，以此作为达到理想社会的根本办法。

（五）秩序建构与正义诉求

中国文化中不仅有理想胜境，而且有系统的现实社会的治理的智慧与制度。长期以来，中国社会秩序的建构，靠的是"礼治"。"礼治"区别于"人治"、"法治"。"德治"是"礼治"的核心，但"礼治"的范围比"德治"更广。

《礼记·乐记》载："是故先王之制礼乐，人为之节。衰麻哭泣，所以节丧纪也。钟鼓干戚，所以和安乐也。昏姻冠笄，所以别男女也。射乡食飨，所以正交接也。礼节民心，乐和民声，政以行之，刑以防之，礼乐刑政四达而不悖，则王道备矣！"可见"礼"是带有宗教性、道德性的生活规范。在"礼"这种伦理秩序中，亦包含了一定的人道精神、道德价值。荀子推崇"礼"为"道德之极""治辨之极""人道之极"，因为"礼"的目的是使贵者

[①] 参见黄勇《美德伦理学与道德责任：儒家论道德赞扬与责备》，载《儒家思想与当代中国文化建设》，人民出版社2013年版，第370—384页。

[②] 汤一介：《论老庄哲学中的内在性与超越性》，载《儒释道与内在超越问题》，江西人民出版社1991年版，第13页。

受敬，老者受孝，长者受悌，幼者得到慈爱，贱者得到恩惠。在贵贱有等的礼制秩序中，含有敬、孝、悌、慈、惠诸德，以及弱者、弱小势力的保护问题。古代有"一夫授田百亩"的诉求并转化为计口授田制，有养老制度与"移民就谷"等荒政，对灾民、鳏寡孤独与聋哑等残疾人都有救济与保护制度。礼乐文化不仅促进社会秩序化而且有"谐万民"的目的，即促进社会的和谐化并提升百姓的文明水准。

一个稳定和谐的人间秩序总是要一定的礼仪规范为调节的，包括一定的等级秩序、礼文仪节。礼包含着法，礼既是道德规范，又是法律制度。儒家主张"明德慎罚""德主刑辅""一断于法""赏当其功，刑当其罪""执法必信，司法必平"等公平原则。荀子说："故刑当罪则威，不当罪则侮；爵当贤则贵，不当贤则贱。古者刑不过罪，爵不逾德。"（《荀子·君子》）同时，荀子又主张不以私情害法，指出："怒不过夺，喜不过予，是法胜私也。"（《荀子·修身》）他强调"严令繁刑不足以为威"（《荀子·议兵》），"刑弥繁而邪不胜"（《荀子·宥坐》）。他主张"明刑弼教"，不滥用刑，"杀一人刑二人而天下治"（《荀子·议兵》），重视德教。儒家总体上肯定德本刑用，省刑慎罚，反对不教而诛。

古代村社组织有十、百家，或称邑、里，或称"社"与"村社"。管理公务的领袖，是由选举产生的三老、啬夫等。公共生活在庠、序、校中进行。庠、序、校是议政、集会与活动的场所，以后变成古代的学校。传统中国是儒家式的社会，是小政府大社会的典型。传统中国的社会管道、中间组织很多，例如以宗族、家族、乡约、义庄、帮会、行会（到近代转化为商、农、工会）等为载体，以民间礼仪、节日与婚丧祭祀活动，村社活动，学校、书院讲学活动，士农工商的交往等为契机，在一定意义上就是社会自治、地方自治。吕大钧、吕大临兄弟建立的"乡约"、范仲淹首创的"义庄"，同是地方性的制度，也同具有以"礼"化"俗"的功能。传统中国绝非由政府包打天下，而主要靠血缘性的自然团体及其扩大化的社会各团体来治理社会，这些团体自身就是民间力量，它们也保护了民间社会与民间力量，包含家庭及私人空间。它们往往与政权力量相抗衡又相协调，在平衡政权力量的同时，又起到政权力量所起不到的多重作用，如抑制豪强，协调贫富，保障小民生存权，教化民众，化民成俗，安顿社会人心等。又起到慈善机构的作用，救济贫弱，支持农家、平民子弟接受教育等。[1]

---

[1] 详见郭齐勇《再论儒家的政治哲学及其正义论》，《孔子研究》2010年第6期。

中国人特重教育，强调教育公平，即"有教无类"，这为达到"政治公平"起了一定的作用。中国社会等级间的流动较快，这是文官政治的基础。儒家强调知识分子在社会政治中的指导作用，甚至提出士大夫与皇帝共治天下的主张。儒家有其言责，批判与主动建言，为广开言路而抗争。传统民本主义主张："民为邦本，本固邦宁""天视自我民视，天听自我民听""民之所欲，天必从之""人无于水监，当于民监""民为贵，社稷次之，君为轻"。民本主义肯定人民是主体；人君之居位，必须得到人民的同意；保民、养民、教民是人君的最大职务。

（六）具体理性与象数思维

中国的理性是具体的理性。《论语》中孔子就是对某个具体的人物、具体的情况做出评判，这一点就与我们现代的学术讨论习惯大不相同。[1] 西方理性主义的主要特征是人有抽象和演绎的理性能力。中国哲学家承认人是理性的，人可自然地知道实在或道。"实在"和"道"不是逻辑界说的抽象术语，而是普遍地和具体地展现于事事物物中的合理秩序，可以透过直接的经验和广泛的经验层面来了解。中国哲学所展示的具体理性，无论是在认识实践的层面，还是在伦理政治甚至本体论的层面，始终不与经验相离。[2] 中国古代不缺乏抽象思维，有明确的概念、范畴。古代辩证思维发达，这属于理论思维，包含了抽象过程。中国思维有两大特征，一是整体观，二是阴阳观。前者从整体上把握世界或对象的全体及内在诸因素的联系性、系统性；后者重视事物内在矛盾中阴阳、一两关系的对立与平衡。

相对于西方用理性思辨的方式来考察、探究形上学的对象，中国哲人重视的则是对存在的体验，是生命的意义与人生的价值，着力于理想境界的追求与实践工夫的达成。"……他人及天地万物即在人之实践追问中构成意义，成为人实践追问所处的意义世界，中国哲学则名之曰人生境界。然而，如此还未足以让人充分彻悟存在，盖最终要安顿人的有限性，人必须将其意义世界再往上一提而成对超越之体证及诚信……"[3] 中国哲学的实践性很强，不

---

[1] Shun Kwong-loi（信广来），"Studying Confucian and Comparative Ethics: Methodological Reflections"，*Journal of Chinese Philosophy* 36 (2009): p.456.

[2] 参见成中英《中国哲学的四个特性》，第16—18页。

[3] 郑宗义：《从实践的形上学到多元宗教观——"天人合一"的现代重释》，载《天人之际与人禽之辨》，《新亚学术集刊》第十七期2001年版，第65页。

停留于"概念王国"。这不是说中国哲学没有"概念""逻辑""理性",恰恰相反,中国哲学有自身的系统,中国哲学的"道""仁"等一系列的概念、范畴,需要在自身的系统中加以理解。中国哲学有关"天道""地道""人道"的秩序中,含有自身内在的逻辑、理性,乃至道德的、美学的、生态学的含义。其本体论、宇宙论及人道、人性、人格的论说无比丰富,而这些都需要在自身的语言、文化、思想系统和具体的语境中加以解读。

汉民族哲学中有着异于西方的语言、逻辑、认识理论,如强调主观修养与客观认知有密切的关系,如有与汉语自身的特性有联系的符号系统与言、象、意之辩。有的专家说中国有所谓"反语言学"的传统。我的看法恰恰相反,中国有自己的语言学与语言哲学的传统。以象为中介,经验直观与理性直观地把握、领会对象之全体或底蕴的思维方式,有赖于以身"体"之,即身心交感地"体悟"。这种"知""感""悟"是体验之知,感同身受,与形身融在一起。

以《周易》为代表,中国思维方法是象数思维。这一思维方法主张取象比类,触类旁通;阴阳平衡,刚柔调和;注重生命节律,肯定周期、序列、整体综合与统筹。"它不只提供一种思维形式,同时诱导思维内容,它是思维内容同思维形式紧密结合的一种奇特的思维方式。"[①]

我们要超越西方一般知识论或认识论的框架、结构、范畴的束缚,发掘反归约主义、扬弃线性推理的"中国理性""中国认识论"的特色。中国传统的经学、子学、玄学、佛学、理学、考据学等都有自己的方法,这些方法也需要深入地梳理、继承。道家、佛教的智慧,遮拨、破除我们对宇宙表层世界或似是而非的知识系统的执着,获得精神上的自由、解脱,爆发出自己的创造性。道家、玄学、禅宗等巧妙地运用语言,或指其非所指以指其所指,或否定其所指而明即其所指,甚至不用语言,以身体语言,以机锋、棒喝,开悟心灵,启发人当下大彻大悟。"中国哲学的特性,例如喜用'隐喻'与'叙事',表达'形象—观念',并与默观、艺术、道德与历史经验不可分割。"[②] 值得我们重视的是,这些"超语言学"的方式是与其语言学相补充、相配合的。中国哲人把理智与直觉巧妙地配合了起来。

从哲学思想方法而言,我们应当看到,直觉与理智乃代表同一思想历程

[①] 唐明邦主编:《周易评注》(修订本),中华书局 2009 年版,第 11 页。
[②] 沈清松:《中国哲学文本的诠释与英译》,载《中国哲学与文化》(第二辑),广西师范大学出版社 2007 年版,第 74 页。

之不同的阶段或不同的方面，并无根本的冲突。当代世界哲学的趋势，乃在于直觉方法与逻辑语言分析方法的综贯。按贺麟先生的说法，直觉方法一方面是先理智的；另一方面又是后理智的。先用直觉方法洞见其全，深入其微，然后以理智分析此全体，以阐明此隐微，这是先理智的直觉。先从事于局部的研究、琐屑的剖析，积久而渐能凭直觉的助力，以窥见其全，洞见其内蕴之意义，这是后理智的直觉。直觉与理智各有其用而不相悖。今天，没有一个用直觉方法的哲学家而不兼采形式逻辑与矛盾思辨的；同时也没有一个理智的哲学家而不兼用直觉方法及矛盾思辨的。[1] 所以，东西方思维方式并不是绝对的直觉与理智的对立。西方也有体验型、直觉型的哲学家。我们要善于把东西方各自的理性方法综合起来，只用直觉体会，不要科学分析，是有弊病的。

（七）知行合一与简易精神

我国有经世致用精神，强调知行合一，践形尽性，经国济民，兼重文事武备，明理达用，反对空谈高调。知行关系问题是中国哲学家特别重视的问题之一。它所涵盖的是理论理性与实践理性的统一。中国哲学家偏重于践形尽性，力行实践。古代哲学家的兴趣不在于建构理论体系，不是只把思想与观念系统表达出来就达到了目的，而在于言行一致、知行统一，自己所讲的与自家身心的修炼必相符合。他们强调知行的互动，即按照自己的哲学信念生活，身体力行，付诸行动，集知识与美德于一身，不断把自己修养到超越的境界。

在朱熹、王阳明和王夫之的知行统合观中，我们可以知道，中国哲学家的行为方式是理想与理性的统一，价值与事实的统一，理论理性与实践理性的统一。[2] 他们各自强调的侧面或有所不同，但把价值理想现实化，实践出来，而且从自我修养做起，落实在自己的行为上，完全出自于一种自觉、自愿、自由、自律，这是颇值得称道的。

关于传统知行观的现代改造，首先，应由单纯的德行和涵养性情方面的知行，推广应用在自然的知识和理论的知识方面，作为科学思想以及道德以外的其他一切行为（包括经济活动、工商行为及各种现代职业等）的理想根

---

[1] 参见贺麟《哲学与哲学史论文集》，商务印书馆1990年版，第177—184页。

[2] 参考 Yong Huang（黄勇），"Two Dilemmas of Virtue Ethics and How Zhu Xi's Neo-Confucian Avoids them", *Journal of Philosophical Research* 36 (2011): pp. 247—281.

据；其次，这个"知"是理论的系统，不是零碎的知识，也不是死概念或抽象的观念，更不是被动地接受外界印象的一张白纸，而是主动的、发出行为或支配行为的理论；最后，这个"行"不是实用的行为，而是严格意义上的实践。这个实践是实现理想、实现所知的过程，又是检验所知的标准。

孔子、老子、《周易》、禅宗、宋明儒等都主张一种"简易"精神，强调大道至简。孔子讲"居敬而行简，以临其民"（《雍也》）。《周易》哲学肯定"乾以易知，坤以简能；易则易知，简则易从"（《系辞上》），善于在"变易"中把握"不易"的"简易"原则。中国文化强调要言不繁，以简御繁，便于实行。

儒释道与宋明理学可以救治现代人的危机，如前所述，它强调用物以"利用厚生"，但不可能导致一种对自然的宰制、控御、破坏；它强调人文建构，批评迷信，但决不消解对于"天"的敬畏和人所具有的宗教精神、终极的信念与信仰。中国文化甚至主张人性、物性中均有神性，人必须尊重人、物（乃至草木、鸟兽、瓦石），乃至尽心—知性—知天，存心—养性—事天。至诚如神，体悟此心即天心，即可以达到一种精神的境界，这不会导致宗教迷狂、排他性与宗教战争，而又有安身立命的终极关怀。儒家并不脱离生活世界、日用伦常，相反，恰恰在庸常的俗世生活中追寻精神的超越。外王事功，社会政事，科技发展，恰恰是人之精神生命的开展。因此，中国文化精神完全可以与西学、与现代文明相配合，它可以弥补宗教、科技及现代性的偏弊，与自然相和谐，因而求得人文与宗教、与科技、与自然调适上的健康发展。

明清之际的经世实学思潮与人文启蒙思潮

王 杰[*]

【内容提要】 明清之际，旧的传统的思想观念与新的先进的价值理念发生了激烈的冲击和碰撞，社会面临着一系列令人瞩目的价值冲突和社会转向。本文将从理学之弊与经世实学思潮的出现，反对理学空谈心性、主张实学实行实用，舍经学而无理学的价值取向、西学东渐与自然科学的复兴以及批判封建君主专制、启导人的思想解放几个层面对明清之际的经世实学思潮与人文启蒙思潮作一全景式的描述。

【关键词】 经世实学；理学；西学；人文启蒙；社会转向

中国封建社会经过汉唐时期的高度发展，至宋代时达到了巅峰阶段。巅峰同时也就意味着衰落。明清之际，是世界历史发生重要转折的时期，是可以与春秋战国之际相媲美的重要时代，还是思想家自觉对秦汉以来的文化传统及价值观念进行深刻反省和理性批判的时代。明清之际，中国社会走到了一个新的十字路口，处在由传统社会向近代社会过渡的关键时期，无论是在政治、经济领域还是在思想、文化领域，旧的传统的思想观念与新的先进的价值理念在这一时期发生了激烈的冲击和碰撞，社会面临着一系列令人瞩目的价值冲突和社会转向。其中最重要的是随着明清之际的知识界、思想界对程朱理学与陆王心学末流的猛烈抨击，随着封建体制内部革新派与新兴市民阶层两股社会力量的"会合"而兴起的经世实学思潮，本文将从理学之弊与经世实学思潮的出现，反对理学空谈心性、主张实学实行实用，舍经学而无

---

[*] 王杰，中共中央党校（国家行政学院）哲学教研部教授。

理学的价值取向以及西学东渐与自然科学的复兴四个层面对明清之际的经世实学思潮作一全景式的描述。

一　理学之弊与经世实学思潮的出现

　　谁都不能否认任何一种思想文化形态的发展有其前后的继承性，前一时代的思想不可能在后一时代突然消失，后一时代的思想也必然能够在前一时代找到它的萌芽。从历史上看，每一个思想家、每一个思想流派都是在继承前人已有思想观点的基础上形成、发展起来的，每一个思想家必须汲取前人已有的思想或学术成果，这是任何一个历史时期思想得以存在和发展的前提和基础。明清之际绝大多数思想家虽然各自在自己学术领域的侧重点不同，或侧重经学，或侧重史学，或侧重哲学，或侧重实用，但有一个不容否认的事实，那就是他们大都是从朱学或王学中分化、脱胎而来，一开始几乎都是程朱理学或陆王心学的追随者和信奉者，在理论或思想渊源上与朱学或王学保持着千丝万缕的联系。如黄宗羲、孙奇逢、李颙、唐甄等人基本属于陆王心学系统；顾炎武、王夫之、陆世仪等人基本属于程朱理学系统。作为特定历史环境的产物，任何一个人也无法摆脱"既定社会历史环境"的熏陶和影响。当某一思想形态处于鼎盛巅峰期，某些人或可成为某一思想形态的继承者、传播者和发扬光大者；当某一思想形态开始走向没落走向衰退时，某些人或可成为某一思想形态的修正者、改良者乃至激烈的批判者。特别是在社会发生剧烈变动、民族处于兴衰存亡的关键时刻，某些人对传统思想形态的怀疑精神和批判精神就显得尤为强烈。就是说，任何一种思想形态，从它开始存在的那一刻起，它内部就已包含着自我批判、自我否定的因素，就决定了它必然走向自己的反面。以程朱理学为例。理学自北宋中期兴起以后，历经宋、元、明三朝长达 600 年的发展演变，先后形成了程朱理学与陆王心学两大理学流派。两派虽问学路径各有侧重，程朱重"格物穷理"；陆王重"发明本心"，此外两派在一系列重大理论问题上如"心即理"与"性即理"、"人心"与"道心""天理"与"人欲""无极"与"太极""形而上"与"形而下"等都存在较大争论与分歧，但在本质上他们却是一致的，即："同植纲常，同扶名教，同宗孔孟"[①]。到明后期，随着封建制度走向没落，理学已

[①]《宋元学案·象山学案》卷 58。

沦变为"游谈无根""竭而无余华",完全以抄袭"宋人语录"及"策论"为治学圭臬,严重脱离实际,变成了空疏无用之学,对宋明以来的学风造成了极其恶劣的影响,使得一般士人沉湎于空谈心性,不切实际,不谙时务。这种空疏无用之风,导致了宋明时期社会的日益衰落和吏治的极端腐败。随着明后期各种矛盾的日益凸显,理学作为政治附庸的特点日益明显,其腐朽性也更加暴露无遗,给社会造成了极其严重的后果。为了矫正理学所带来的社会弊端,自明中叶后,学者各自自立门户,学术朝两个方向展开:一方面表现为王学运动;另一方面表现为古学(经学)复兴运动。王阳明以继承陆九渊的思想为己任,试图取理学而代之。一时间,作为一种崛起于民间的思想形态,王学逐渐成为一种被社会上所认可的主流思想观念,而理学则被一般士人所藐视。从程朱理学与陆王心学作为两种截然不同价值观念的递嬗来看,尽管当时社会上普遍认同的价值观是王学,但作为官方意识形态的仍然是程朱理学。这就是一个社会往往存在的多元价值观的表现形式,也是一个社会不同阶层所确立的不同的价值标准。上有所好,下未必一定好之;上有所恶,下未必一定恶之,这就是社会历史发展的辩证法。

随着中国封建制度日益走向没落,无论是理学还是王学,越发展越背离初衷;越发展其弊端就越暴露无遗,完全坠入寻章摘句、支离烦琐之途。于是,明朝中后期,从封建社会的母体中产生了一般在批判宋明理学过程中逐渐形成的提倡经世致用的实学思潮,这一实学思潮在明清之际主要表现为经世实学思潮。明清之际的经世实学思潮具体表现为两个方面:对理学的空谈心性而言,主张经世致用;对理学的束书不观而言,主张回归儒家原典。明清之际已有一些思想敏锐的思想家在明后期思想家杨慎、李贽等人开创的批判理学或心学的基础上继续对理学或心学的流弊进行反思和批判,开始倡导一种新的经世实学学风,这种新的学风由萌芽、渐至发展,成为与理学、心学相并立的新的思想观念和价值形态,显然,这是一种积极进步的、有前途有活力的适应社会发展需要的新的思想观念,因而成为一种新的社会时尚、新的实学精神。明清经世实学思潮以"经世致用"为价值核心,在批判程朱理学"束书不观,游谈无根"的基础上,大力提倡经世致用、实事求是之学,把学术研究的范围从儒家经典扩大到了自然、社会和思想文化领域,对天文、地理、河漕、山岳、风俗、兵革、田赋、典礼、制度等,皆在探究问学之列。毋庸讳言,大多数明清之际的思想家如顾炎武、黄宗羲、王夫之、颜元、李恭、朱之瑜、方以智、陈确等人,是这一经世实学思潮的参与者与推动者。让我们假设一下,如果没有大的政治变动和社会变迁,如果没有社会转轨所造成的道德失范和心灵震荡，或许这些思想家仍将徘徊在朱学或王学的世界中踽踽独行。但是，历史不容许假设。社会的急剧变革一方面造成了社会固有道德观、价值观的濒临崩溃；另一方面也造成了一大批社会的先知先觉者把自己融入社会变革的浪潮，紧紧把握时代脉搏，对传统的道德观、价值观进行重新估价和评判。他们在对传统旧价值观进行全面反思和批判的同时，积极倡导一种新的思想，新的价值观，试图为社会提供一种新的价值导向，引导社会走出理学的氛围，走出中世纪的门槛。可见，学术文化的发展同其他文化的发展一样，是在继承前人思想成果的基础上逐渐形成、发展起来的，是变革和延续、创新和继承的辩证统一。

二 反对理学空谈心性 主张实学实行实用

经世实学思潮是批判理学空谈性理的产物。经世思想在中国源远流长。"经世"一词最早载之于《庄子》一书，"春秋经世，先王之志，圣人议而不辩"。[①] 经世致用是中国文化中一以贯之的思想传统，是中国知识分子实现其价值目标和道德理想的内在精神。"经世"思想在不同时期具有不同的含义：有时强调主体的道德修养；有时强调治国安邦平天下；有时强调实行实用；有时强调事功趋利。一般说来，中国传统的"经世"思想体现了这样一种价值走向：当社会处于稳定或"盛世"时期，"经世"思想表现得比较平淡；当社会处于转轨或危机时期，"经世"思想就表现得比较明显。明清之际，在中华大地上，涌现出了一大批提倡经世致用的思想家，他们或以经学济理学之弊，以复兴古学（经学）为己任；或独辟蹊径，开诸子学研究之风气；或探究"切用于世"的学问，以求实功实用；或会通西学，倾心于"质测之学"的研究，尽管他们各自在学术领域各领风骚、各显风采，但他们有一个特点是共同的，就是在抨击理学空疏之弊的同时，竭力提倡经世致用、实学实用，从学风、学术上呈现出一股崇实黜虚、舍虚务实的新风尚，他们共同形成了一个代表社会进步方向、符合时代进步要求的学派——经世实学派。

与明清时期出现的从理学桎梏下解放出来的强烈要求相呼应，明中后期以后在江南地区出现的资本主义萌芽已相当明显，对明清之际兴起的经世实

---

① 《庄子·齐物论》。

学思潮起了推波助澜的促进作用。明清之际的经世实学思潮就是从总结和批判理学与王学末流空谈误国的潮流中逐步形成和发展起来的，其代表人物主要有陈子龙、陆世仪、李时珍、杨慎、徐光启、李贽、方以智、顾炎武、黄宗羲、王夫之等人。他们大多胸怀救世之心，关心国计民生；读书不尚空谈，重视实用之学。由此可见，明清之际提倡的新学风，主要是针对宋明理学的"空疏之风"而产生的。学风问题并不仅仅是纯粹的学术问题，一代学风的形成与转变，与当时社会的政治、经济、文化思潮密切相关。经世实学派的学术宗旨就是"崇实黜虚""废虚求实"。不可否认，理学在初创之时，颇具有疑经、不守传注等创新精神，但其疑经往往流于主观武断；不守传注往往流于任意解经甚至改经，以至学界盛行穿凿附会、蹈空尚虚之歪风。早在明中后期，杨慎就已公开把程朱理学斥为"学而无用"之学，指出理学之根本错误就在于否定汉唐人对儒家经典的研究成果，从而陷入"师心自用"和"一骋己见，扫灭前贤"[①]的境地；把陆王心学斥为"学而无实"之学，走上了"渐进清谈，遂流禅学"[②]的道路。明末著名思想家李贽也揭露说，那些谈论程朱理学的人，其实都是一群"口谈道德而心存高官，志在巨富，既已得高官巨富矣，仍讲道德，说仁义自若"的伪君子，是一群"口谈道德而志在穿窬""被服儒雅，行若狗彘"的败俗伤世者。这群人虽口谈"我欲厉俗而风世，"但他们对社会道德和风气的影响，"莫甚于讲周、程、张、朱者也"[③]。明末另一位著名思想家吕坤也指出，学术要以"国家之存亡，万姓之生死，身心之邪正"为目标，吕坤称之为"有用之实学"。[④]高攀龙也强调"学问不是空谈，而贵实行"，如果"学问通不得百姓日用，便不是学问"。明亡以后，明清之际的思想家更是从文化的原因来阐释社会政治问题，把宋明理学清谈空疏之学风看作是明亡的根本原因，李恭说："当明季世，朝庙无一可倚之臣，坐大司马堂，批点《左传》；敌兵临城，赋诗进讲，觉建功之名，俱属琐屑。"[⑤]李恭把明亡的原因归结为"纸上之阅历多，则世事之阅历少；笔墨之精神多，则经济之精神少"[⑥]。真可谓一针见血，入木三分。黄宗羲对明以来理学空谈性理的弊端进行了猛烈抨击，以为"明人讲

[①]《升庵全集·文字之衰》卷52。
[②]《升庵全集·云南乡试录》卷2。
[③]《焚书·又与焦弱侯书》卷2。
[④]《去伪斋集·杨晋庵文集序》。
[⑤]《恕谷集·书明刘户部墓表后》。
[⑥] 冯辰等：《恕谷年谱》。

学，袭语录之糟粕，不以六经为根底。束书而从事游谈，更滋流弊……然拘执经术，不适于用"[1]。宋明儒者"假其名以欺世……一旦有大夫之忧，当报国之日，则蒙然张口，如坐云雾，世道以是潦倒泥腐"[2]。陆世仪把当时除六艺之外的"如天文、地理、河渠、兵法之类"，皆看作是实用的学问。[3] 顾炎武反对"空疏之学"，力倡"经世致用"，以"修己治人之实学"取代"明心见性之空言"，主张文须"有益于天下，有益于将来"[4]。他撰著《日知录》的目的就在于"明学术，正人心，拨乱世以兴太平之事"[5]，认为"文不关于经术政事者，不足为也"[6]。顾炎武把当时理学的清谈与魏晋时期作了比较，指出："今日之清谈，有甚于前代者。昔之清谈谈老庄，今之清谈谈孔孟。"他指责那些夸夸其谈者"不习六艺之文，不考百王之典，不综当代之务，举夫子论学论政之大端，一切不问，而曰'一贯'，曰'无言'，以明心见性之空言，代修己治人之实学。股肱惰而万事荒，爪牙亡而四国乱，神州荡覆，宗社丘墟"[7]。在顾炎武看来，正是由于理学的清谈导致了明朝的覆亡，这是顾炎武从历史的回顾中和对理学的批判反思中得出的历史结论，反映了明清之际思想家对理学的一种共识与历史自觉。李二曲在提出"明体适用"主张的同时，指出"真知乃有实行，实行乃为真知"[8]，主张用"酌古准今，明体适用"的实学取代"凭空蹈虚，高谈性命"的俗学，把那些"明体而不适用"的人皆视为"腐儒"。史谓其"言言归于实践"。王夫之也主张"明体适用"，提倡"言必征实，义必切理"[9]。傅山也认为："兴利之事，须有实功。"[10] 著名史学家全祖望评价说，傅山是"思以济世自见，而不屑为空言"[11]。朱之瑜"论学问，以有实用为标准。所谓实用者，一曰有益于自己身心；二曰有益于社会"[12]。如果说顾、黄、王、唐等思想家或偏袒程朱，或

---

[1] 《清代七百名人传》（三），第1577页。
[2] 《南雷文定后集·赠编修弁玉吴君墓志铭》。
[3] 参见《清史稿·陆桴亭传》卷480。
[4] 《日知录》卷19。
[5] 《亭林文集·初刻日知录自序》卷2。
[6] 《国朝汉学师承记》。
[7] 《日知录·夫子之言性与天道》卷7。
[8] 《清儒学案·李颙·附录》卷1。
[9] 《清史稿·儒林传》。
[10] 《霜红龛集》卷35。
[11] 《鲒埼亭文集选注·阳曲傅先生事略》。
[12] 梁启超：《中国近三百年学术史》，第83页。

偏袒陆王，对理学还有所保留的话，那么，明清之际另一系统的思想家颜元、潘平格、陈确、傅山等人则对于理学或心学，一齐推倒，没有丝毫保留。颜元为学最强调实学实用，他认为，自汉晋章句泛滥以来，清谈虚浮日盛，尤其是宋儒"著述讲论之功多，而实学实教之力少"①。其为学之要旨是"习行于身者多，劳枯于心者少……为做事故求学问，做事即是学问"②。颜元认为，要看一件事有无实用价值，实践是最好的检验标准。他把理学家空谈的"正其谊不谋其利，明其道不计其功"予以根本扭转，针锋相对地提出了"正其谊以谋其利，明其道而计其功"。并把自己的治学之道归结为实学、实习、实行。梁启超说他"举朱陆汉宋诸派所凭借者一切摧陷廓清之，对于二千年来思想界，为极猛烈极诚挚的大革命运动"③。潘平格斥责理学家丧失良心、学杂佛老，根本谈不上是真儒。潘平格的反理学思想，在清初颇受重视，被誉为"儒门之观音"。陈确从另一个方面把怀疑矛头指向程朱理学数百年立论的根基之一《大学》，作《大学辨》，阐明《大学》非圣经贤传，理学存在的根基被动摇，与之相呼应，傅山倡导的诸子学研究认为先有"子"，然后才有"经"，动摇了孔门独尊的地位，开创了清代诸子学研究的新风。总之，明清之际的思想家已深刻地意识到，理学的空谈已经对社会造成了极大的危害，不对理学进行纠正和批判，将有可能导致"亡天下"的后果。因此，对理学的"清谈误国"是当时思想家的普遍共识，也是引发经世实学思潮滋生和发展的契机。

三　舍经学而无理学的价值转向

"舍经学而无理学"是与反对理学空谈性理密切相关的。因为在中国的经学传统中，始终存在着一种"求实"的精神，而这种"求实"精神可以用来作为批判理学空疏无用的理论武器。经学是自秦汉以来中国学术的主要形式，也可以说是中国传统学术的主流，故冯友兰先生在其著作中把自汉代董仲舒至晚清康有为时期的中国学术称为中国哲学史上的"经学时代"。④ 千百年来，中国的学问几乎都与"经学"有着极为密切的关系，不管提倡者也

---

① 《存学篇》卷一。
② 《颜习斋先生年谱》卷下。
③ 梁启超：《中国近三百年学术史》，第105页。
④ 参见冯友兰《中国哲学史》上册，中华书局1984年版，第485页。

好，反对者也罢，他们争来论去的视角从来没有离开过经学的领域，各种学派、观点之争，如汉、宋之争，今、古文之争，理气、心性、道气之争等，都是由对经典的不同诠释方法引发而来。中国经学的发展形态，历来有几种不同观点，但从经学的社会功能来看，无非有三种不同表现方式：从社会政治的层面讲，经学表现为以"求用"为目的，今文经学为其代表；从历史文化的层面讲，经学表现为以"求实"为目的，古文经学为其代表；从哲学本体的层面讲，经学表现为以"闻道"为目的，宋学为其代表。今文经学治经，皆借经典之"微言"以阐发社会政治之"大义"，在今文经学看来，凡是与经邦济世无关的学问，皆为迂阔不实之学。古文经学治经，最讲实事求是、无征不信，最讲严谨的治学态度和实证的治学方法，最具西方科学的精神。宋明理学虽被后人讥为空谈性理，但他们却认为性理是最大的实际，若离开性理而谈论修身养性、治国安邦，便是舍本而逐末。这里的问题在于，理学家往往要么脱离经典，把自己的意见强加到经典上面；要么舍弃经典，任意发挥自己的意见，从而陷入游谈无根的泥潭。若从人的精神层面来考察，理学家们确实抓住了人的某种非常"实际"的内容，是一种"颠倒了的""求实"精神。经学在经过两汉的兴盛后，便沉寂不彰，分别为玄学、理学所取代。从思想史发展的角度来看，理学是对唐韩愈、柳宗元以来儒学复兴运动的理论总结，是在儒、释、道三家相互辩难、相互吸收、相互融合的基础上形成的一个新的思想理论体系，从这一点上说，理学有其存在的合理性和必然性。理学内部两派虽数百年来互争高低，但都存在一个致命的弱点，那就是他们都把"理"或"心"看作超越于具体事物之上的独立本体，"理"或"心"是评判一切的价值根源，区别仅仅在于：理学是为封建伦理纲常寻找最终根据；而心学则旨在为人生人性寻找价值本原。这样，其理论自身就留下了一个无法回避和解决的悖论，以至于其末流或恃己意为真理，或近于狂禅，无论是程朱之学抑或是陆王之学，都只是理学内部的两个流派而已，因此，清人一般把理学称之为宋学，把理学家称之为宋儒，实即包含了程朱之学和陆王之学。程朱之所谓"理"与陆王之所谓"心性"，在明清之际的思想家眼里，都是一种"虚而不实"的东西，它们成为脱离自己的载体而被理学家任意涂抹粉饰，成为被歪曲的对象。为了恢复被理学家歪曲了的"理"与"心性"的本来面目，使之从"神化"中摆脱出来，就必须回归到儒家原典。回归儒家原典是以"复兴古学（经学）"的形式表现出来的。明末，学术思想界弥漫着"束书不观，游谈无根"的空疏之风，于经世、治国之道毫不关心,"恁是天崩地陷,他也不管,只管讲学耳"①。针对这股衰世颓风,明弘治、嘉靖年间已有一大批学者致力于"复兴古学(经学)"的努力,如明弘治、嘉靖年间前后七子文章之"复古",提倡"文必秦汉,诗必盛唐";主张读古书、识古字、辨古音,据此有学者把明弘治、嘉靖年间前后七子文章之"复古"看作是清代考据学的渊源。② 于是音韵、文字之学始引起学者的关注;一批专著如赵㧑谦的《六书本义》、赵宧光的《六书长笺》、杨慎的《古音丛目》《古音猎要》《转注古音略》、陈第的《毛诗古音考》《屈宋古音考》等相继面世,如杨慎以博洽著称,主张多闻多见、尚博尚实,提倡一种新学风与新的治学方法,被认为"读书博古崇尚考据之风实从此起"③。此外,与杨慎同时稍后的陈耀文、王世贞、胡应麟、焦竑、方以智等人,对古学(经学)复兴运动都起了推波助澜的作用,但人们往往忽视这样一种事实:即王阳明本人对经学复兴所起到的思想解放价值和意义。王阳明在他的著作中多次从"心学"的角度强调"经学"的重要性,指出"六经非他,吾心之常道也""六经者,吾心之记籍也;而六经之实,则具于吾心"。④ 台湾学者蔡仁厚把王阳明的这一思想概括为"经学即心学"思想。⑤ 王阳明正是有感于"六经乃分裂于训诂支离,芜蔓于辞章业举之词",于是发出了"有志之士,思起而行之"的倡议。⑥ 由于王学在当时正处于取理学而代之的强劲势头,因而王阳明对经学的态度对经学的复兴也同样起了相当重要的作用。我们应当把王阳明时代与王阳明后学时代(主要是晚明已流于狂禅的王学)严格区分开来,这是我们看待、分析一切历史问题的基本立足点之一。晚明,由于王学势力过于强大,占据主流思潮,这股古学(经学)复兴运动还处于王学阴影的笼罩之下,还没有人能够把经学从理学体系中分离出来。明清之际的思想家在总结明亡的沉痛历史教训时,痛感王学末流的泛滥无用,使"天下生员,不能通经知古今,不明六经之旨,不通当代之务",经学日渐荒疏,顾炎武最先高举"经学即理学"的旗帜,上承矫正理学之弊,下启清代考据学之先,成为从理学向考据学转向的关键人物。顾炎武提倡"通经"在于"致用",主张接触现实,研究社会出现的实际问题;

---

① 黄宗羲:《明儒学案·东林学案》卷60。
② 朱希圣:《清代通史·序》。
③ 嵇文甫:《晚明思想史论》,东方出版社1996年版,第145页。
④ 《王文成公全书·稽山书院尊经阁记》卷7。
⑤ 蔡仁厚:《新儒家的精神方向》,台湾学生书局1982年版。
⑥ 《王文成公全书·别三子序》卷7。

强调"明辨经学源流",指出:"古今安得别有所谓理学者,经学即理学也。自有舍经学以言理学者,而邪说以起,不知舍经学,则其所谓理学者禅学也。"①"古之所谓理学,经学也……今之所谓理学,禅学也。"② 把流行于世的"理学"贬斥为"禅学",把它排斥在正统儒学之列。顾炎武提出的"舍经学而无理学""经学即理学"的学术纲领,在当时思想、信仰都出现严重危机的情况下,确有扭转学风之功业:一是明确了以经学为治学之本;二是他反对的是杂袭释老、断章取义的"今之理学",他期望在经学的基础上重建理学系统;三是他认为一切学问都是为了"致用"。顾炎武真正把经学从理学体系中分离开来,使经学成为一门独立的研究学问,对有清一朝300年的经学发展产生了重要影响。顾炎武提出的"舍经学而无理学"原则及"读九经自考文始,考文自知音始"原则③,成为影响清代乃至近现代学术的重要治学原则,经学又重新由学术边缘走向学术的中心,成为从理学之虚到经学之实的转向。对于明清之际的这股"复兴古学"的现象,梁启超有一段非常精辟的评论:"综观二百余年之学史,其影响及于全思想界者,一言蔽之曰:'以复古为解放。'第一步,复宋之古,对于王学而得解放;第二步,复汉唐之古,对程朱而得解放;第三步,复西汉之古,对于许郑而得解放;第四步,复先秦之古,对于一切传注而得解放。夫既已复先秦之古,则非至对于孔孟而得解放焉不止矣。"④ 但我们应把握的一点是,所谓"复古",绝不是按照原来形态回归到古代社会,而是在特定历史条件下出现的以"复古"为形式,实质上确是一种"思想解放"运动,是在"复古"的外衣下注入了新的思想内容。从这层意义上说,明清之际思想界的"复古"运动,为200年后"五四"时期"打倒孔家店"的新文化运动做了思想文化的前导工作。

四 西学东渐与自然科学的复兴

明清之际经世实学思潮的另一个表现形式是明中后期"西学"的传入。有学者把"西学"传入以康熙中叶(1691年)为限分为前后两期,⑤ 本文叙

---

① 全祖望:《鲒埼亭集·亭林先生神道表》。
② 全祖望:《鲒埼亭林文集·与施愚山书》卷3。
③ 全祖望:《鲒埼亭林文集·答李子德书》卷4。
④ 梁启超:《清代学术概论》,第13页。
⑤ 参见杨东莼《中国学术史讲话》,东方出版社1996年版,第259页。

述的"西学"传入大致属于第一期。"西学"所倡导的科学精神和方法适应了当时经世实学思潮的新形势需要,使中国传统的学术格局发生了一定程度的转变。"西学"的传入,拓展了当时中国人的理论视野和思维空间,丰富了日益高涨的经世实学思潮的内容,成为明清之际经世实学思潮的一个重要组成部分。

众所周知,在中国古代历史上,曾出现过两次大规模的外来文化的传入:一次是汉唐时期印度佛教文化的传入;另一次是明清之际西方基督教文化的传入。这两次外来文化的传入,对中国本土文化学术格局的变化与调整产生了极为重要的影响。基督教最早传入中国是在唐朝,当时被称为"景教";元代时再度传入,被称为"十字教"。但这两次不同时期传入的基督教对中国固有的文化格局并没有产生重大的影响。自明朝中后期到清朝前期,大批西方传教士来到中国,他们在进行宗教活动的同时,也把西方的科学,如天文、地理、数学、物理、化学等介绍到了中国,从而开始了自唐、元以来第三次大规模的西学东渐的过程以及中西文化的沟通与交流。

最早来中国从事传教活动的是明万历年间来华的耶稣会士利玛窦,他为了适应当时中国社会的需要,制订了一套适合中国实际情况的"合儒""补儒"及"超儒"的和平传教政策,即"在政治上拥护贵族统治;在学术上要有高水平;在生活上要灵活适应中国的风土人情"[1]。自此以后,西方来华传教者有名可查者达 65 人之多。[2] 西方传教士对西方自然科学知识的介绍,使中国固有的文化结构和思维模式发生了重大变化,中国文化重道德伦理、重修身养性,轻自然科技等特点决定了中国文化自先秦以来几乎一贯不变的发展理路和格局随着西方科学知识的传入被打开了一个缺口,它使中国知识界在孜孜沉浸于儒家经典的同时,开始接触和吸纳西方的一些新知识、新思想,新领域,扩大和丰富了中国文化的内容和内涵。从明中后期到清中期,由于有当时一大批站在时代前沿的经世实学思想家的宣传、翻译、介绍与引进,西方机械、物理、测绘、历算等门类繁多的科学知识不断传入中国,据统计,至今能够搜集到的西方传到中国的科技书目约为 1500 种。[3] 但是由于当时这批西方传教士自身的传教目的和学术偏见,他们对欧洲文艺思潮以来的新思想、新成就讳莫如深,对当时西方最先进的自然科学思想如哥白尼的

---

[1] 参见《中国史研究动态》1980 年第 6 期。
[2] 梁启超:《中国近三百年学术史》,东方出版社 1996 年版,第 38 页。
[3] 参见《人才》1983 年第 3 期。

太阳中心说，伽利略—牛顿的经典力学，笛卡儿的解析几何，波义耳的新元素说以及先进的实验法、归纳法、演绎法等大多只字未提，相反，他们都把中世纪的经院哲学大师托马斯阿奎那奉为圭臬，他们介绍到中国的只是托勒密的地心说，欧几里得的几何学，亚里士多德的四元素说等，因此，有的学者认为中国知识界所能接触到的还只是西方中世纪的科学思想体系，不可夸大当时西方科学思想对中国文化的影响。这种观点总的来说是不错的，但还不尽全面。且不说在当时中国知识界研习西学已成为一股时尚，在有的领域，"耶稣会传教士所传入的不属于几何学的数学发明和技术在欧洲是最新的"①。再如，邓玉函、王征合译的《远西奇器图说》"汇总了阿基米德到当时的西方力学和机械学的知识"② "为当时世界最新之物理学书"③。因此，我们也不可低估了当时西方科学思想对中国思想文化的影响。尽管如此，当时西方科学的传入，使明清之际的知识分子从一种传统封闭的状态中摆脱出来，突破陈旧保守的思维模式，为"中国的知识和文化带来了一场前所未有的新刺激"④。徐光启、李之藻针对晚明出现的种种弊端，极端重视西方自然科学的证实精神，他们响亮地喊出了"欲求超胜，必须会通；会通之前，先必翻译"⑤的口号，他们甚至准备用10年左右的时间对"有益世用"的图书"渐次广译"，试图以"西学"来开启民智，纠中国学术之弊，以挽救明王朝的社会政治危机。明清之际的思想家在继承徐光启、李之藻自然科学观的基础上，积极吸收西方自然科学成果，对"西学"采取了欢迎的态度。黄宗羲在经世实学思潮的社会文化背景下，对西方自然科学成果给予了极大关注，并积极投身到这一科学活动的推广和传播中，撰著了大量自然科学著作，如《授时历故》《大统历推法》《开方命算》《测图要义》等；方以智更是对西方自然科学推崇备至，他把研究自然事物的学问称为"质测之学"，"质测"一词的含义可能是方以智取自《周易·系辞传》。方以智得出了"泰西质测颇精"、西学"详于质测"的结论。他还在自己的著名自然科学著作《通雅》《物理小识》中广泛介绍了物理、化学、历算、医学、水利、火器、仪表等西方自然科学知识及工艺技术；特别值得一提的是明清之际的著名自

---

① [英]李约瑟：《中国科学技术史》第3卷，第115页。
② 王冰：《明清时期（1610—1910）物理学译著书目考》，《中国科技史料》第7卷第5期，1986年版。
③ 《方豪文录》，第290页。
④ 参见《故宫博物院院刊》1983年第2期。
⑤ 王重民辑校：《徐光启集》，上海古籍出版社1984年版。

然科学家王锡阐、梅文鼎,他们在借鉴、吸收西方自然科学知识的同时,积极开展天文学与数学的研究工作,他们对中、西之学均采取实事求是的科学态度,主张"去中西之见","务集众长以观其会通,毋拘名目而取其精粹"。王锡阐反对盲目推崇西法,指出"以西法为有验于今,可也,如谓不易之法,务事求进,不可也"①,主张"兼采中西"。梅文鼎在对待西学问题上,反对"专己守残而废兼收之义","喜立异而缺稽古之功",主张"法有可采,何论东西？理所当明,何分新旧？"② 对西学采取了"理求其是,事求适用"的价值取向。阮元在《畴人传》中对两人作了极高的评价："王氏精而核,梅氏博而大,各造其极。"③ 他们对西方自然科学思想在中国的传播和普及作出了极其重要的贡献。康熙时代所制订的一系列优容礼遇与吸收引进的政策,对西学在中国的进一步传播和普及创造了良好的社会文化环境及政治氛围。可以说,王锡阐、梅文鼎正是在这一大的时代背景下产生的著名科学家。但是我们也应当看到,由于清初一直对西学的引进采取"节取其技能,禁传其学术"的政策,使得西方社会科学被视为"异端思想"而传入渠道上受到极大阻碍,人们对西学的认识也大大落后于徐光启、李之藻时代,也缺少了徐光启、李之藻时代所具有的那种"但欲求其所以然之故"的理论进取精神和以"会通""超胜"为目的的科学意识。④ 更由于在清初"西学东源"陈旧价值观念的支配下,使中国自然科学界向西方学习科学与技术的势头进一步受到阻滞。随着康熙后期对西学态度的转变以及西方传教士对中西文化传播交流重心的转移(即由西学东渐转为东学西渐),西学的传入逐渐式微以至最后中断。西方科学思想的传入与明末涌现出的一批科学家如徐光启、李之藻、方以智、梅文鼎、王锡阐、薛凤祚以及《本草纲目》《天工开物》《农政全书》等科技巨著,共同形成了我国传统科技思想发展的最后一个高峰,同时对明清以后特别是乾嘉考据学的治学范围和方法产生了极其深远的影响。

五 批判封建君主专制 启导人的思想解放

与明清之际经世实学思潮相并行的是蓬勃兴起的人文启蒙思潮。如果说

---

① 王锡阐:《晓庵新法序》。
② 梅文鼎:《堑堵测量》。
③ 阮元:《畴人传·王锡阐》。
④ 徐光启:《毛诗六帖》。

与明清之际的经世实学思潮侧重于"科学"的层面,那么,人文启蒙思潮则侧重于"制度""民主"的层面。在明清之际,人文启蒙思潮不是来自于外部力量,而是萌生于理学内部自我批判、自我否定的结果。由于理学存在的基础之一就是从宇宙本体论的角度论证儒家纲常伦理的合理合法性,因此它一开始就具有两重性:一方面,它之所以成为封建社会后期长达600年的官方意识形态,与它存在的社会基础和社会功能密不可分;另一方面,理学的过分政治化、庸俗化及空谈性理、空疏无用,在社会转型及民族、政治危机时期往往成为思想家批判的对象,这时候,这种理论形态的内部就悄悄孕育着一种自我批判、自我否定的理性自觉与理性精神,孕育着摆脱封建礼教束缚,追求个性自由、个性解放、个人幸福、个人利益,追求真理的精神动力和启蒙意识,从而滋长出人文启蒙思潮的缕缕曙光。较之于近代启蒙思潮而言,学术界一般把这一时期的启蒙思潮称为"早期启蒙思潮"。前面说过,经世实学思潮与人文启蒙思潮共同构成了明清之际社会进步思潮的主流,它们之间往往交织在一起,有时候某一思想家的某一思想观点,同时具有以上两种思潮的特征和意义,因此,我们应辩证地理解这种划分的真正价值。明清之际的人文启蒙思潮主要体现在社会政治、经济、思想文化、教育、伦理道德等方面。下面我们主要从批判封建君主专制制度的角度对明清之际的人文启蒙思潮作一宏观描述。

明清之际,各种矛盾错综复杂,沿袭了近两千年的封建专制制度达到了登峰造极的程度,其弊端已暴露无遗。由于清初特定的社会历史环境,思想家们已经把批判的焦点从一家一姓之兴亡转向对整个封建制度的深层反思。明清之际的思想家对封建君主专制制度进行的大胆揭露和深刻批判,包含有两层含义:一是对"封建君主"的揭露和批判;二是对"封建专制制度"的揭露和批判。众所周知,在中国古代,一直存在着"非君""君为害"的思想意识和传统,蔡尚思先生把中国思想史上对待"君主""君权"的各种观点归纳为"宗法世袭、选贤让贤、虚君无君等几大派"[①]。孟子的"民贵君轻论"、鲍敬言的"无君论"直至邓牧的"君为害论"都对"封建君主"进行了抨击。晚明时期,以王艮、何心隐、李贽为代表的"泰州学派"(王学左派)是明后期人文启蒙思潮(在正统的思想家那里,把他们的表现称之为异端思想)的主要代表人物。他们对两千年来的封建君主专制制度的积弊有了

[①] 《文史哲》1987年第2期。

更深层的理解，对封建君主专制制度进行了无情的批判，从而开启了明清之际怀疑、揭露、批判封建专制制度的序幕，成为明清之际人文启蒙思潮的一个重要内容。李贽以"贬尊抑圣"的方式对封建君主提出了严厉批评，在他眼里，无论是君主还是圣人，都是一般人，"既不能高飞远举"，也常怀"势利之心"，甚至有时一般"夫妇所不能者，则虽圣人亦必不能"，因此李贽告诫人们"勿高视一切圣人也"。① 李贽的这一思想言论在当时社会确实振聋发聩、震铄千古，遭到统治层的残酷迫害与镇压，他的思想言论被明统治者定性为"敢倡乱道，惑世诬民"，所有"已刊未刊"的书籍一律"尽行烧毁，不许存留"②。清统治者也把李贽视为"狂悖乖谬，非圣无法"，认为"其人可诛，其书可毁"。③ 由此也可看出李贽思想在当时社会引起的巨大震动。从统治者的角度来看，且不说对任何敢于批判现行体制和制度，对任何敢于动摇封建专制根基的思想言论，哪怕只是只言片语，哪怕只是思想的流露，也要绝对扼杀，毫不留情。就是对那些本与批判现行制度无关的思想和言论，也往往由于统治者的疑神疑鬼，而极尽牵强附会之能事，这一点在清代的"文字冤案"中表现得最为突出。从王艮对血肉之躯的尊崇，把百姓人伦日用看作"道"，到何心隐的"无欲则无心"，再到李贽的"穿衣吃饭即是人伦物理"，可以看出他们所倡导的是一种回归人性、回归自然的内在冲动。但"泰州学派"的主要理论贡献在于他们打破了理学对人的压制和束缚，使人在摆脱理学的束缚中看到了自我的价值和人性的力量。明末清初的社会大变动，使得思想家们不再沉湎于程朱陆王之空谈，而是把关注的目光从"游谈无根"的泥潭中转向社会，转向现实，把学术研究与社会现实紧密联系起来，拓展了学术研究的领域和范围，对影响中国两千年的封建君主专制进行了猛烈揭露和抨击。与明中后期"泰州学派"的异端启蒙思潮相比，明清之际的启蒙思想则把斗争矛头直接转向了对现实政治制度、经济制度的反思和批判。黄宗羲在其著名著作《明夷待访录》一书中提出了一系列与社会现实相关的重大理论和现实问题，如揭露封建专制与提倡民主权利；限制封建特权与保护工商利益；要求法律平等和赋税改革等。黄宗羲淋漓尽致地揭露封建君主"荼毒天下之肝脑"，"敲剥天下之骨髓，离散天下之子女，以奉我一

---

① 《明灯道古录》卷上。
② 《神宗实录》卷369。
③ 《四库全书总目提要》卷50、178。

人之淫乐"的惨烈画面，大胆地提出了"天下之大害者，君而已矣"①，明确主张"天子之所是未必是，天子之所非未必非"②，公开对天子的权威提出挑战。黄宗羲的这部著作无论在当时还是后来，对中国思想界所起的作用十分巨大，被誉为"近代社会的宣言书"。顾炎武在提出以经学取代理学的同时，始终关注"国家治乱之原，生民根本大计"，对那些不关乎"六经之旨，当世之务者"，要"一切不为"③。他认为，君主专权，危害极大，为了唤起社会民众对国家前途命运的关切，顾炎武还喊出了一句千古名言："天下兴亡，匹夫有责。"唐甄在其精心之作《潜书》中，对君主专制制度也提出了尖锐的批判。他说："天子之尊，非天帝大神也，皆人也。"④ 他认为君主虽形有"君主"之名，实乃"一匹夫耳"⑤。自古及今之帝王，皆独夫民贼而已，"自秦以来，凡为帝王者，皆贼也"⑥。唐甄这样论证说："杀一人而取其匹布斗粟，犹谓之贼，杀天下之人而尽有其布粟之富，而反不谓贼乎?"⑦唐甄把封建君主的存在看作一切罪恶之源，虽不免偏颇，却非常大胆深刻。王夫之更是对封建君主专制制度进行了大胆揭露和批判，指出："天下者，非一姓之私也。""一姓之兴亡，私也；而生民之生死，公也。"⑧ 主张"不以一人疑天下，不以天下私一人"⑨。傅山也对封建君主的危害进行了猛烈的抨击。专制制度的基本特征之一就是把本阶级的利益、把封建君主的利益凌驾于一切之上，蔑视人的生存权利与价值，造成了社会的极端不平等，明清之际的思想家显然认识到了君主个人大权独揽对社会所造成的危害，认识到了专制体制所造成的社会弊端。在对封建君主进行猛烈抨击的同时，还对封建君主专制制度进行了批判，并提出了一系列变革君主制、限制君主权力的主张。如黄宗羲从"设学校以公是非""置相""分治"的角度提出了变革君主制、限制君主权力的主张，他试图把"学校"作为判断是非的唯一机构，从而在社会中达成一种共识，即"天子之所是未必是，天子之所非未必非"。他主张置相以分割君权，并提出了恢复宰相制度的基本构想。他还认为治理

---

① 《明夷待访录·原君》。
② 《明夷待访录·学校》。
③ 《亭林文集》卷2。
④ 《潜书·抑尊》。
⑤ 《潜书·明鉴》。
⑥ 《潜书·室语》。
⑦ 同上。
⑧ 《读通鉴论》卷11、17。
⑨ 《黄书·宰制》。

国家必须设置官吏，使其有职有权，不能由君主一人专断，因为官吏参与治国，"为天下，非为君也；为万民，非为一姓也"。"天下之治乱，不在一姓之兴亡，而在万民之忧乐"，"后世骄君自恣，不以天下万民为事"①。黄宗羲的这些论断，把君王与万民联系起来考察，视君主与百姓为"共曳木之人"，已超越孟子"君贵民轻"思想，深含民主气息，为明清之际人文启蒙思潮的重要思想构成。所提出的问题和所进行的理性思考皆为有感而发，切中时弊，成为明清之际人文启蒙思潮的一个重要组成部分。与经世实学思潮同时兴起的是人文启蒙思潮。明中叶出现的资本主义萌芽，至明清之际面临着一个绝好的发展契机，如果在不受外力的影响下，按照明清之际所出现的提倡经世致用、思想解放、个性自由的理路走下去，中国很有可能与西方社会一样，很快步入资本主义高速发展阶段。然而，历史不容假设，明清之际这种大规模的思想解放运动，随着清王朝一系列高压政策的实施，正常的社会发展速度受到外部阻力而迅速中断，思想文化界遭受了致命的打击，学风迅速转向，而转入了远离政治的考据一途。

---

① 《明夷待访录·原君》。

觉的"无生观"

陈中浙[*]

【内容提要】 玄觉在禅宗史上影响很大，他初次见六祖惠能并与惠能之间的一段对话尤为后人津津乐道。其中谈到的"无生"思想，却是触及了佛教当中的核心机密。在玄觉看来，"生死事大，无常迅速"，人生在世，瞬息万变，充满了"无常"与"无我"，所以了脱生死才是大事情。事物"无常"与"无我"的"空"性，决定了事情在本质上是无所谓生，也无所谓灭。这就是"无生"。证得了这个"无生"，就会有圆融无碍的大智慧现前，也就成了大丈夫（佛）。师徒俩人的这段对话，不仅体现了人生通透了悟之后的禅意，也有助于禅门学人对"无生"思想的理解。

【关键词】 玄觉；无生；无常；无我；空

玄觉禅师（665—713），唐朝高僧，"温州戴氏子"。唐时的温州隶属于永嘉郡，是古时对东瓯的称呼，玄觉就出生在这里的一户戴姓人家，为了对禅师的一种尊重，所以也称永嘉大师。有关他的生平，史料记载并不很多，现在能够找到的资料也只是他一生轮廓的基本勾勒，没有详细内容。但玄觉在禅宗史上影响很大，他的两部著作《永嘉禅宗集》和《永嘉证道歌》，研习禅宗的人都知道。除此之外，他的事迹最为后人津津乐道的，就是他初次来见六祖惠能的表现，并与惠能之间的一段对话。而这段对话涉及了佛教当中的一个核心概念"无生"思想。本文就玄觉禅师心目中的这个概念谈一点

---

[*] 本文是在作者专著《坛经散讲》第一品〈行由品〉与第七品〈机缘品〉的基础上修改而成。
陈中浙，中共中央党校（国家行政学院）哲学教研部教授。

看法。

一 "生死事大，无常迅速"

从现有的这些材料来看，玄觉的修习次第，是从天台止观法门打坐观心开始的，后来又研习过《维摩诘经》，开悟后就写了《永嘉禅宗集》。但是他也不知道自己的开悟是否正确。为了验证自己的感悟，才来谒见六祖惠能大师。他在惠能那里只住了一个晚上，第二天就回永嘉了，所以就称他为"一宿觉"。所以严格意义上说，玄觉禅师并没有像其他的惠能弟子那样跟随惠能去修习。但是他与惠能之间的这段对话，谈到的"无生"思想，却是触及了佛教当中的核心机密。这两个人为何会谈到"无生"呢？这还要从玄觉禅师先倨后恭的拜师模式说起。

> 觉遂同策来参，绕师三匝，振锡而立。师曰："夫沙门者，具三千威仪，八万细行，大德自何方而来，生大我慢？"觉曰："生死事大，无常迅速。"（《坛经·机缘品》）

这里的策，指惠能的弟子玄策。在惠能众多弟子当中，玄策最大的特色是读的佛经很多，博学强记堪称第一。既然是博学，那就应该还要广闻。所以，玄策在惠能身边待了几年后，就被惠能打发下山，让他去结识更多的高僧大德，增进修为利于悟道。有一天他恰好遇到了玄觉禅师，觉得他"出言暗合诸祖"，所说都能契合过去一切祖师的道理，并且与自己的见解也很接近。后来在玄觉禅师的恳求下，玄策就把他带到了惠能这里来。可是玄觉禅师到了宝林寺参拜六祖惠能大师，却"绕师三匝，振锡而立"，他一见惠能什么话都不说，拿着锡杖摇得哗哗作响，围着惠能转了三圈。然后，把锡杖在惠能面前一立，既不参拜，也不说话，好像发脾气似的。但惠能见他这样，也不生气，说："夫沙门者，聚三千威仪，八万细行，大德自何方而来，生大我慢？"沙门就是出家人。三千威仪，指平常的行、住、坐、卧，各有二百五十条威仪，这是一千。过去一千、现在一千、未来一千，就成了三千威仪。八万细行，指出家人在行、住、坐、卧四威仪中，所应注意的八万四千种细微的仪行，这里说八万细行，是取了一个大概的说法。这句话是说，出家人应该具有三千种威仪相，八万种品行，而你却好生出这副傲慢的样子，你这是从哪里来的啊？

玄觉禅师的回答很不客气,说了句"生死事大,无常迅速"来回应惠能。对生死问题的认识,在佛教当中非常重要。人生苦短,聚散无常。所以,怎么样快点脱离生死是头等大事情。五祖弘忍法师,当年在寻找衣钵传人的时候也说过"世人生死事大"(《坛经·行由品》)这句话。因为学佛修行若只是"终日只求福田,不求出离生死苦海"(同上),那"自性"还是迷惑的。"自性若迷,福何可救?"(同上)自性迷惑,心跑出去,在外面找个不停,到头来还是一无所有,得到的一点福报也无济于事,帮不了自己成佛。所以,若是自性迷惑,即便求得再好的美色,得到许多的金钱,坐上更高的位置统统也是没有用的。

一个人活在世上,生、死是最重要的事情,如果能够过了生死关,那这个人也就成佛了。为什么呢,因为"生"是一个人最留恋的东西,"死"是一个人最害怕的东西,如果你这一辈子连最留恋的东西跟最害怕的东西都不在乎了,那这个世上还有什么东西能让你执着啊,毫无执着了,不就是成佛了吗?换句话说,我连死亡都不惧怕,连生命都不留恋,天地间也就没有什么东西能动我的心了。但是,众生都会有一个"生"的想法,也会有一个"死"的念头,有了这个执着,就只能继续困在"六道轮回"里无休止地在那里生,在那里死。所以玄觉禅师说:"几回生,几回死,生死悠悠无定止。自从顿悟了无生,于诸荣辱何忧喜。"(《永嘉证道歌》)要是顿悟明白了"无生"这个道理,世间上的生死、荣辱等等,一切都会不动于心,无所谓了。

因为无"生",也就不存在"死"了。玄觉禅师深知生死相依的道理,所以他说:"谁无念,谁无生,若实无生无不生。"(《永嘉证道歌》),虽然众生很难摆脱生死的观念,但要是真能不生出这些生死的妄念,也就能在"空"境里自然把握妙有了。这份妙有的获得,实则是禅意,觉悟之后的心境。所以,把这个心降服住了,安住了,你也就成了一个大自在人!所以,过生死关,看透生死,是每一个学佛之人的本分大事。而把生死看透,其实也就是脱离了生死轮回。然而,一般人学佛大都是把精力与心思花在了对福报的追求上,而往往忽略了脱离生死这件大事。五祖弘忍法师说的"终日只求福田,不求出离生死苦海",就是指不要每天只求福报,而要去求一个出生死关的法门。怎么样才能求得这个法门呢?弘忍说要"取自本心般若之性"(《坛经·行由品》),找到了这种"般若",也就认识到了自己的心性(本来清净),同时也就可以自如地来处理生死的问题。"般若"是梵文的音译,意译为"智慧",这种智慧在每个人身上都有,谁获得它、认识它,谁就可以不再受生死的牵累。

正因为生死问题非常重要，所以对于惠能的这句话，玄觉禅师就说"生死事大，无常迅速"。言下之意是指目前对我说其他事都不重要，了脱生死才是大事情。人生在世，短短几年，瞬息万变，充满了"无常"与"无我"，是空的。如果不早点去感悟生与死，那岂不是枉来一趟？所以我根本就没有时间去顾及什么威仪不威仪、礼节不礼节的。这是玄觉见惠能时，第一次谈到了"生"的问题。

二 "体即无生，了本无速"

生死问题在佛教当中非常重要。惠能看玄觉既然提到了这个问题，就顺着他的话说：

何不体取无生，了无速乎？（《坛经·机缘品》）

"无生"是什么意思呢？根据佛教因缘理论的说法，所有事物都是"无常""无我"的，所以没有自性，是空的，也就不存在"无生灭"变化的说法。但是凡夫俗子贪念太重，迷执太深，以为存在一个"生灭"变化，于是就出现了"生灭"的烦恼来。由此就进入了一个追生厌死的迷执当中。所以，为了破除这些凡夫俗子的迷执，就必须要懂得"无生"的道理，认识到万事万物的实相乃是"无生灭"或者是"无生无灭"的。《圆觉经》卷一上说的"一切众生于无生中，妄见生灭，是故说名转轮生死"以及《金光明最胜王经》卷一上说的"无生是实，生是虚妄，愚痴之人，漂溺生死，如来体实，无有虚妄，名为涅槃"，就是这个意思。那么谁已经证得了这个"无生"的境界呢？经文上说，证得阿罗汉果位的人，已经断尽了三界烦恼，跳出"六道轮回"，所以也就不再于三界当中受生，无所谓"生灭"，也就没有了"生灭"的烦恼。所以"无生"就是不生不灭的意思，即达到涅槃的境界。《最胜王经卷一》《摩诃止观卷五下》均有论及。

玄觉说"生死事大"，要赶紧把生灭问题弄清楚，惠能就来了句"何不体取无生，了无速乎"？意思是说既然如此，你为何不去体悟不生不灭的实相，来感悟生命本来没有速度快慢之别的真理呢？"生灭"问题既然在佛教当中这么重要，玄觉来找惠能之前，难道就没有感悟吗？《坛经》上介绍玄觉时，说：

> 少习经论，精天台止观法门，因看《维摩经》，发明心地。(《坛经·机缘品》)

从这句话的描述来看，玄觉从小"少习经论"。据《高僧传》记载，玄觉禅师四岁就随他的哥哥到庙里去，从小就在寺庙里学习和长大，年幼便知晓佛法教理。佛教典籍分为经、论、律三类，其中"经"是佛陀一生所说言教的汇编，也是佛教教义的基本依据。"律"是佛陀为佛教徒或信众制定的纪律与行为规范。"论"是菩萨或各派的论师对经、律等佛典中教义的解释或重要思想的阐述。从这四个字来看，玄觉禅师在少年时期，就对佛教已经下了很大的功夫。而且玄觉禅师尤其"精天台止观法门"，据《高僧传》记载，他十四岁于龙兴寺正式出家，法名玄觉，并开始按照天台教的止观法门修习禅定。佛教发展到唐代，出现了很多宗派，天台是其中一个比较有影响力的宗派，止（定）观（慧）是它指导实修的重要法门，也是其主要思想之一。此外，玄觉禅师"因看维摩经，发明心地"。他从这部《佛经》当中，看出了什么东西呢？就是"发明心地"。我们为什么会无明，为什么会烦恼，都是因为没有把心看管好，跑到外面去忘记了回来，甚至甘心为外物所役，不想回来，也难以回来。这样的话，当然就会有所分别，什么生死、美丑、对错等等分别念头就出来了。这些"识"一旦形成，则自然就会出现"生灭"观念。所以心是最根本的，如果紧紧把握住了心，将其开发明白，就可以顿悟成佛。在大乘佛教早期经典之中，《维摩经》对中国佛教影响最大。这部佛经提倡的"心净则佛土净""亦入世亦出世""在入世中出世"思想，成为禅宗最为重要的思想资源和经典依据。因为这部经的主人公维摩诘是一位在家的大乘佛教居士，是著名的在家菩萨，就有了这个书名。这几个字告诉我们，玄觉禅师来谒见惠能之前，对《维摩经》作过研读，而且还很有自己的心得，所以又有人称他为"真觉"。

从这三句话的描述来看，玄觉在见惠能之前，他的佛学修为已经相当深厚了，而且他对佛教中"无生"这么重要的一个概念肯定也是了解的。洪迈在《容斋五笔·八种经典》说："证无生忍，造不二门，住不可思议解脱，莫极於《维摩经》。"这是说，在所有的佛教经典里面，谈"无生"没有超过《维摩诘经》的。玄觉禅师又对《维摩诘经》有过研习，所以有理由相信他对"无生"的理解很可能直接来自于这部经。他看惠能提到了"无生"，就说：

体即无生，了本无速。（《坛经·机缘品》）

《大宝积经》卷八十七上说："无生者，非先有生，后说无生，本自不生，故名无生。""无生"并不是原先有了"生"，后来灭掉了才叫"无生"，而是本来就没有"生"过，又哪里来的生不生呢？再者，生是相对于死而言的，死对于生也是如此，没有了生，也就没有了死，所谓的生死观念都是人为造成的认识，所以这个世界上的万事万物根本就没有什么生死、有无，甚至于美丑、高低、是非、对错之别。所以，在日常生活当中，这些分别之念也是统统不存在的。玄觉禅师就说过："不因讪谤起冤亲，何表无生慈忍力。"（《永嘉证道歌》）如果能做到不因外在的这些褒贬相状而起怨恨心、憎恶心，甚至欢喜心，那就是"无生"了。而不让这些心生起，恰恰说明你已经具有了"无生"这种慈悲忍耐的力量。悟到了这个地步，你说还有什么东西值得去害怕啊！万事万物在本质上是"无常"与"无我"的，了解了这个"空"性，就不会再去执着了，也就不会怕逝去了。来了就让它来，去了就让它去，来去自如，通体无碍。所以，任何事情在本质上无所谓生，也无所谓灭，既然如此，那么感悟生命也就不存在速度快慢之别了。这是玄觉对惠能刚才那句话的回应。

应该说，惠能是非常认同玄觉对"无生"的这番感悟的。所以，他听了玄觉的这句话，不禁发出了"如是，如是"（《坛经·机缘品》）的赞叹。

三 "无生岂有意耶"

得到惠能的认同，等于是得到了修行开悟成功的印证。这下玄觉异常高兴，"方具威仪礼拜"（同上），恭恭敬敬地按照参访高僧的规矩、礼仪向惠能磕头礼拜。

按照玄觉对佛法的感悟，他应该懂得傲慢是不对的，但一见惠能却如此傲慢无礼，估计有故意试探惠能佛学修为深浅的可能性，也或者是想通过这种方式来求证自己的感悟是否正确。这种先倨后恭的拜师模式，也是出乎常人意料之外。而更让人惊讶的是下面这句话——"须臾告辞"（同上），得到了印证，磕完头起来，马上就想回去。惠能看他这么急急忙忙的，出于礼貌就说："返太速乎？"（同上）言下之意是说你这么急着走干嘛啊，既然来了，就多待会吧！对话至此，也许是禅者交流的一种自由精神的涌动，玄觉看惠能这样说，就抓住机会，说：

本自非动，岂有速耶？（《坛经·机缘品》）

从刚才《大宝积经》卷八十七上的那句话来看，就知道"无生"本来就没有"生"过，也就无所谓灭不灭了。同样，既然本来就没有"动"过，自然也就不存在"动"还是"不动"了。所以，玄觉的这句话是说我本来就没有动，自然也就不存在回去啊！不是无生无死吗，所以我也是无来无去，哪有什么急不急的？

惠能见玄觉如此，就顺着他的话应起了禅机，说："谁知非动？"（同上）谁知道你动了没有啊？玄觉当即不让，竟大着胆子回答："仁者自生分别。"（同上）这是玄觉在将惠能的军，把球踢给了惠能，认为来也罢去也好，都是惠能自己生出来的分别。显然，玄觉的回答，惠能很满意，就说："汝甚得无生之意。"（同上）通俗点讲，是说玄觉啊，你确实已经真正悟到了"无生"的含义。人生若是连最留恋的生和最恐惧的死都不在乎了，这个世上也就没有什么东西能够奈何得了你了。那真是了无生死空空如也，所以佛教当中讲"生死事大"，只有看破了生死，其他的事情自然也就无所执着了。这个时候，玄觉已经完全得到了惠能的印证。按理说，玄觉也应该见好就收，但是他并不善罢甘休，而是将这番意趣盎然、生动活泼的对话推向了一个更高的层级。他接着说：

无生岂有意耶？（《坛经·机缘品》）

若是"无生"，自然就"无灭"，所以也就无所谓是否还有个"意"存在。因为一旦有"意"在动，肯定会有一个东西出现。一有某个东西出现，自然会落在一边，也就不会做到"不落两边"了。这样的话，离"不二"法门思想就很远了。"不二"法门是《维摩诘经》最为重要的思想，玄觉禅师对这部经有过研习，自然深知"不二"法门的道理，所以他对"无生"的理解，干脆把最初的那个"意"也要给否定掉，可见他空得很彻底。佛教当中的这个说法，后来在王阳明的"四句教"上也得到了体现。第一句"无善无恶心之体"，是说心的本体晶莹纯洁，清净无为，是没有善恶好坏的。但"意"念一经产生，好坏善恶的想法就会随之而来，这就是他的第二句"有善有恶意之动"。你觉得这个事情是好的，是坏的，说明是你的良知在起作用了，这是第三句"知善知恶是良知"。既然知道了善恶，那就应该想办法扬善去恶，把恶去掉，把善的东西发挥扩大出去，这就是第四句"为善去恶是格物"。王阳明对"意"的理解与定位其实就是惠能说的"妄"。这个妄很讨厌，它会让你有好的、坏的想法出现。惠能对惠民说的那句"不思善，不思恶，正与么时，那个是明上座本来面目"（《坛经·行由品》），说的就是这个意思。不起"妄"，不动"意"，才是事物的本来面目与真实相。一旦有了"意"，自然就会有所分别了，按照唯识宗的说法，是你的"识"在起作用了。有了"识"，各种烦恼痛苦就会随之而来。

但是众生有一个毛病，经常用"识"引发的妄想心来揣测计度，所以玄觉禅师说："莫不由斯心意识。"（《永嘉证道歌》）千万不能用这种"心"、这种"意"、这种分别的"识"去认识事物。否则，就会"损法财，灭功德"，不但会损伤你的真法，而且也会灭掉你的功德。因为有了这个"意"，便总想要有所得，这样就会有一个执着。如此修行，越修离道就越远。所以，他说："学人不了用修行。"（同上）不明了这个道理，就会把这个"意"当作用功的一个工具，这样就会生了大执着。正因为如此，"是以禅门了却心"（同上）。这个"了却心"，就是指没有了这个"心"，而这个"心"实际上就包括了"意"、"识"在里面。没有了"意"、去掉了"心"，也不用"识"，就是"禅到无心便是道"（同上）。这个时候，你就能"顿入无生知见力"（同上），证得了这个"无生"，就会有圆融无碍的大智慧现前，这时候你就成了一个大丈夫（佛）。

显然，惠能对玄觉的回答是很满意的。为了进一步点化玄觉，抑或是那份生机勃勃的禅意萌动，他继续说道："无意谁当分别？"（《坛经·机缘品》）这是说，不管是有意，还是无意，到底是谁在那里觉知，谁在那里去分别啊！言下之意是指如果你认为我有想法的话，那么谁来分别它啊，这不是你在那里分别吗？估计这个时候玄觉应该是非常开心了。接着惠能的话，他又说了一句：

分别亦非意。（《坛经·机缘品》）

这个"意"不仅仅只是"意识"，而是指全部的六识。所以，一旦有各种"识"参与进来，就必定会对万事万物有所分别，一有分别，则必有执着。但若是能够"转识成智"，将这份"识"所获得的"分别"，转换成"妙观察智"，那这个分别其实就是一种智慧了。所以，玄觉这句话的意思是说，我这个分别啊，可不是"意"在起作用的分别，而是"妙观察智"之后才形成的。师徒两人对话至此，可谓圆满至境。玄觉的最后一句话，也算是给这场精彩的师徒法战作了一个总结。惠能见玄觉讲得非常透彻，对"无生"的理解也很到位，他也作了一个"善哉"（同上）的总结，当然这个"善哉"可不是出家人平常的口头语，而是契合我意的一种赞叹。估计那个时候，已是傍晚黄昏时刻，出于礼貌与爱护，惠能就希望玄觉小住一晚次日再走。因为玄觉只在惠能这里住了一个晚上就开悟了，所以大家也把玄觉叫作"一宿觉"。

玄觉得到惠能的印证回到永嘉之后，就把在惠能六祖大师那里的彻悟禅法，结合他原先修行禅法的心得，写出了《永嘉证道歌》。这篇短文影响巨大，是学佛之人必读的经典。玄觉来谒见惠能之前，就已经写了一部《永嘉禅宗集》。从这两部著作来看，他后来写的《永嘉证道歌》似乎已经脱开了天台宗，而更多地贯注了惠能的禅宗思想。我们知道玄觉在来谒见惠能之前，修习的则是禅数之学。所谓禅数之学，就是修行时都用一个数字作为修行次第。比如说修止观，就是先修止，再修观，这样的话止和观就变成两个法，构成了禅法的次第。所以禅数之学是有所追求，有所得、有所住的。而惠能的禅法恰恰与此相反，并不主张打坐观心或修禅数之学，而是在言语对答之间，直指人心，顿悟成佛，反对执着，强调无所得。"无生"反映的就是这种思想。在《永嘉证道歌》里，"无生"这个概念就出现了6次，而在《永嘉禅宗集》里只出现过一次。可见，他没来谒见惠能之前，虽然已经读过《维摩诘经》，也了解"不二法门"思想，对"无生"思想也有所关注与思考，但尚未理解与感悟得这么深厚。所以他即便已有所开悟，但仍旧没有通透，缺乏自信，才跑到惠能这里来求印证。当然，与惠能的一番交谈之后，玄觉对"无生"的理解就更加圆融了。

与《坛经》上提到的其他几位惠能弟子相比，玄觉是属于天才型的禅师。虽然他与惠能只有这么短短的一段对话与一个晚上的缘分，但是对话涉及的"无生"思想却是佛教当中最核心的机密，也是惠能禅宗教人感悟最为看紧的切入点。师徒两人的这段对话，不仅体现了人生通透了悟之后的禅意，也有助于禅门学人对"无生"思想的理解。

《中庸》研究的基本历史脉络梳理

王　乐[*]

【内容提要】　《中庸》作为儒家的经典之一，无论是在历史上，还是在现实中，都令无数思想家们皓首穷经。尽管思想家们对《中庸》的研究在某些方面有共同的旨趣，但是，鉴于各自的时代背景不同，他们的研究又有所区别。以此为根据，本文将前人的《中庸》研究按照年代分为两部分：中国传统《中庸》研究和近现代《中庸》研究，并利用比较、史论相结合的方法评介前人的研究，以期梳理出《中庸》研究的基本历史脉络。

【关键词】　《中庸》；历史脉络；梳理

一　中国传统中的中庸思想研究

从文本的传承上看，《中庸》原是西汉戴圣所编《礼记》[①]（49篇）中的一篇。唐代孔颖达奉敕修《礼记正义》，定《中庸》为其第31篇，两卷，不分章。南宋时，朱熹将《中庸》《大学》（《礼记正义》第42篇）从《礼记》中抽出，与《论语》《孟子》合编，著有《四书章句集注》，始将《中庸》分为33章。自元仁宗皇庆二年（公元1313年）诏定《四书章句集注》为科举取士基本程式[②]，此后，明清皆秉承了此项规定。《中庸》并见于《礼记正义》和

---

[*] 王乐，中共中央党校（国家行政学院）哲学教研部伦理学教研室副教授。
[①] 《礼记》，或称《小戴礼记》，内容涵盖秦汉以前的各种礼论。一般认为，由孔子弟子及其再传、三传门徒等记述而成。是儒家重要的经典之一。
[②] 张元济编纂：《百衲本二十五史》（第一册），浙江古籍出版社1998年版，第164页。

《四书章句集注》之中，并随后者而大行于世。关于《中庸》的作者，学界一直存有争论，一般认为，《中庸》为子思所作。《史记·孔子世家》认为："子思作中庸。"自司马迁、郑玄、郑康成、朱熹到胡适、徐复观等人，大体都承此观点。但是，关于《中庸》的作者还有其他观点：崔东璧的《洙泗考信录》认为《中庸》作于孟子之后；郭沫若、冯友兰、胡寄窗等认为其为思孟学派所作；钱穆认为《中庸》是汇通孔孟老庄的后学所作。尽管争论不断，但是《中庸》思想的主体是儒家思想，这点毋庸置疑。

《中庸》一书并不是"中庸"思想的首创者，后者有着深厚的历史渊源。早在原始社会初期，人们就有了"中"的观念，"中"的甲骨文像一面直立的旗帜：向左弯曲的四条线是旗帜上的飘带，中间的"中"像以直立木柱（表）测日的形状（口即"日"），引申为标准，具有中正、平直的意义；"中"的金文意义或指部落首领手执旗帜，指挥得当，或指射箭中的。另，《论语·尧曰》记载：尧传位时，要求舜"允执其中"，也多少反映了"中"产生于原始社会时期的事实。"中"在当时可以解释为适当而处中①、得乎其中而准确无误②、中正平直③等。《周易》充分地体现了古人的尚中观念④，认为只有适中的才是正确的和最富有生命力的。奴隶社会时期，"中"开始由旗杆之正、中的之矢，逐渐演变成为人伦规范、准则和法度⑤，这就为孔子中庸思想的产生提供了直接的理论前提⑥。学界对孔子的中庸思想研究颇

---

① 胡念耕：《孔子"中庸"新解》，《社会科学战线》1997年第2期。"中"表示一切之中，象征君位所在。《荀子·大略》云："王者必居天下之中，礼也。"众所周知，古时以华夏族为各族之首，称其所在之地为"中国"。京都也是"中"，《书·召诰》"土中"即洛邑。后来，天子的龙座就设在京城的中轴线上。在天上，天子就是北极星，永远居中，众星拱之。

② 庞朴《儒家辩证法研究》一书，以及王耀贵1996年5月28日在《光明日报》发表《中西方古代"尚中"思想的不同走向》，均认为执中、守中、恪守中道，是最先被人类领悟到的思想方法之一。

③ 《诗经》的"雅"诗产生于周朝的王傲之地，"雅"含有天下中正之意。古时，训"雅"为"正"，《诗经》蕴含了"雅正"的观念，这种观念成为后世思想行为的典范。孔子亦有"《诗》《书》执礼，皆雅言也"（《述而篇》）之说。

④ 《周易》的《垢》和《井》（《象辞》）卦，强调"中，正也"；《损》："中以为志也"；《未济》："中以行正也"，《观》："中正以观天下"，等等。主张以此所有，济彼所无；以此之过，济彼不足的观点。都是在强调事物的适中。

⑤ 《尚书·盘庚》记载盘庚迁时的训词是："汝分猷念以相从，各设中于乃心！乃有不吉不迪，颠越不恭，暂遇奸宄，我乃劓殄灭之，无遗育，无律易种于兹新邑！"训词的"中"尽管仍然有中正、适宜等意，但已带上了浓厚的威严色彩，具有命令的意味。

⑥ 在孔子之前，尽管有"中""和"等思想意识，但"中""庸"二字尚未见有连用。

丰，涉及孔子中庸思想的含义①、方法②、评价③、与礼仁等范畴的关系④，以及与中外其他思想家的比较⑤等内容。《论语·雍也》始有"中庸"一说："中庸之为德也，其至矣乎。民鲜久矣。"对此"中庸"的解释，汉代以来大致分四类：何晏释庸为"常"，以中庸为中和、可常行之德；郑玄释庸为"用"，以中庸为"记中和之为用也"；刘宝楠释中庸为"中行"，认为《易传》《中庸》可发明《论语》的"中庸之旨"；还有人释中庸为"两端"或"过犹不及"等。自孔子以来，"游仲尼之汀，未有不治中者也。"⑥孔子及其弟子对中庸的推崇可见一斑。

然而，"中庸"思想并非儒家的专利，以墨子为代表的墨家、以老庄为代表的道家⑦、以管子为代表的齐法家⑧等学派的思想中，均含有丰富的"中庸"思想，这些思想对《中庸》一书的产生，作用亦不可忽视。在理论渊源上，《中庸》一书应是先秦时期各家"中庸"思想的集大成者。理由如下：首先，《中庸》吸收了先秦道家的宇宙意识⑨和本体观念⑩，将"礼、

---

① 王法周：《孔子中庸思想含义析》，《郑州大学学报》1985 年第 4 期；吴桂就、金秋菊：《孔子中庸辨证》；胡念耕：《孔子"中庸"新解》，《社会科学战线》1997 年第 2 期；赵光贤：《孔子中庸说管见》；柯远扬：《孔子中庸思想再认识》，《福建师范大学学报》1988 年第 4 期；吴泽：《论孔子的中庸思想》等。

② 吕庆华：《孔子"中庸"思维方法与企业矛盾管理探讨》，《中共福建省委党校学报》1999 年第 8 期；常建坤：《孔子"中庸"思维方法的管理学意蕴探析》；杨庆中：《论孔子中庸思想的内在逻辑》，《齐鲁学刊》2004 年第 1 期。

③ 林可济：《孔子中庸思想的两重性和毛泽东对它的评论》，《福建师范大学学报》1994 年第 3 期；李翔海：《孔子的中庸思想与儒学的中道性格》，《人文杂志》1996 年第 3 期；蔡尚思：《孔子的中庸及其变革思想的实质》。

④ 罗祖基：《论孔子思想中礼、仁与中庸的关系》，《史学集刊》1986 年第 3 期。

⑤ 孙实明：《论孔孟的中庸之道》，《理论探讨》1994 年第 4 期；刘伏海：《孔丘与亚里士多德的中庸学说比较》，《湖南师范大学学报》1994 年第 5 期；余仕麟：《孔子"中庸"思想与亚里士多德"中道"思想之比较》，《北京大学学报》2003 年专刊。

⑥ 郑春颖编著：《文中子〈中说〉译注》卷四，黑龙江人民出版社 2003 年版。

⑦ 《老子》有曰："天地之间，其犹橐籥乎？虚而不屈，动而愈出。多言数穷，不如守中。"可见，老子所说的"中"指虚静无为的"道"，是具有抽象意义的本体。《庄子·齐物论》云："彼是莫得其偶，谓之道枢，枢始得其环中，以应无穷。"这一思想在道家各派中进一步得到发挥，《文子·道原》："得道之统，立于中央。"就是将"中"视为"道"的内在决定力量。

⑧ 《管子·白心》有："有中有中，孰能得夫中之衷乎？""中之衷"相当于中正之道的内在决定者，比传统对立范畴中间状态的"尚中"显然又深化扩展了一层。

⑨ 《中庸》称："喜怒哀乐之未发谓之中，发而皆中节谓之和。"中所讲的"中"，与《文子·精诚》篇："故大人与天地合德，与日月合明，与鬼神合灵，与四时合信，怀天心，抱地气，执冲含和。"中所讲的"和"均是指个体生命各正性命与宇宙整体和谐统一。

⑩ 《中庸》说："诚者，天之道也；诚之者，人之道也。诚者不勉而中，不思而得，从容中道，圣人也。"此处的"诚"，继承了先秦儒家遵从天道之"诚"的传统，指的是圣人品格，具有本体性意义。在老子思想中，是以"道"本体来统称"中庸"内部对立统一的两个矛盾间的平衡和谐状态。

乐"教化与本体之道相互融合，认为外在的诗、礼、乐不只是人为规定的教化工具，而且是源于本体而生的自然规律；其次，《中庸》吸收了早期墨家神秘主义的思想，赋予"至诚之道"以"可以前知"的超能力，认为尽管"天命"不可违，但是人仍然应当通过修养自身而"自求多福"①；最后，《中庸》吸收了管子"虚无无形谓之道，化育万物谓之德②"的思想，认为"天命"无形，人性可言，率天赋之人性便是修德，亦是修道。不同的是《管子》用"心"来沟通道、德之间的关系，而《中庸》则以"人性"为媒介③。尽管《中庸》是整个先秦时期中庸思想的集大成者，但需要强调的是《中庸》的中庸思想在总体上还是具有儒家特色的，是儒家为体，他家为用。也就是说，《中庸》不是先秦时期中庸思想的简单汇聚，而是将先前的中庸思想进一步理论化、完善化，形成了系统的中庸观。

　　在汉代以前，《中庸》并无单行本，汉代的刘歆在《七略》里始将《中庸》单列出来；同时，在《汉书·艺文志》里，也提及《中庸说》两篇。可见，在汉朝时，《中庸》才有单行本。汉代学者郑玄始开古人研究《中庸》的先河，为《中庸》作注④。汉以后，六朝至唐，历代都有人注解《中庸》。其中，具代表性的有：（南北朝）梁武帝：《中庸讲疏》一卷；（隋）文中子：《中说》；（隋）戴顒：《礼记中庸传》二卷；徐干：《中论》等，可惜这些注解大部分都已遗失。到了唐代，李翱的《复性书》始谈心性问题，欧阳修认为其是以"《中庸》之义疏耳"⑤而作。孔颖达则依郑玄作的《礼记正义》，为《中庸》作疏。到了宋代，《中庸》的研究进入高峰时期。《宋史·道学论·序论》说，二程"表章《大学》《中庸》二篇，与《语》《孟》并行。于是上自帝王传心之奥（即《中庸》）下至初学入德之门（即《大学》），融合贯通，无复余蕴"。《中庸》被列入四书可以看作是《中庸》研究进入高峰的标志。自此以后，文人术士无不以"四书"为治学之始基和鹄的。其间，出现了许多经典性的研究作品：（宋）司马光的《中庸广义》一卷，载《宋元学

---

① 《中庸》云："至诚之道，可以前知。国家将兴，必有祯祥；国家将亡，必有妖孽。见乎蓍龟，动乎四体。祸福将至：善，必先知之；不善，必先知之。故至诚如神。"《墨子·天志中》也说："今天下之君子，中实将欲遵道利民，本察仁义之本，天之意不可不慎也。"均认为只有诚天遵神才能近善避恶。
② 《管子·白心》。
③ 《中庸》："天命之谓性，率性之谓道，修道之谓教。"《管子·枢言》说："道之在天者，日也；其在人者，心也。"
④ 郑玄的《三礼注》中有对《中庸》的注解。
⑤ 《欧阳文忠公集·读李翱文》。

案·涑水学案》；（宋）二程的《中庸解》；（宋）朱熹的《中庸章句集注》；《中国历代经籍典·中庸部》；（宋）契嵩的《中庸解》；（宋）杨时的《中庸义序》，载《龟山集》卷二十五，《四库全书　集部　别集类》；（宋）赵顺孙的《四书纂疏》；（宋）程端蒙的《性理字训》；（宋）陈淳的《北溪字义》；《礼记·经解》；（宋）黎立武的《中庸旨归》；（宋）郭忠孝、郭雍的《中庸》；（明）崔铣的《中庸凡》；（清）戴震的《中庸补注》（《戴震全书》）；（清）康有为的《中庸注》等。此外，学者胡瑗、孙复、石介、范仲淹、王安石、李觏、邵雍、陆九渊、陈亮、王阳明、张载（宋明）；朱之瑜、陈确、黄宗羲、方以智、顾炎武、颜元（清代）等的作品中均涉及对《中庸》的研究。

综上所述，中国传统《中庸》研究源远流长，硕果累累，几乎涉及了《中庸》研究的方方面面。鉴于历代学者研究《中庸》的时代背景和个人旨趣不同，中国传统的《中庸》研究按朝代分为三个不同的阶段：汉唐、两宋和元明清。总体上说，汉唐的《中庸》研究重注疏，即，重在对《中庸》的字音、字义、词义和句义的注解上；两宋的《中庸》研究重义理，即，重在从义理的角度解释《中庸》的具体概念。理学讨论的，主要是以"性与天道"为中心的哲学问题，也涉及政治、教育、道德、史学、宗教等方面的问题……《中庸》一开头就说"天命之谓性，率性之谓道，修道之谓教"，提出了性、道、教三个问题，理学家尊《中庸》，就沿着《中庸》的这三个问题进行探讨。理学家所尊信的经典，不只是《中庸》，然而《中庸》的内容却可以牵合释、道，特别是释，与封建社会后期的时代思潮，暗相吻合[①]；元明清的《中庸》研究重思想，即，重在探寻《四书》中蕴含的整体思想。看似对《中庸》关注度降低，其实是从"实体达用"的角度重新诠释《中庸》，使《中庸》富有新的时代意义。

二　近现代的《中庸》研究

受近现代以来极"左"思想的影响，儒家中庸思想长期被视为纯粹消极的理论而受到批判。中华书局1976年7月内部发行的《〈大学〉〈中庸〉批注》本写道："孔丘、孔极之流所宣扬的中庸之道，则极力调和矛盾，取消

[①] 侯外庐、邱汉生、张岂之主编：《宋明理学史》（上），人民出版社2005年版，第9页。

斗争，反对旧质向新质的转化，反对革命变革、妄图永远保存旧制度，保持旧事物使它得免于死亡。因此，中庸之道是反动的哲学，是没落阶级反对社会变革、前进，主张复古倒退的复辟之道。"当时，持此观点的思想家还有冯友兰、任继愈、孙叔平、唐凯麟、朱伯昆和刘蔚华等。此种观点基本代表了中华人民共和国成立后40多年大多数大陆哲学史论著和教科书的提法。直至20世纪90年代以来，自由的学术氛围和中外文化的交流和碰撞，使得新儒家在海内外重新掀起研究《中庸》、复兴儒学的浪潮，《中庸》研究又进入新的春天。

根据现代新儒家产生和发展的三个不同阶段，将其《中庸》研究分为三个不同时期：第一个时期是"五四"至中华人民共和国成立的前30年，主要代表人物有梁漱溟、马一浮、熊十力、冯友兰、贺麟等。这些思想家主要活跃在中国大陆，所以又称"大陆新儒家"。其中，以梁漱溟和冯友兰的《中庸》研究较具代表性。梁漱溟是从内在的反省与直觉的人生哲学角度研究《中庸》及中庸思想；而冯友兰则从理性、理想和境界的新理学角度研究《中庸》及中庸思想；第二个时期是20世纪五六十年代，主要代表人物是唐君毅、牟宗三和徐复观等，由于这些思想家主要活跃在香港和台湾，他们又被称为"港台新儒家"或"海外新儒家"。唐君毅的《中庸》及相关研究较为广泛，不仅涉及《中庸》的作者、字义，《中庸》中的重要范畴，如心性、修养功夫、天命与性命、诚等，还涉及《中庸》思想与佛教思想的关系等诸多方面。牟宗三对《中庸》的研究是为其"道德的形上学"服务的："牟氏主要是依靠援引二诗和四书，完成了心性的形上的、本体的升越[1]。"徐复观的《中庸》研究则集中在两个方面：《中庸》成书时代的考据和《中庸》之"诚"的解释；第三个时期是20世纪80年代以来，主要代表人物是杜维明、刘述先、成中英、安乐哲等。由于他们主要活跃于英美等西方国家，他们被称为"海外新儒家"，又因为他们大都为不在中国从事研究的非中国人或海外华人，所以又被称为"海外汉学家"。杜维明的《中庸》研究[2]是以"一直致力于儒学的创造性诠释及其人文价值的发掘，他秉持坚定的信念和充分对话的理性精神，积极往返于中西之间，他所作的儒学研究及传播活动

---

[1] 崔大华：《儒学引论》，人民出版社2001年版，第742—743页。
[2] 本文认为杜维明的《中庸》研究，集中体现在《论儒学的宗教性——对〈中庸〉的现代诠释》一书中。以下总结将以此著作为主要参考资料。

取得了广泛的国际性影响①"为学术旨趣的。成中英的《中庸》研究则是以"意图建立一个更具整合性、开放性的儒学体系",提出"当前儒学重建的一个重要向度是反省儒学主体化、内在化的弊端,正视客体与知识,面向生活世界,积极参与社会建设和文化创造②"为目标的。

在国内,自改革开放以来,学者们对《中庸》的研究也是空前繁荣,这些研究大都集中在对《中庸》的文本、思想和现实意义等方面上。其中,直接以《中庸》文本为标题的学术文章有:徐克谦的《〈中庸〉思想体系试析》,《齐鲁学刊》1986(4);王国轩的《〈中庸章句〉新论》,《社会科学辑刊》1990(3);李景林的《论〈中庸〉的方法论与性命思想》,《史学集刊》1997(2);宏祁的《〈中庸〉与中庸之道》,《道德与文明》2000(3);金景芳的《论〈中庸〉的"中"与"和"》及《〈大学〉的"格物"与"致知"》,《学术月刊》2000(6);孙实明的《〈中庸〉解论》;唐雄山的《〈中庸〉人性思想的现代诠释》,《江西社会科学》2002(2);喻立平的《〈中庸〉政治哲学略论》,《江汉论坛》2005(3);任俊华、李朝辉的《〈中庸〉主旨论》,《理论学刊》2005(11);王晓薇的《杨时〈中庸〉学思想及其对荆公新学的批判》,《北方论丛》2006(6);付佳:《〈中庸〉的和谐社会思想》;孟庆雷《儒家的尚"中"与道家的崇"大"——论儒道两家和谐观的差异与融合》;樊华强的《〈中庸〉教育哲学思想探微》,《哲学研究》2007(3);胡治洪的《〈中庸〉新诠》,《齐鲁学刊》2007(4);廖焕超的《〈中庸〉作者献疑》;金景芳、吕绍纲的《论〈中庸〉——兼析朱熹"中庸"说之谬》;李京的《从中、庸到〈中庸〉》,《孔子研究》2007(5);彭耀光的《〈中庸〉天人观的理论特质及其当代意义》,《河北师范大学学报》2007(5);郭沂的《〈中庸〉成书辨正》;程宜山的《〈中庸〉"诚"说三题》;孙海辉的《由〈大学〉〈中庸〉看"慎独"释义》,《历史教学》2007(7);王冬敏的《再论〈中庸〉中的"诚"》。吴凡明的《〈中庸〉诚说的理论建构及其致思理路》,《求索》2007(11);王岳川的《〈中庸〉在中国思想史上的地位——〈大学〉〈中庸〉讲演录(之三)》,《西南民族大学学报》2007(12);朱雪芳:《杨时对〈易传〉〈中庸〉〈孟子〉的阐释——以本体论为中心》,《中国哲学史》2009(3);盛珂的《〈中庸〉对于儒学阐释的意义——由〈中庸〉地位问题的争论看当代新儒家的儒学阐释》,《文史哲》2009(5);张亚宁的《〈中庸〉"诚"

---

① 陈鹏:《现代新儒学研究》,福建人民出版社2006年版,第20页。
② 同上书,第22页。

的思想》,《孔子研究》2009(6);麻尧宾的《〈中庸〉"性"论解:结构及其张力》,《四川大学学报》2010(1);李松生的《〈中庸〉与〈周易〉的中道思想管窥》,《学海》2010(3)等等。

另外,以《中庸》文本为硕士论文选题的硕士毕业生有:河北大学 2001 级硕士毕业生刘光育的《〈中庸〉思想研究》;华东师范大学 2005 级硕士毕业生袁立新的《〈四书〉"诚"析》;山东大学 2006 级硕士毕业生刘道岭的《〈中庸〉的哲学思想》;华中科技大学 2006 级硕士毕业生陈琳的《〈中庸〉"慎独"探论》;曲阜师范大学 2008 级硕士毕业生邹憬的《〈中庸〉成书公案与今本〈中庸〉的流传与升格》;东北师范大学 2009 级硕士毕业生杨洋的《生命觉解之道——〈中庸〉思想初探》;复旦大学 2009 级硕士毕业生孟耕合的《北宋〈中庸〉之"诚"思想研究》等。以《中庸》文本为博士论文选题的博士毕业生有:河北大学 2005 级博士毕业生王小薇以《宋代〈中庸〉学研究》为博士论文题目;西北大学 2007 级博士毕业生郑熊以《宋儒对〈中庸〉的研究》为博士论文题目;山东大学 2010 级博士毕业生解颉理以《〈中庸〉的诠释史研究》为博士论文题目等。在一些重要的国际国内会议上,国内外学者也纷纷以《中庸》文本为发言稿,与学者进行交流探讨。主要涉及的问题有:《中庸》文本的注解[1];《中庸》的伦理思想[2];《中庸》的价值[3];《中庸》的其他思想[4]等。除此之外,学者们就中国传统中庸思想本身进行了大量研究,发表相关的学术论文近 400 篇。

国内学者对《中庸》的研究越来越系统化,发表的具代表性的专著有:《儒家经典诠释方法》[5];《发现中庸》[6];《我讲〈论语〉》(附《大学》《中庸》)[7];《张居正讲评〈大学·中庸〉》[8];《大学中庸讲演录》[9];《大学中庸高

---

[1] [韩] 金忠烈:《中庸》首三句注疏评议等。
[2] 吴培德:《中庸》之伦理观等。
[3] 王庆中:《中庸》用中论析义等。
[4] 和向朝:《大学》、《中庸》的政治伦理美学等。
[5] 李明辉主编:《儒家经典诠释方法》,华东师范大学出版社 2007 版。
[6] 杨润根:《发现中庸》,华夏出版社 2008 年版。
[7] 方颐家:《我讲〈论语〉》(附《大学》《中庸》),黑龙江人民出版社 2007 年版。
[8] 陈生玺等编著:《张居正讲评〈大学·中庸〉》皇家读本,上海辞书出版社 2007 年版。
[9] 王岳川:《大学中庸讲演录》,广西师范大学出版社 2008 年版。

级读解》①；《〈中庸〉深解》②；《〈中庸〉的时间解释学》③；《中庸的文化省察——一个字的思想史》④；《中庸智慧》⑤；《中庸论》⑥；《中庸注》⑦；《〈大学〉〈中庸〉注评》⑧；《〈大学〉〈中庸〉意释致用》⑨；《中庸精义》⑩；《中庸注参》⑪；《中庸的思想》⑫；《"天命：之谓性！"片读〈中庸〉》⑬；《中庸全集》⑭；《大学中庸译注》⑮；《宋代〈四书〉学与理学》⑯；《中庸与中道——先秦儒家与亚里士多德伦理思想比较研究》⑰ 等。

另外，港台著名学者钱穆的《〈中庸〉新义申释》⑱、徐复观的《中庸的地位问题》⑲，都是研究《中庸》的经典著作。贾馥茗的《中庸诠释》、杨祖汉的《中庸义理疏解》⑳、王云五的《中庸今注今译》㉑、林觥顺的《礼记我读》㉒ 都是研究《中庸》的必读文献。另外，美国学者安乐哲、郝大维的《〈中庸〉新论：哲学与宗教性的诠释》㉓，也是从新的角度研究《中庸》的代表性文章。除此之外，国外的一些学者还著有专著专门研究《中庸》文本，如陈慰中的《中庸辩证法》㉔、杜维明的《〈中庸〉洞见》㉕、日本学者内藤干治・矢野光治

---

① 李鍙等著：《大学中庸高级读解》，海峡文艺出版社 2008 年版。
② 师为公：《〈中庸〉深解》，作家出版社 2009 年版。
③ 夏可君：《〈中庸〉的时间解释学》，黄山书社 2009 年版。
④ 萧兵：《中庸的文化省察——一个字的思想史》，湖北人民出版社 1997 年版。
⑤ 姚淦铭：《中庸智慧》，山东人民出版社 2010 年版。
⑥ 徐儒宗：《中庸论》，浙江古籍出版社 2004 年版。
⑦ 康有为：《中庸注》，台湾商务印书馆 1966 年版。
⑧ 方向东：《〈大学〉〈中庸〉注评》，凤凰出版社 2006 年版。
⑨ 方尔加：《〈大学〉〈中庸〉意释致用》，中国人民大学出版社 2008 年版。
⑩ 李民：《中庸精义》，吉林大学出版社 2007 年版。
⑪ 陈柱：《中庸注参》，广西师范大学出版社 2010 年版。
⑫ 陈赟：《中庸的思想》，生活・读书・新知三联书店 2007 年版。
⑬ 伍晓明：《"天命：之谓性！"片读〈中庸〉》，北京大学出版社 2009 年版。
⑭ 陈才俊主编：《中庸全集》，海潮出版社 2009 年版。
⑮ 王文锦译注：《大学中庸译注》，中华书局 2008 年版。
⑯ 朱汉民、肖永明：《宋代〈四书〉学与理学》，中华书局 2009 年版。
⑰ 晁乐红：《中庸与中道——先秦儒家与亚里士多德伦理思想比较研究》，人民出版社 2010 年版。
⑱ 钱穆：《〈中庸〉新义申释》(《中国学术思想史论丛2》)，安徽教育出版社 2004 年版。
⑲ 徐复观：《中庸的地位问题》(《中国思想史论集》)，学生书局 2002 年版。
⑳ 杨祖汉：《中庸义理疏解》，(台湾)鹅湖出版社 1984 年版。
㉑ 王云五：《中庸今注今译》，台湾商务印书馆 1977 年版。
㉒ 林觥顺：《礼记我读》，九州出版社 2006 年版。
㉓ 安乐哲、郝大维：《〈中庸〉新论：哲学与宗教性的诠释》，《中国哲学史》2002 年第 3 期。
㉔ 陈慰中：《中庸辩证法》，学苑出版社 1989 年版。
㉕ 杜维明：《〈中庸〉洞见》，人民出版社 2008 年版。

的《中庸章句话解》①等。

三 述评

古今中外的学人们对《中庸》的研究硕果累累。就《中庸》的思想主旨而言，学者们的观点大致有三种：其一，认为《中庸》是一种伦理政治学体系，持此观点的有徐克谦、王岳川、胡治洪、付佳、孙石明等；其二，认为《中庸》建立的是"诚说"体系，持此观点的有吴凡明等；其三，认为《中庸》是儒家的方法论体系，持此观点的有任俊华、李朝辉等。就《中庸》的具体思想而言，当今学者的研究大多集中在以下几个方面：《中庸》的哲学范畴——"性"[②]"情"[③]；《中庸》的求知进德理论[④]；《中庸》的社会政治论[⑤]和方法论[⑥]等。可见，《中庸》是多层次的、包容的和开放的系统。毛泽东同志也曾指出："中庸观念是孔子的一大发现，一大功绩，是哲学的重要范畴，值得很好地解释一番。"[⑦] 具体而言，可以将前人的研究归纳为以下几个方面：（1）《中庸》的作者、成书年代、思想源流等方面的考证和分析[⑧]。归纳下来，大概有《中庸》的作者是子思、孟子以前儒家、孟子以后的儒家、子思原作、汉儒所加、不是子思所作、为汉儒伪托等说法；（2）

---

① [日]内藤干治·矢野光治：《中庸章句话解》，丽泽大学纪要（第23卷），1977年版。

② 唐雄山：《〈中庸〉人性思想的现代诠释》，《江西社会科学》2002年第2期；习细平：《〈中庸〉修养论之人性论拷问》，《船山学刊》2006年第1期。

③ 马玉良：《〈中庸〉尚情思想三题》，《阜阳师范学院学报》2002年第2期。

④ 《中庸》的进德观参见邓球柏《论中庸之道》，《首都师范大学学报》2000年第6期；杨千朴：《〈中庸〉中的中庸之德思想》，《扬州大学学报》2001年第2期；田文军：《道德的中庸与伦理的中庸》，《武汉大学学报》2004年第5期；陈赟：《为什么是智仁勇之德，才开启了中庸的可能性》，《现代哲学》2006年第6期等，讨论者颇丰。《中庸》的知行观参见鞠小平、祁建民《〈中庸〉中治学思想对当代学人的启示》，《福建农林大学学报》（哲学社会科学版）2006年第5期。

⑤ 喻立平：《〈中庸〉政治哲学略论》，《江汉论坛》2005年第3期；袁玉立：《多元一体：中庸的政治哲学意蕴》，《中州学刊》2005年第5期；陈赟：《"以人治人"与他者的接纳——〈中庸〉思想的一个维度》，《人文杂志》2006年第2期。

⑥ 虞杭：《中庸之道新论》，《青岛大学师范学院学报》2001年第4期；柳倩月：《中庸、折衷主义与价值判断》，《太原师范学院学报》2005年第2期；袁玉立：《中庸与实事求是——兼及儒学与实学的关系》，《学术界》2006年第5期。

⑦ 《毛泽东书信选集》，人民出版社1984年版，第147页。

⑧ 冯友兰《中国哲学史》、廖焕超的《〈中庸〉作者献疑》、庞朴《孔孟之间——郭店楚简的思想史地位》、丁四新在《郭店楚墓竹简思想研究》、吴怡《中庸诚的哲学》、李景林《论〈中庸〉的方法论与性命思想》等都对《中庸》的作者进行了考证。

《中庸》具体概念范畴的分析,如"诚""中和""已发与未发"等。徐复观的《中国人性论史》(先秦篇)、刘象彬的《二程理学基本范畴研究》、蒙培元的《理学范畴系统》等对"中庸""中和"等范畴进行梳理;(3)《中庸》与《四书》研究。学者一般都把《中庸》研究放在《四书》或经学中进行,没有对《中庸》进行单独研究。龚杰《张载评传》涉及张载的《中庸》研究;蔡方鹿《程颢程颐与中国文化》、《朱熹经学与中国经学》介绍二程、朱熹对《中庸》的研究;肖永明《陆九渊理论体系的建构与〈四书〉》《张栻之学与〈四书〉》等文章均涉及朱熹、陆九渊、张栻等人的《中庸》研究。

可以看出,前人的研究成果对《中庸》研究意义深远。但仍有需努力的方向:首先,前人对《中庸》及其研究的发展史研究甚少,使《中庸》研究缺乏纵向系统性。尤其是现代新儒家的《中庸》研究,几乎未见涉及;其次,前人的研究要么集中在《中庸》作者、成书等的考证上,要么集中在《中庸》的具体范畴之注解上,要么集中在《中庸》思想、义理的阐释上,而没能将此三者联系起来系统地考察,这就使《中庸》研究缺乏横向系统性。尤其是作为《中庸》最为重要的体系之一——道德伦理体系,研究尚不够成熟;再次,对《中庸》与整个中国传统儒家思想及其他经典之关系的研究不够,这就使得《中庸》一书的价值和意义不得位。尤其是《中庸》在儒学中的地位问题,学者们涉猎较少。复次,前人对《中庸》的研究大都是纯理论的研究,没有与现实相对接,这就使得《中庸》研究不够生动和鲜活。《中庸》思想的一个基本旨趣就是"百姓日用",这是《中庸》现实生命力之所在;最后,对《中庸》的研究缺乏国内外的参照与交流,因而使得《中庸》研究的视域不够广阔。

康有为《论语》观析论

曹润青[*]

【内容提要】 康有为继承晚清公羊学家传统，以孔子改制及三世说阐释《论语》，然而与前人不同的是，康有为对《论语》的整体评价较低，认为《论语》思想有别于孔子思想。在《论语注》中，康有为以刘歆与曾子（包括推崇曾子的宋儒）为两大对话系统，极力清除二者对《论语》所施加的影响，以还原孔子思想的真相。伴随着对话过程的展开，康有为向我们展示了他独特的《论语》观，即将《论语》视作受到刘歆伪经影响的曾子之学，抑《论语》之经为曾子一家之学。

【关键词】 康有为；《论语》；刘歆；曾子；朱子

一 从"兼有今古"到"真伪混淆"

康有为写作《论语注》是在戊戌变法（1898年）失败后避居印度大吉岭的1902年，然而据《论语注·序》康氏的自述，他注解《论语》的行为要远早于此时，"昔尝为注，经戊戌之难而微矣。"[①] 这说明在戊戌变法前康有为已有关于《论语》的注本，只是没能保存下来。事实上，康有为很早就已开始关注《论语》。早在写作《教学通义》（1885年）时，康有为已经有

---

[*] 本文原刊于《中国哲学史》2018年第4期。
    曹润青，中共中央党校（国家行政学院）哲学教研部中国哲学教研室讲师。
① 康有为：《论语注·序》，楼宇烈校，中华书局2012年版，第4页。此处引文标点与原书编校者不同，为本文作者改动。

"《论语》兼有今古"的观点:

> 今修《礼案》,欲决诸经之讼,平先儒之争,先在辨古今之学……古学者,周公之制;今学者,孔子改制之作也。辨今古礼,当先别其书。今①学者,周公之制,以《周礼》为宗,而《左》《国》守之。孔子改制之作,《春秋》《王制》为宗,而《公》《榖》守之。孟子、荀子及战国诸子多今学,盖皆从七十子出也……《易》《书》《诗》《论语》兼有今古,而与《王制》《周礼》不同。②

这一时期,康有为有意仿照《刑案汇览》编修《礼案汇览》,希望将中国历史上的礼制文献及礼制沿革情况尽收于一书,以备当世改革参考之需。但是想要编修《礼案》,首先就需要解决今古文之争这一最核心的问题,以"决诸经之讼,平先儒之争"。在此,康有为提出以礼制之别区分今古文经学的观点,将古文经学看作是有关周公制作之学,今文经学看作是有关孔子改制之学,并进一步将《周礼》视作代表周公之制的核心经典,《春秋》《王制》视作代表孔子改制之作的核心经典,并以此为基础界定了今古文经学的范围。其中,《论语》与《周易》《尚书》《诗经》一同被康有为视作今古文杂糅之作,与《王制》纯属今文经学范畴、《周礼》纯属古文经学范畴性质有别。

对于古文经,康有为明确提出"其古学之殊者,存之以沿革之增改"③,以平分今古、兼收并蓄的客观态度以求《礼案》之齐备。不难看出,此一时期康有为深受古文经学的影响,他视古文诸经为记载周公制作的文献,并赞美《周礼》"范围后世而尊之无穷者,诚美备也"④。然而与此同时,康有为也极为关注今古文之异,瞩目于周公孔子礼制之别,他指出:"朱子曰:古礼必不可行于今日。不独古今异宜,文为须称,实则三古异时,周、孔异制,诸经互乖,理不可从,后师附会,益加驳杂。"⑤ "礼家殊说,诸经皆是。

---

① 原编者案:"'今',疑作'古'。"参见康有为《教学通义》,载《康有为全集》第一集,中国人民大学出版社 2007 年版,第 50 页。
② 同上。
③ 同上书,第 51 页。
④ 同上书,第 48 页。
⑤ 原编者案:"'今',疑作'古'。"参见康有为《教学通义》,载《康有为全集》第一集,中国人民大学出版社 2007 年版,第 49 页。

若《王制》《周礼》《左传》《孟子》，抵牾尤甚。"① 康有为注意到了周孔礼制经义的"互乖"与"抵牾"，然而他据朱子"礼时为大"之义提出"使圣贤者有作，必不从古之礼。只是以古礼灭杀，从今世俗之礼"及"新王改制，修定礼乐，本是常事"的观点，指出周孔异制恰是礼制适应社会发展与时偕行的合理表现。康有为以朱子"礼时为大"之义调和今古，周公制礼与孔子改制的观点并存于其思想当中，体现了康氏此一时期平分今古的经学立场，他既深受古文经学的影响，盛赞周公制礼作乐，同时他又认同孔子改制这一今文经学的核心观点。受这一经学立场的影响，《论语》被康有为视作"兼有今古"之作，周公制礼作乐与孔子改制的内容在《论语》中都有体现。

与《教学通义》表现出的"平先儒之争，辨今古之学"这一平分今古的立场不同，在《新学伪经考》这本彻底宣告康有为今文经学立场的著作中，康氏明确站在今文经学的立场上对古文经学提出了严厉的批判。

歆造古文以遍伪诸经，无使一经有缺，至于《论语》《孝经》亦复不遗。传鲁《论》之庸生，当亦歆所窜入，以实其伪经之传人耳。鲁《论》由张禹传至东汉，包氏、周氏之说犹其真派，然已杂合齐、鲁，乱家法矣。至郑康成杂合古今，真伪遂不可尽考。②

西汉以前但有博士之经，即秦火不焚之本、孔氏世传不绝之书，无阙文亦无异本也。歆伪作古文以窜易六艺，或增或改，诸经皆遍，以其伪古经文加于孔子今文经之上。"《论语》古二十一篇，《齐》二十二篇，《鲁》二十篇"，《论语》古，歆伪也；齐、鲁《论》者，七十子所传也。③

康有为宣告今文经学是孔子真经，指出秦始皇焚书只涉及民间所藏之书，官方秘府所藏、博士所职之书都并未殃及，因此，今文经学就是孔子真经的全部，"无阙文亦无异本"，具有唯一的合法性，康氏由此对今文经学的唯一神圣性做出根本论证。正是在今文经学立场的指引下，康有为对古文经予以了彻底的否定，认为古文经皆为刘歆伪作，与孔子无关。刘歆辨伪群经，试图混淆孔子大道，"以其伪古经文加于孔子今文经之上"，刘歆乃是窜圣之千古罪人。

对于《论语》，康有为指出《论语》今文真经也受到刘歆代表的古文经学传统的破坏。具体而言，康有为认为齐《论》、鲁《论》为七十子所传，

---

① 康有为：《教学通义》，第49页。
② 康有为：《新学伪经考》，朱维铮、廖梅编校，中西书局2012年版，第89页。
③ 同上书，第107页。

属于今文经学，为孔门真传，古文《论语》则为刘歆伪造。康氏甚至根据王充《论衡·正说篇》的材料，认为："古文不止二十一篇也，王充必有所见。则歆之伪《论语》尚不止二十一篇，特歆不敢著之《七略》耳。"① "刘歆所伪为三十篇与《汉志》不同者。盖歆作《七略》时，未伪河间之九篇也。"② 认为刘歆伪古文《论语》乃为三十篇，对《汉书·艺文志》及《隋书·经籍志》有关古文《论语》二十一篇的记载提出异议。

在康有为看来，刘歆伪造古文《论语》造成权威动摇、今古并行的局面，是为始作俑者；而张禹合齐鲁之学成《张侯论》、郑玄杂采今古注释《论语》则成为《论语》真经败坏、刘歆伪古《论语》从此大行于世的关键原因。康氏据此对张禹、特别是对郑玄提出了继刘歆之后最为严肃的批判。"郑氏注已参考《古论》，则《论语》已杂乱而'盛于人间'"③ "得《论语郑注》而今古学俱备，不知齐、鲁《论》亦失真矣。其注《诗》《书》《礼》《论语》如此，其注群经当亦然。于是今古杂糅，不可复辨。"④ 据此，康有为指出在刘歆、郑玄之后，《论语》今古杂糅，"真伪已不可尽考"。

《论语》因刘歆作伪而真伪混淆的观点在《新学伪经考》中已经成型，并在《论语注》中得到进一步继承，其主要观点与《论语注》完全一致。在《论语注》中，康有为认为《论语》"真伪混淆"，"为刘歆之伪学所乱，而孔子之大道益杂羼矣"：

> 刘歆伪古文《论语》，托称出孔子壁中，又为传托之孔安国，而马融传而注之，云多有两《子张》篇，分《尧曰》以下子张问政为《从政》篇，凡二十一篇，篇次不与齐、鲁同。桓谭《新论》谓文异者四百余字，然则篇次文字多异，其伪托窜乱，当不止此矣。自郑玄以鲁、齐《论》与古《论》合而为书，择其善者而从之，则真伪混淆，至今已不可复识。于是曾门之真书亦为刘歆之伪学所乱，而孔子之道益杂羼矣。⑤

在《论语注》中，康有为虽然不再有古《论语》实为三十篇的看法，

---

① 康有为：《新学伪经考》，朱维铮、廖梅编校，中西书局2012年版，第89页。
② 同上书，第232页。
③ 同上。
④ 同上书，第177页。
⑤ 康有为：《论语注·序》，楼宇烈校，中华书局2012年版，第3—4页。

但是包括刘歆作伪、郑玄传伪经在内的基本观点仍然一以贯之，由此可见，《论语》因刘歆作伪而为真伪混淆之书可被视为康有为经学立场确立后思想成熟期《论语》观的主要内容。不难发现，从《教学通义》的"兼有今古"到《论语注》的"真伪混淆"，康有为的《论语》观发生了极大转变，这种转变当然直接关涉的是康氏经学立场的变化，与康有为将古文经学视作刘歆"伪造"直接相关，导致《论语》的性质从真经一转而成为被刘歆伪学所遮蔽的经籍。在今文经学立场根本确立前，《论语》中的不同礼制被康有为视作周公之制与孔子之制的不同呈现，而在今文经学立场确立后，《论语》中的不同礼制不再代表周公与孔子的不同，而成为孔子三世制度因时而异的体现，孔子也因此被康氏视作中国历史上最伟大的圣王。相应的，《论语》中关于推崇周公的条目以及将孔子塑造为"述而不作"传承者形象的条目则被康有为视作刘歆作伪之迹，成为《论语》"真伪混淆"的直接证据。然而需要指出的是，尽管康有为的《论语》观由于经学立场转变的原因发生了极大的变化，但是他以礼制、制度的视角考察《论语》的视角和方法却是一贯的，康有为始终站在经世致用的立场从制度立论，希望深入探求中国历史上制度设立的原因、变化及其对当时的借鉴意义，体现了从治教亦即外王的角度继承孔子之学的致思方向，不同的只是他对于中国历史上制度设立者的思考产生了根本性的变化，他不再将周公视作制礼作乐的圣人，而将孔子一人推上圣坛，视孔子为中国历史乃至世界历史订立三世之法的大圣人与大教主。

二 正伪古之谬，发大同之渐

为了区分《论语》真伪，肃清刘歆伪古文《论语》的影响，康有为写作《论语注》，通过逐条考辨《论语》以还齐鲁之旧，"正伪古之谬"[①]。在《论语注》中，康有为指出《论语》被刘歆篡改的章句至少有四章，其中，两章是全文伪造，分别为《公冶长》篇的"巧言令色"章和《述而》篇的"甚矣吾衰"章。

  子曰：巧言、令色、足恭，左丘明耻之，丘亦耻之。匿怨而友其

[①] 康有为：《论语注·序》，楼宇烈校，中华书局2012年版，第4页。

人，左丘明耻之，丘亦耻之。

此章为古文伪《论语》，刘歆所窜入也。《史记·仲尼弟子传》无左丘明名。《史记》称"左丘失明，厥有《国语》"。则左氏名丘，亦非名明也。今《左氏传》称陈敬仲五世其昌，称魏万诸侯之子孙，必复其始。又，《传》文终于韩、赵、魏之灭智伯。孔子没后二十八年，魏氏为侯，孔子没后七十八年，田和篡齐。和为敬仲八世孙，在孔子没后九十五年，既非弟子。孔子称其盛德，而自称名，当为孔子前辈，否亦孔子同时人，何得后孔子百年犹在乎？即老寿亦安能尔？其为刘歆伪古文可断矣。①

子曰：甚矣吾衰也！久矣吾不复梦见周公。皇本"公"下有"也"字。《释文》："本或无'复'字。"

衰，肌肤消也。按，《论语》一称周公，但曰才美。周公之盛德，不过类本朝开国之摄政王，孟子仅称其兼夷狄、驱猛兽耳。孔子包举百王，民主称尧舜，君主尊文王，群经皆不甚称周公，亦不甚慕周公，况至人无梦乎？刘歆伪经皆托周公，欲以易孔子，故首以伪《周礼》托之周公，因谓《仪礼》亦周公所作。于《易》，则称爻辞为周公所作，《尔雅》又谓周公所作，遍征其文于群书，以证成之。唐时，乃至尊周公为先圣，抑孔子为先师，谬甚矣。此章既无大义，托之孔子梦幻，特以尊周公抑孔子，盖刘歆窜入之伪古文也。②

两章是部分篡改，分别为《述而》篇的"述而不作"章和"加我数年"章：

子曰：述而不作，信而好古，窃比于我老彭。

此窜改之伪古文也，虽非全行窜入，则孔子以不作好古称老彭，而刘歆增改"窃"字，原文或是"莫比"二字。③

---

① 康有为：《论语注》，楼宇烈校，中华书局 2012 年版，第 67—68 页。此段引文标点与原书编校者有所不同，为本文作者改动。
② 同上书，第 89 页。
③ 同上书，第 87 页。

康有为认为刘歆改"莫"为"窃",此章今文原文应为"子曰:述而不作,信而好古,莫比于我老彭。"

> 子曰:加我数年,五十以斅,亦可以无大过矣。郑注:鲁读"易"为"亦"。

《汉外黄令高彪碑》:"恬虚守约,五十以斅",正从《鲁》读之句读,则汉人《论语》本无学易之说至明。经传易改,碑文难窜乱也……故改曰学《易》,以明《易》非孔子所作,抑以无大过,以明孔子之为后学。盖欲篡孔子之《易》,窜改《论语》,附会《史记》,以证成之。①

康有为认为刘歆改"易"为"亦",此章今文原文应为"子曰:加我数年,五十以斅,亦可以无大过矣。"

综观康有为以上四章的考证,除去《述而》篇的"加我数年"章,康氏没有任何的文献证据,完全依凭己意便断定此三章为刘歆全文或部分伪造,其论证极为牵强。即使"加我数年"章,康有为援引郑玄注"鲁读'易'为'亦'"及《汉外黄令高彪碑》"恬虚守约,五十以斅"的证据,对于证实此章经文应为"五十以学,亦可以无大过"具有较大参考价值,但是为何以"易"代"亦"不是流传过程中产生的讹误,"易""亦"之别为何不能理解为齐、鲁之间的差异,以"易"代"亦"为何可被坐实为刘歆所为,康有为未做说明,而是直接将其理解为刘歆的别有用心,径以乱经之罪归咎刘歆。

暂且撇开康有为的武断不论,康氏之所以对上述四章经文予以极大关注并断言它们经过刘歆伪造,其根本原因在于康氏认为这四章经文集中体现了"伪古之谬"。在康有为看来,这四章经文分别涉及了《左传》《易经》、周公及孔子,而《左传》与周公正代表着康有为心目中古文经学的核心,《易经》指涉的六经及孔子则代表着康氏心目中今文经学的核心,康有为认为刘歆正是通过伪造这四章经文以重新界定周公与孔子的关系、《左传》与六经的关系以及六经与孔子的关系。在这四章经文中,刘歆推崇周公和《左传》,贬抑孔子,"以孔子为述而非作,从周而非改制"②,制造了从真到伪的混淆,从此刘歆塑造的周公成为中国历史上制礼作乐的圣王,孔子则仅被视作传承周公之道的"述者",孔子作为改制圣王的真实身份及孔子所订立之法被世

---

① 康有为:《论语注》,楼宇烈校,中华书局2012年版,第95—96页。
② 同上书,第234页。

人永久遗忘了。尽管自汉代以来,《论语》作为六经之传记为士人广泛学习,然而人们囿于刘歆塑造的孔子,对孔子大道虽然有所发现,但终究无以见孔子之道之大之全。

进一步地,康有为指出刘歆贬抑孔子、攻击今文经的重点在于抹杀孔子改制之说,抹杀孔子作为素王进行改制的事实。"刘歆欲篡孔子圣统,必先攻改制之说。"① 在康有为看来,刘歆正是通过遍伪群经,拔高周公以"篡孔子圣统",使孔子长期遮盖在周公阴影之下,同时将六经与周公相连,依托《左传》《周礼》攻击今文真经,使六经所载孔子三世学说失去话语权,最终导致孔子所订据乱、升平、大同三世之法的失传。具体而言,康有为认为刘歆以攻击孔子改制之说为重点有意在《论语》中制造混淆,其做法主要表现为两个方面:第一,拔高周公而贬抑孔子;第二,以周公取代孔子作为六经中心的地位,认为六经并非孔子改制之作,而是反映孔子述周公之道的著作。

关于周公与孔子的关系,康有为指出孔子并不特别推崇周公,《论语》中《泰伯》一章最能真实反映孔子对周公的评价:

> 子曰:如有周公之才之美,使骄且吝,其余不足观也已。
>
> 周公多才多艺,如创制指南车之类,故称才美。骄,矜夸也。吝,鄙吝也。矜夸鄙吝,常人视为小过,而孔子最所深恶。以其自私而背于公德,反于大同,令人道退化,人群不合,故以为大恶。虽有周公之才美,不能赎之,以虽才美而不能公之于人,智而不仁。反是而思,恭逊为行己之门,施舍为待人之门,苟能二德,虽无才,亦孔子所许矣。一部《论语》,称周公只有此章,但称才美,未叹至德。然则,后世以周公为先圣,至降抑孔子为先师者,足见刘歆作伪之惑矣。②

康有为认为虽然孔子以德才兼备评价周公,然而所谓德并非指制礼作乐的圣人之德,而是指恭逊与施舍的美德;所谓才则是指周公多才多艺,曾经发明过指南车。因此康有为指出孔子并没有将周公视作理想的圣王典型,"《论语》一称周公,但曰才美。周公之盛德,不过类本朝开国之摄政王,孟子仅称其兼夷狄、驱猛兽耳。孔子包举百王,民主称尧舜,君主尊文王,群

---

① 康有为:《论语注》,楼宇烈校,中华书局2012年版,第87页。
② 同上书,第115页。

经皆不甚称周公，亦不甚慕周公，况至人无梦乎？"① 周公的地位类似后世开国的摄政王，其在历史中发挥的政治作用在于稳定西周初年的政局，但是周公并没有像尧、舜、文王那样被孔子视作圣王的代表，在他们身上孔子寄托自己心中的政治理想，寓有托古改制的深意。

因此，康有为指出刘歆通过伪造"甚意吾衰"章重新塑造周公与孔子的关系，以孔子梦想周公将周公塑造成孔子企慕的圣王，"述而不作"章又进一步将孔子定义为传述周公之道的"述者"，与托梦周公一章互相应和。由此彻底遮蔽了孔子作为神明圣王、改制教主的历史身份，将制礼作乐这一圣人之事归之于周公，最终造成历史上"尊周公为先圣，抑孔子为先师"② 的大谬结局。

关于六经与孔子的关系，康有为指出孔子是天降圣王，有作图制法之事，孔子为万世订立之制度就记载在六经："《春秋纬》曰'天降'，《演孔图》中有作图制法之状。孔子仰推天命，俯察时变，却观未来，豫测无穷，故作拨乱之法，载之《春秋》。删《书》，则民主首尧、舜，以明太平；删《诗》，则君主首文王，以明升平。《礼》以明小康，《乐》以著大同，系《易》则极阴阳变化，幽明死生，神魂之道。作《春秋》以明三统三世，拨乱、升平、太平之法。故其言曰：文王既没，文不在兹？又曰：天生德于予。虽藉四代为损益，而受命改制，实为创作新王教主，何尝以述者自命，以老彭自比乎？"③ 康有为指出六经为孔子所作，六经即是孔子为后世所立之法：《春秋》载三世之法，《书》托称尧舜以明太平之制，《诗》托称文王以明升平之制，《礼》《乐》分别著小康、大同之礼，《易》则贯通天人阴阳、包死生性命之理。因此，"六经皆孔子改制所托"④，六经是孔子为"改制之新王教主"的明证。

在康有为看来，刘歆为了抹杀孔子改制的事实，必须破坏六经。康氏指出刘歆对六经的破坏采取了不同的方式，第一，刘歆造伪经以乱真经，具体表现在《春秋》和《周礼》上。康有为指出作为孔子改制思想基础的三世说集中体现在《春秋》，而《公羊》《穀梁》最为孔子《春秋》经义真传。刘歆为了攻击《公羊》、《穀梁》两传，于是伪作《左传》以乱《春秋》。在《论语》中刘歆便是通过伪造"巧言令色"一章以褒奖《左传》，实现其贬抑

---

① 康有为：《论语注》，楼宇烈校，中华书局2012年版，第89页。
② 同上。
③ 同上书，第87页。
④ 同上书，第234页。

《公》《榖》的目的：

> 盖孔子改制，三世之学，在《春秋》，皆弟子亲传其口说。刘歆伪编《左氏传》以攻《公》《榖》，遍为古证于诸经，因窜丘明名于此，以著左丘好恶与圣人同，以惑后人，以为攻《公》《榖》计。岂知左丘作《国语》，而非传经，又不在七十子之列，其详见吾所撰《伪经考》。①

> 刘歆欲篡孔子圣统，必先攻改制之说。故先改《国语》为《左氏传》，以夺口说之《公》《榖》。《公》《榖》破而微言绝、大义乖。故自晋世《公》《榖》废于学官，二家有书无师，于是孔子改制之义遂湮，三世之义几绝。孔子神圣不著，而中国二千年不蒙升平太平之运，皆刘歆为之。②

> 同时，刘歆"以伪《周礼》托之周公"③。

第二，刘歆夺孔子之真经以归周公，"谓《仪礼》亦周公所作"④，《易》亦非孔子所为。"五十以学"章的注释，康有为指出刘歆改"亦"为"易"字，正使孔子作《易》的事实被扭曲成为孔子学《易》的证据。

> 盖《易》之八卦，画自包牺，六十四卦，重自文王，今文家司马迁、扬雄皆无异说。故全《易·象》《象》《系辞》《文言》皆孔子所作，其《说卦》为河内女子所得，乃后出，《序卦》《杂卦》为刘歆所伪附，见吾《伪经考》。盖孔子以道阴阳、极天人、穷未来之数，发灵魂之变者，其道奥深……刘歆既以《左传》篡孔子之《春秋》，又造伪说，谓《象辞》作于文王，《象辞》作于周公，孔子仅为《十翼》。故改曰学《易》，以明《易》非孔子所作，抑以无大过，以明孔子之为后学。盖欲篡孔子之《易》，窜改《论语》，傅会《史记》，以证成之。幸有鲁读及《史记》今文犹存，犹得以证其伪乱。俾大圣作《易》之事，如日中天也。⑤

---

① 康有为：《论语注》，楼宇烈校，中华书局 2012 年版，第 68 页。
② 同上书，第 87—88 页。
③ 同上书，第 89 页。
④ 同上。
⑤ 同上书，第 96 页。

在康有为看来，刘歆伪经皆托周公，夺孔子真经亦归之于周公，其目的在于取消孔子作为六经核心的地位，而代之以周公，如此一来，六经就不再是孔子改制之作，而成为孔子追述周公之志的记录，周公显然成为道统的中心所在。在刘歆对六经的破坏下，《仪礼》、《周易》固然与孔子不再有关系，即使《诗》《书》《春秋》与孔子关联甚深，但在这种解释下，《诗》《书》《左传》解释系统下的《春秋》亦不再是孔子改制之作，而成为孔子传承周公而作。"以孔子为述而非作，从周而非改制。于是，孔子微言绝，大义乖矣。"①

三 《论语》之学，实曾学也

"惜口说既去，无所凭藉，上蔽于守约之曾学，下蔽于杂伪之刘说，于大同神明仁命之微义，皆未有发焉。"② 在康有为看来，《论语》除了受到刘歆伪古文经学的影响外，还受到了曾子之学的影响。尽管不同于刘歆以伪经淆乱真经的做法，曾子因其学说之狭隘同样导致了孔子"大同神明仁命"的大道在《论语》中未得到充分发明。

在《论语注》中，康有为不同意郑玄以《论语》为仲弓、子游、子夏后学撰定的观点，康氏认为《论语》乃是曾子后学编纂并提出两点根据：第一，《论语》尊称曾子为子，称其他弟子则或名或字；第二，《论语》特别记载了曾子临终时的情景，由于曾子在孔门弟子中年齿靠后，且又老寿，因此曾子死时孔门同辈弟子应该都早已离世，那么记载曾子之死的只可能是曾子后学。③ 根据曾子在《论语》中表现出的这种特殊性，康有为将《论语》的编纂者归为曾子后学。

进一步地，康有为指出由于《论语》出自曾子后学之手，因此《论语》不得孔子之学的精华，《论语》实为曾子之学而非孔子之学。

> 夫以孔子之道之大，孔门高弟之学术之深博如此，曾门弟子之宗旨学识狭隘如彼，而乃操采择辑纂之权，是犹使僬侥量龙伯之体，令鄙人

---

① 康有为：《论语注》，楼宇烈校，中华书局2012年版，第234页。
② 同上书，第4页。
③ 同上书，第1页。

数朝庙之器也。其必谬陋粗略，不得其精尽，而遗其千万，不待言矣！①

曾学既为当时大宗，《论语》只为曾门后学辑纂，但传守约之绪言，少掩圣仁之大道，而孔教未宏矣。故夫《论语》之学实曾学也，不足以尽孔子之学也。②

康有为明确将《论语》之学与孔子之学进行了区分，并显示出对《论语》的极大不满。康有为认为《论语》整体格局促狭，思想"谬陋粗略"，专重个人守约，不知孔子圣仁的大道，这表明《论语》主要表现的乃是曾子的学术宗旨。在《论语注》中，康有为指出《论语》所辑曾子之言共计十八章，都以约身笃谨为归宿，与《大戴礼记》曾子十篇的旨趣一致，特别是《泰伯》篇所载曾子临死时的两章最能体现其思想宗旨。

曾子有疾，召门弟子曰："启予足！启予手！《诗》云：'战战兢兢，如临深渊，如履薄冰。'而今而后，吾知免夫，小子！"

……曾子终身盖以孝谨自守者，今《大戴礼·曾子》十篇，率皆守身之言，其宗旨在此，其立行亦在此……曾子终身戒谨，仅能全不敢毁伤之义。然此义也，不过孝之始而已。③

曾子有疾，孟敬子问之。曾子言曰："鸟之将死，其鸣也哀；人之将死，其言也善。君子所贵乎道者三：动容貌，斯远暴慢矣；正颜色，斯近信矣；出辞气，斯远鄙倍矣。笾豆之事，则有司存。"

……将死时不待问而发论，以为道之所贵者，乃仅在容貌不暴慢，颜色宜庄正，词气勿鄙倍三者。此皆外身修饰之事，无一性命之微言，皆初学持循之功，无一自得之受用……鄙人始读，见谓将死言善，君子所贵，郑重出之如此，以为必有精义，不意肤末若是，宜叶水心以曾子为未尝闻道也……盖曾子之真实心地，刻苦工夫，自为笃信好学者，然其所得品诣在善信之间，于佛法中为神秀，与明儒康斋，近人倭仁相类，终日省身寡过而已。其于充实光辉尚远，何况大化乎？惜其亲炙神明圣王，而不得闻配神明育万物六通四辟之道，性天阴阳之理，三世大同之法，非斯人而谁与，举老少而安怀，但知《孝经》守身，仅闻孔子

---

① 康有为：《论语注·序》，楼宇烈校，中华书局2012年版，第2页。
② 同上书，第2页。
③ 同上书，第109页。

万法之一端而已。①

在康有为看来，曾子临终之言只知守身，仅得孔子一义，其成就之人格在善信之间，于充实光辉尚存在一定距离，更遑论孔子大而化之的境界。因此曾子之学乃是孔门"小乘"之学，与有子"大乘"之学相抗。

> 盖孔门之后，儒虽分八，而本始实分二宗。譬之禅家，有子广大如慧能，曾子谨严若神秀也。惜有子早没，故所传不及曾子之广。②
> 曾子所生为鲁人，近圣人之居，久染大教，其寿九十，言论最多，发明最久，弟子最众，故与有子分峙，而尤为孔门最大之宗派……然于孔子至仁太平之大道不甚发明，其与有子开口言仁者，大小迥殊矣。盖有子为大乘，曾子为小乘，后学以曾子为大宗而尊信凭守之，于是孔子之大道不光，未必不因此。③

康有为认为孔子没后，孔门最初只分为有子和曾子两支。有子发明孔子至仁太平之道，非其人不传，为孔门之大乘；曾子则传守约戒谨之教诲，适用于人伦常行，人人可教，乃是孔门小乘。在此基础上，康有为进一步提出有子为子游之师，子思、孟子为子游后学的看法，重新建构起有别于宋儒的孔门传承谱系，"有子，孔子弟子……孔子没后，子夏、子游、子张之贤皆师之，盖为孔子传道之大宗子……当时惟曾子不从，故别为一宗。《荀子·非十二子》篇，以子思、孟子案饰其言，以为仲尼、子游为兹厚于世，则子思、孟子为子游后学。而子游尝事有子，故有子实尽闻孔子之大道者……惜有子早没，故所传不及曾子之广。后儒列十哲，挤有子于末，而以子思、孟子出于曾子，实沿王肃伪《家语》之谬，不足据也"④。康有为突破了宋儒以来曾子一支独大的情况，欲在曾子之外，以小康大同三世之学为中心重新建构孔子、有子、子游、子思、孟子的孔门传承谱系，这是康氏构建其思想系统的内在要求。

康有为将《论语》之学区别于孔子之学，并进一步指出《论语》在汉代的地位并不高。由于作为传承孔子之学的六经口说在汉代尚存，因此《论

---

① 康有为：《论语注》，楼宇烈校，中华书局2012年版，第110—111页。
② 同上书，第4页。
③ 同上书，第6页。
④ 同上书，第4页。

语》作为传记仅仅被视作"六经附庸",对于发明孔子之道只起"辅助"作用,不足以大彰孔道。[①] 但是《论语》在后世被抬高到"孔教正宗大统"的地位,其原因在于刘歆与朱熹两人,刘歆作伪经导致真经淹没,刘歆之后以朱熹为代表的宋儒,由于学术旨趣与曾子相近,于是发明孔道,误将《论语》之学认作孔子之学的全体,削孔子之足适曾子之履。"以《大学》为曾子之书,与《中庸》《论语》《孟子》名为四子。于是,曾子上列颜、思为四配,为孔道之正宗,而天下学者亦尊之。于是,中国之言孔学者,仅在守身,而孔子重仁之大道,一切皆割弃,甚至朱子见《礼运》之大同且疑之矣。此则后儒轻说妄尊之罪,而于曾子无与也。"[②] 康有为批评宋儒妄尊曾子,导致后世将曾子守约之学目为孔子之学,而孔子大同之学不得其传,这非曾子之过,实乃宋儒之过。因此,康有为认为在朱子之后,孔子之学"实为曾、朱二圣之范围"[③]。

康有为站在今文经学的立场上,对刘歆和曾子(以及与曾子一脉相承的宋儒)提出了严厉的批判,康有为认为他们共同遮蔽了孔子改制的历史真相,从而湮没了孔子三世之法,导致中国社会长期停滞不前。因此康有为欲重新注释《论语》,以公羊三世之说、大同太平之法、性命阴阳之理重新发明孔子之道,从而令中国一睹孔子之道的真容,进而走向变法发展的大道。

[①] 参见康有为《论语注·序》,楼宇烈校,中华书局2012年版,第2页。
[②] 同上书,第111页。
[③] 同上书,第4页。

学术与中国

《德意志意识形态》"费尔巴哈"章的重释与新建

——兼评 MEGA2 第一部第 5 卷《德意志意识形态》正式版

侯　才[*]

【内容提要】　自《德意志意识形态》第一卷"费尔巴哈"章的不同版本相继问世以来，这部经典文本愈益成为国际学术界马克思主义及其哲学研究的一个热点。由于相关文稿遗存的历史问题较多且难以解决，导致在文稿的理解及其编辑方面出现了众多分歧。本文结合对 2017 年底出版的 MEGA2《德意志意识形态》"费尔巴哈"章的评析，对该章的主要作者、主要论战对象和主题、文本构成以及结构和编序等重要问题进行了考证、辨析和重释，特别是通过确认由恩格斯所标注的文稿印张数码编序，提出了以文稿印张编序为原则来进行"费尔巴哈"章重建的新方案。

【关键词】　《德意志意识形态》"费尔巴哈"章；MEGA2，I/5；重释与新建

《德意志意识形态》是一部极为重要的马克思主义哲学文献。特别是该书第一卷第一章即"费尔巴哈"章，内容颇为丰富，在一定意义上浓缩和体现了全书的精华。自该章的俄文版于 1924 年问世以来，特别是 1972 年 MEGA2（《马克思恩格斯全集》历史考证版）该章"试行版"问世以来，由于有关文稿遗存的问题较多和难以解决，导致在文稿的理解及其编辑方面歧

---

[*] 侯才，中共中央党校（国家行政学院）哲学教研部教授。

见纷呈，从而产生了各具特色的不同编排方案和版本。2004年以2003年《马克思恩格斯年鉴》形式发表的MEGA2《德意志意识形态》第一卷第一、二章"先行版"（以下简称"MEGA2《形态》先行版"），虽然在某些方面推进了既有的研究，然而在文本的理解和编辑方面却存在着诸多失误和误判，导致了对文本原始结构的遮蔽和背离。2017年，国际学界期盼已久的MEGA2第一部第5卷即《德意志意识形态》正式版（MEGA2，I/5，以下简称"MEGA2《形态》正式版"）终于面世，从而为手稿的研究提供了全新的平台以及重要的契机。但是，由于受到其先行版的影响，该正式版仍然存有某些明显的不足甚至是重大的缺陷。本文拟就《德意志意识形态》第一卷"费尔巴哈"章的主要作者、主要论战对象和主题、文本构成以及结构和编序等重大问题进行必要的考证、澄清和辨析，并借此就这些问题特别是文本的编排提出笔者自己的意见。

一 关于第一卷"费尔巴哈"章的主要作者

关于《德意志意识形态》第一卷"费尔巴哈"章的主要作者和写作分工问题，尽管迄今大多数研究者意见较为一致，但实际上仍是一个有待确证和澄清的问题。由于该章涉及唯物主义历史观基本原理的系统论证和阐释，所以这种确证和澄清也就显得更加必要和重要。

众所周知，迈耶、梁赞诺夫和巴纳等人都主张马克思是该章的主要作者。至于遗留下来的手稿大部分是恩格斯的手迹，迈耶率先提出了恩格斯同时承担了文稿"誊写"工作以及记录"事先商量过的某种成熟的想法"这一设想[①]。梁赞诺夫也认为，手稿可能是由恩格斯记录马克思口述内容的结果[②]。梁赞诺夫和迈耶的猜测特别是迈耶的设想得到了巴纳的肯定，同时也得到了国际学术界较为广泛的认可。但是，与此种主张相反，广松涉在研究青年恩格斯思想的专文中，却断然否定了迈耶、梁赞诺夫和巴纳的推断，不仅认为该章的原创者是恩格斯，甚至还进而得出恩格斯在"合奏的初期""拉响第一小提琴"以及"历史唯物主义主要是出自恩格斯的

[①] Mayer, G., *Friedrich Engels. Eine Biographie. Bd. 1 Friedrich Engels in seiner Fruehzeit. 1820—1851*, Springer—Verlag, 1920, S. 226.

[②] ［俄］梁赞诺夫主编：《梁赞诺夫版〈德意志意识形态·费尔巴哈〉》，夏凡编译，张一兵审订，南京大学出版社2008年版，第18页。

独创性见解"这一结论①。对于绝大多数研究者来说，广松涉的这种主张的荒谬性是无须待言的。然而，MEGA2《形态》先行版的编辑者陶伯特在其2004年出版的先行版中却对此采取了一种甚为含糊和折中的立场，认为，"从科学的编辑出版的角度来说，能得到完全的保证"的结论，是"确定马克思和恩格斯作为同等地位的作者"②。然而，这种"同等地位说"如果仅仅是指马克思和恩格斯两者都享有作者的资格，那么显然没有多大意义；如果是指马克思和恩格斯彼此担负了完全对等的写作任务或在写作中扮演了完全对等的角色，没有主次之分，那么则显然不符合历史事实。MEGA2《形态》正式版的编辑者对陶伯特所持的立场有所修正，认为"与恩格斯相比，马克思赋予青年黑格尔派哲学批判以更重大的意义并且起草了较大的部分"③。但是，这一判定是就第一卷整体而言的，并非专门针对"费尔巴哈"章。而且，未免过于笼统和抽象，因为编者并没有给出更多的具体的论证和证据。

对于广松涉的明显属于重大失误的判定，笔者无意于在这里去从理论上辩驳，只想枚举几则有助于说明马克思是该章的原创者或主要作者的文献学资料。

首先，是马克思于1846年8月1日致卡·威·列斯凯的信。在这封信中，马克思在详细陈述自己对该书出版的意见时写下了这样一段文字：

> 我的著作第一卷（指《德意志意识形态》第一卷——引者注）快要完成的手稿在这里已经放了很长时间，如果不从内容和文字上再修改一次，我是不会把它付印的。一个继续写作的作者不会在六个月以后原封不动地把他在六个月以前写的东西拿去付印，这是可以理解的。④

在这段文字中，马克思完全以个人著作的口吻来谈论《德意志意识形

---

① [日]广松涉编著：《文献学语境中的〈德意志意识形态〉》，彭曦翻译，张一兵审订，南京大学出版社2005年版，第358、366页。

② [德]陶伯特编：《MEGA：陶伯特版〈德意志意识形态·费尔巴哈〉》，李乾坤、毛亚斌、鲁婷婷等编译，张一兵审订，南京大学出版社2014年版，第127页。

③ Bearbeiten von Ulrich Pagel, Gerald Hubmann und Christine Weckwerth, Karl Marx/Friedrich Engels, *Gesamtausgabe* (MEGA), erste Abteilung, Werke. Artikel. Entwuerfe, Bd. 5, Herg. von der Internationalen Marx–Engels–Stiftung, Walter de Gruyter GmbH, Goettingen, 2017, S. 749.

④《马克思致卡威·列凯特》（1846年8月1日），《马克思恩格斯全集》第27卷，人民出版社1972年版，第474—475页。

态》第一卷，把它说成是他自己个人的著作。在该信中，马克思还表示，如果该书能够出版，他将于本年度 11 月以前把这部分文稿再修改一遍，以便以更理想的形态付印。这段文字清晰地表明，包括"费尔巴哈"章在内的《德意志意识形态》一书第一卷从内容到文字的最后表述实际上均是由马克思来全权负责的。

  与此相类似，马克思在 1847 年 12 月 9 日致安年柯夫的信中，也完全是以个人著作的口吻来谈论《德意志意识形态》一书手稿的："我的德文手稿（指《德意志意识形态》一书手稿——引者注）没有全部印出来。已印出来那部分，只是为了能够问世，我答应不拿报酬。"①

  此外，还有恩格斯的两封信（其中有一封被巴加图利亚列入他主编的《德意志意识形态》第一卷"费尔巴哈"章的"附录"中）在一定意义上也可证明马克思是《德意志意识形态》第一卷"费尔巴哈"章的主要作者。这就是恩格斯分别于 1846 年 8 月 19 日和 10 月 8 日致马克思的信。

  1846 年 8 月 15 日，恩格斯受布鲁塞尔共产主义通讯委员会的委托到达巴黎，向正义者同盟巴黎各支部的工人成员进行宣传工作，组织通讯委员会。19 日，恩格斯在有机会先于马克思阅读到费尔巴哈 1846 年春发表在《模仿者》杂志上的《宗教的本质》一文后，立即致信马克思，信中说：

  我浏览了一遍费尔巴哈发表在《模仿者》上的《宗教的本质》。这篇东西除了有几处写得不错外，完全是老一套。一开头，当他还只限于谈论自然宗教时，还不得不较多地以经验主义为基础，但是接下去就混乱了。又全是本质呀，人呀，等等。我要仔细地读一遍，如果其中的一些重要的段落有意思，我就尽快把它摘录给你，使你能够用在有关费尔巴哈的地方（指《形态》第一卷"费尔巴哈"章——引者注）。②

  很快，恩格斯就完成了自己承诺的工作。10 月 8 日，他将该书的摘录以及所附的他自己的一些相关看法寄给了马克思。在信中，恩格斯摘录了该书的七处文字，同时，为了便于马克思引用，均一一标注出其具体出处即引

---

  ① 《马克思致巴·瓦·安年柯夫》（1847 年 12 月 9 日），《马克思恩格斯全集》第 27 卷，人民出版社 1972 年版，第 479 页。
  ② 《恩格斯致马克思》（1846 年 8 月 19 日），《马克思恩格斯全集》第 47 卷，人民出版社 2004 年版，第 387 页。

文页码。此外，他还建议马克思：

> 如果你对这个家伙还有兴趣，可以直接或间接地从基斯林格那里搞到他的全集的第一卷，在这一卷里费尔巴哈还写了一篇序言之类的东西，我见过一些片断，在那里［费尔巴哈］谈到"头脑里的恶"和"胃里的恶"，仿佛是要为自己不研究现实作无力的辩解。①

恩格斯这两封信所透露出的信息也可以在一定意义上印证《德意志意识形态》一书第一卷"费尔巴哈"章的写作主要是由马克思来负责和承担的。因为如果主要是由恩格斯负责和承担的话，恩格斯就没有必要专门花费精力去摘录费尔巴哈《宗教的本质》一书，将其提供给马克思为撰写第一卷"费尔巴哈"章作为参考，而完全可以由自己来直接运用所发现的资料亲自从事写作，正像他完全独立地完成由他所主要负责和承担的《德意志意识形态》第二卷"真正的社会主义"的撰写任务那样。

结合上述有关情况，或许我们有理由作出这样的判断：尽管在撰写《德意志意识形态》一书过程中马克思与恩格斯的文字合作互相交织、密不可分，但大体上还是有较为明确的分工，包括"费尔巴哈"章在内的该书第一卷无疑主要是由马克思来负责的。就全书的总体设计和编辑工作而言，其全权负责者也仍然是马克思，这可以从马克思1846年8月1日致卡·威·列凯特的信中得到印证，因为马克思在该信中明确地说明：《德意志意识形态》是"我编辑的和恩格斯等人合写的著作"②。

二 关于"费尔巴哈"章及第一卷的主要论战对象和主题

究竟何为包括"费尔巴哈"章在内的《德意志意识形态》第一卷的写作初始动因、主要论战对象和主题？巴加图利亚曾较早地提出，载有鲍威尔《评路德维希·费尔巴哈》一文的《维干德季刊》第3卷的出版，以及同鲍

---

① 《恩格斯致马克思》（1846年10月8日），《马克思恩格斯全集》第27卷，人民出版社1972年版，第63—67页。

② 《马克思致卡威·列凯特》（1846年8月1日），《马克思恩格斯全集》第27卷，人民出版社1972年版，第473页。

威尔继续论战的需要，是马克思、恩格斯撰写《德意志意识形态》的直接动因。巴加图利亚称：

> 马克思和恩格斯开始写作《德意志意识形态》、写作第一章的直接理由是路·费尔巴哈发表了《就〈唯一者及其所有物〉而论〈基督教的本质〉》的文章（《维干德季刊》，1845年，第2卷），尤其是布·鲍威尔发表了《评路德维希·费尔巴哈》的文章以及麦·施蒂纳发表了《施蒂纳的评论者》的文章（《维干德季刊》，1845年，第3卷）。《维干德季刊》1845年第3卷在10月16—18日期间出版，于11月1日前后在图书市场上出现。①

陶伯特在其所编辑的先行版中，追随巴加图利，断定载有鲍威尔《评路德维希·费尔巴哈》一文的《维干德季刊》第3卷的出版以及同鲍威尔继续论战的需要是马克思、恩格斯撰写《德意志意识形态》的最初动因，并且据此将包括"费尔巴哈"章在内的第一卷的主题或所谓"原始论题"明确地概括为"与布鲁诺·鲍威尔的论战"②，并以马克思于1845年11月20日所撰写的反驳鲍威尔《评路德维希·费尔巴哈》一文的文稿即《答布鲁诺·鲍威尔》作为《德意志意识形态》第一卷第一、二章先行版的开篇。

MEGA2《形态》正式版的编辑者意识到陶伯特关于第一卷主要论战对象和论战主题的判断的偏颇和失误，确认"应该是施蒂纳构成了马克思和恩格斯论战以及批判青年黑格尔派的中心"③。然而，却未能将这一理念彻底贯彻到文本的编辑和阐释中，反而在附卷的"导言"中依然沿袭了先行版关于《维干德季刊》第3卷的出版以及同鲍威尔继续论战的需要是马克思、恩格斯撰写《德意志意识形态》的最初动因这一说法④，并且将

---

① [俄]巴加图利亚主编：《巴加图利亚版〈德意志意识形态·费尔巴哈〉》，张俊翔编译，张一兵审订，南京大学出版社2011年版，"序言"，第7页。

② [德]陶伯特编：《MEGA：陶伯特版〈德意志意识形态·费尔巴哈〉》，李乾坤、毛亚斌、鲁婷婷等编译，张一兵审订，第162页。

③ Hubmann, G., Die Entstehung des historishen Materialismus aus dem Geiste der Philosophiekritik. Zur Edition der "DeutschenIdeologie" in der MEGA,《马克思与现时代——纪念马克思诞辰200周年国际高端论坛论文集》，2018年，第41页。（未公开出版）

④ Bearbeiten von Ulrich Pagel, Gerald Hubmann und Christine Weckwerth, Karl Marx/Friedrich Engels, *Gesamtausgabe* (MEGA), erste Abteilung, Werke. Artikel. Entwuerfe, Bd. 5, Herg. von der Internationalen Marx—Engels—Stiftung, Walter de Gruyter GmbH, Goettingen, 2017, S. 737—740.

"大束文稿"的第一部分即马克思所标注的第1—29页这一片段("当然，我们不想花费精力去启发我们的聪明的哲学家……"片段）视为马克思、恩格斯最早撰写的《德意志意识形态》的文稿。

实际上，马克思和恩格斯撰写《德意志意识形态》的始初和主要动因是为了回应和批判施蒂纳的《唯一者及其所有物》一书，而《德意志意识形态》第一卷的所谓"原始论题"即主题也是与施蒂纳的论战或对施蒂纳的批判。施蒂纳《唯一者及其所有物》一书于1844年10月底在莱比锡出版，比《维干德季刊》1845年第3卷的出版时间整整早了一年。在《唯一者及其所有物》中，施蒂纳将批判的锋芒直接指向费尔巴哈、鲍威尔和赫斯乃至马克思，尤其是指向费尔巴哈的代表作《基督教的本质》和《未来哲学原理》，率先对费尔巴哈哲学进行了具有实质性的甚至是根本性的批判。在该书中，施蒂纳基于他的核心概念"自我"即对"现实的个人"的理解，表达了这样一个核心思想：虽然费尔巴哈对基督教进行了批判，将基督教的上帝或神还原为人，宣称"人的本质是人的最高本质"，但是由于这一人的"最高本质"还是一种与现实的个人即"自我"无关的抽象的"纯粹的精神性"，所以，费尔巴哈的工作丝毫也未触及和损害宗教的核心，只不过是将上帝或神从天国移到人间、从彼岸拉回此岸而已，费尔巴哈所给予人们的解放完全是神学意义上的解放。不仅如此，施蒂纳在批判包括马克思在内的社会主义者的一些重要的主张的同时，还径直批评了马克思在《论犹太人问题》中沿用费尔巴哈的术语所表述的人应该成为"真正的类存在物（wirkliches Gattungswesen）"的观点，并且通过注释的形式直接点了马克思的名字[①]。仅上述这两点就足以使我们想见施蒂纳的《唯一者及其所有物》给马克思和恩格斯所带来的震撼和冲击力。笔者以为，正是因为施蒂纳的《唯一者及其所有物》的问世，才给予马克思彻底摆脱费尔巴哈、与费尔巴哈彻底划清思想界限的直接推动力，也正是因为施蒂纳的《唯一者及其所有物》的问世，才迫使马克思不得不将《1844年经济学哲学手稿》束之高阁，因为《手稿》虽然已经内含对费尔巴哈哲学批判的某些要点，但这种批判仍处在潜在的萌芽形式中，还尚未发展成为一种鲜明的和彻底的批判形式。

正因为如此，《唯一者及其所有物》一书1844年10月底一出版，就引

---

① Max Stirner, Der Einzige und sein Eigentum, Philipp Reclam jun., Stuttgart, 1972, S. 192.

起马克思和恩格斯的极大关注。恩格斯当时从维干德那里获得该书的校样匆匆阅读后立即就写信向马克思推荐该书（该年 11 月 19 日）。值得注意的是恩格斯在信中所写下的下述感言和判断：

> 施蒂纳是以德国唯心主义为依据，是转向唯物主义和经验主义的唯心主义者……。正因为如此，所以这个东西是重要的，比赫斯所认为的还重要。我们不应当把它丢在一旁，而是要把它当作现存的荒谬事物的最充分的表现而加以利用，在我们把它翻转过来之后，在它上面继续进行建设。……当施蒂纳摈弃了费尔巴哈的"人"，摈弃了起码是《基督教的本质》里的"人"时，他就是对的。费尔巴哈的"人"，是从上帝引申出来的，费尔巴哈从上帝进到"人"，这样，他的"人"无疑还带着抽象概念的神学光轮。达到"人"的真正道路是与此完全相反的。我们必须从"我"、从经验的、肉体的个人出发……①

而马克思接到恩格斯的信后，很可能在同年 11 月底以前，就认真地通读和研究了施蒂纳的这部著作，并随即答应为亨利希·伯恩施太因主持的《前进！》杂志撰写批判施蒂纳的文字②。与此同时，马克思还复信给恩格斯，明确地阐述他对施蒂纳著作的基本看法（与恩格斯的看法有所不同）。尽管马克思这封重要的复信没有保留下来，但是，从恩格斯 1845 年 1 月 20 日致马克思的信中可以看出，马克思的观点不仅获得了恩格斯的"完全同意"，而且也说服了赫斯，得到了赫斯的完全肯定和认可③。有理由认为，马克思在准备给亨利希·伯恩施太因的文章以及致恩格斯关于评

---

① 《恩格斯致马克思》（1844 年 11 月 19 日），载《马克思恩格斯全集》第 27 卷，人民出版社 1972 年版，第 11—13 页。

② 《马克思致亨利希·伯恩施太因》（1844 年 12 月 2 日），《马克思恩格斯全集》第 27 卷，人民出版社 1972 年版，第 455 页："我不能在下星期以前把对施蒂纳的批判寄给你了。"马克思的这一计划后因《前进！》的停刊似乎未能实现，但不能排除马克思已经开始撰写批判施蒂纳的文稿。同时参见 Ergaenzende Materialien zum Biefwechsel von Marx und Engels bis April 1846. In：Marx—Engels—Jahrbuch 3. Berlin，1980，S. 299—300.

③ 见《恩格斯致马克思》（1845 年 1 月 20 日于巴门）："说到施蒂纳的书，我完全同意你的看法……赫斯……动摇一阵之后，也同你的结论一致了。"载《马克思恩格斯全集》第 27 卷，人民出版社 1972 年版，第 16 页；同时参见赫斯 1845 年 1 月 17 日致马克思的信："当恩格斯给我看您的信时我刚好最终对施蒂纳做出判断……您对唯一者也完全是从同一视域来看的。"载 Moses Hess，Briefwechsel，Herg. von Edmund Silberner，Printed in the netherlands by Mouton & co，1959，S—Gravenhage，S. 105.

论施蒂纳著作的复信中实际上已经制订和提出了后来在《德意志意识形态》第一卷第三章得以展开的批判施蒂纳的基本要点。

马克思本人对施蒂纳的《唯一者及其所有物》一书何等重视，可以从这一事实中看出：他不仅承担了批判该书的主要任务[①]，而且几乎是对其进行逐章逐节的批判，遗留下来的德文手稿总计达近 430 页[②]，占《德意志意识形态》全书书稿 650 页的近 70%，其文字量甚至超过了施蒂纳的《唯一者及其所有物》。而且，如果考虑到马克思所标注的第一卷第一章第 30—35 页和第 36—72 页这两个片段也是从批判施蒂纳《唯一者及其所有物》的文稿中抽取出来的[③]，可以说，《德意志意识形态》第一卷的基本部分和主要内容就是对施蒂纳哲学的批判。据此我们完全有理由断定：对施蒂纳《唯一者及其所有物》一书的批判其实才是《德意志意识形态》第一卷的真正的"原始论题"和主题，而非陶伯特等人所说的对鲍威尔的论战；而对施蒂纳《唯一者及其所有物》一书批判的手稿即我们今天所见到的《III. 圣麦克斯》部分实际上就是《德意志意识形态》第一卷的初始形态。1845 年 11 月《维干德季刊》第 3 卷问世后，马克思和恩格斯正是以此手稿为基础构思和形成了新的写作计划，并最终将《形态》第一卷划分和扩展成《I. 费尔巴哈》、《II. 圣布鲁诺》和《III. 圣麦克斯》三个组成部分。

还有必要指出的一个事实是，马克思夫人燕妮的回忆也印证了上述观点和判断。根据燕妮的回忆，马克思、恩格斯之所以写作《德意志意识形态》这部著作，也主要是因为施蒂纳的《唯一者及其所有物》一书的出版给予了外部推动[④]。

[①] 关于马克思是《III. 圣麦克斯》部分的主要作者这一事实可以参见魏德迈 1846 年 4 月 30 日致马克思的信："我和路易斯一道通读了你的唯一者的大部分，她对此很喜欢。另外顺便说一句，完全重写的那部分是写得最好的部分。"见 Joseph Weydemeyer an Karl Marx, 30. April 1846, in: Karl Marx, Friedrich Engels, *Gesamtausgabe* (MEGA), Dritte Abteilung, Briefwechsel, Bd. 1, Dietz Verlag, Berlin, 1975, S. 533.

[②] Karl Marx/Friedrich Engels, *Gesamtausgabe* (MEGA), erste Abteilung, Werke. Artikel. Entwuerfe, Bd. 5, S. 1046. 与《形态》正式版的说法稍有不同，陶伯特将其说成是 425 页，见 Inge Taubert, Die Ueberlieferungsgeschichte der Manuskripte der "Deutschen Ideologie" und die Erstveroeffentlichungen in der Originalsprach, MEGA Studien, Hrsg. von der Internationalen Marx-Engels-Stiftung, Amsterdam: IMES 1997/2, S. 36.

[③] [德] 陶伯特编：《MEGA：陶伯特版〈德意志意识形态·费尔巴哈〉》，李乾坤、毛亚斌、鲁婷婷等编译，张一兵审订，第 127、128 页。

[④] Jenny Marx, *Kurze Umrisse eines bewegten Lebens in Mohr und General.*, Berlin: Dietz Verlag, 1964, S. 206.

上述种种情况表明，构成马克思、恩格斯写作《德意志意识形态》这部著作动机的首先是施蒂纳的《唯一者及其所有物》一书的出版以及对其批判的需要，而非源于鲍威尔在《维干德季刊》第 3 卷上所发表的《评路德维希·费尔巴哈》一文的作用和影响。鲍威尔在《维干德季刊》第 3 卷上所发表的《评路德维希·费尔巴哈》一文固然对马克思和恩格斯写作《德意志意识形态》发生了某种直接作用和影响，然而这种作用和影响是后来才发生的，并不能构成《德意志意识形态》写作的最初和主要的动因。巴加图利亚片面强调鲍威尔《评路德维希·费尔巴哈》一文的作用，陶伯特在先行版中有意识地将《德意志意识形态》的"原始论题""降格为与布鲁诺·鲍威尔的论战"①，以及郑文吉有关《德意志意识形态》原本可能只是对〈神圣家族〉之批判的回应或再批判的推测，如此等等类似的观点和主张，显然并不符合历史的实际情境，是一种带有很大主观色彩的臆断。这种臆断，在客观上完全曲解了《德意志意识形态》第一卷的主题和主线。不仅如此，这种臆断还贬低了马克思和恩格斯批判施蒂纳哲学的意义。实际上，马克思和恩格斯批判施蒂纳哲学的意义显然不仅限于批判施蒂纳哲学本身。由于施蒂纳哲学已然是对费尔巴哈哲学的批判和某种超越，所以，实际上马克思和恩格斯对施蒂纳哲学的批判必然内含对费尔巴哈哲学的批判，或者说以对费尔巴哈哲学的批判为前提，因而是对费尔巴哈哲学和施蒂纳哲学的双重批判和扬弃。

　　与《德意志意识形态》第一卷的主要论战对象和主题相关联，是该卷开始写作的时间。关于《德意志意识形态》第一卷的写作时间，既有研究说法不一。迈耶、阿多拉茨基、贝尔·安德烈亚斯认为是 1845 年 9 月②。巴加图利亚根据载有鲍威尔《评路德维希·费尔巴哈》一文的《维干德季刊》第 3 卷的出版时间是 1845 年 10 月 16—18 日，认定《德意志意识形态》第一卷开始写作的时间是 1845 年 11 月。陶伯特在其所编辑的先行版中，追随巴加图利，也将《德意志意识形态》第一卷开始写作的时间确定为 1845 年 11 月。MEGA2《形态》正式版则将写作时间定在 1845 年 10 月中旬③，即与《维干德季刊》1845 年第 3 卷出版的时间相一致。

---

① ［德］陶伯特编：《MEGA：陶伯特版〈德意志意识形态·费尔巴哈〉》，李乾坤、毛亚斌、鲁婷婷等编译，张一兵审订，第 162 页。

② Bert Andreas, Karl Marx/Friederich Engels, *Das End der klassischen deutschen Philosophie. Bibliographie*, Schriften aus dem Karl Marx—Haus, Nr. 28, Trier, 1983, S. 139.

③ Karl Marx/Friedrich Engels, *Gesamtausgabe* (MEGA), erste Abteilung, Werke. Artikel. Entwuerfe, Bd. 5, S. 773—774.

《德意志意识形态》"费尔巴哈"章的重释与新建

然而，如果确认对施蒂纳《唯一者及其所有物》的回应和批判而非同鲍威尔的继续论战是马克思、恩格斯撰写《德意志意识形态》的最初和主要动因，那么，将《德意志意识形态》第一卷开始写作的时间确定为《维干德季刊》1845年第3卷出版或发行的时间即1845年10月或11月就十分令人生疑了，因为施蒂纳的《唯一者及其所有物》一年前就已经出版了，而且，马克思在1844年11月就已经产生了批判施蒂纳的最初冲动并且已经形成了有关的基本观点和构思。有理由认为，《德意志意识形态》一书的撰写应该首先是从该书第一卷第三章即对施蒂纳《唯一者及其所有物》一书的批判开始，而开始写作的时间按照马克思夫人燕妮的回忆最晚也应是在1845年夏①，而绝不会拖至1845年10月甚至11月。至于这种批判的酝酿和相关准备工作则应该追溯到1844年底②。

根据恩格斯本人晚年的有关回忆，《德意志意识形态》一书文稿写作的时间也是第一卷第三章即对施蒂纳《唯一者及其所有物》的批判在先，然后才是第一卷第一、二章即对费尔巴哈和鲍威尔的批判，最后是第二卷即对真正的社会主义的批判：

> [……]
> 2）施蒂纳　1845/1846摩尔.＆我
> 3）费尔巴哈＆鲍威尔，1846/1847 M.（摩尔，即马克思——引者注）＆我
> [……]

---

① 据马克思夫人燕妮的回忆，也是在1845年夏天，马克思与恩格斯一起撰写了批判德国哲学的著作。参见 Jenny Marx, *Kurze Umrisse eines bewegten Lebens in Mohr und General.*, Berlin: Dietz Verlag, 1964, S. 206. 广松涉在其编辑的版本中也援引了燕妮的这一说法作为其判断《形态》写作时间的根据，见［日］广松涉编注《文献学语境中的〈德意志意识形态〉》，彭曦译，张一兵审订，南京大学出版社2005年版，第344页。

② 这里需要指出的是，马克思《关于费尔巴哈的提纲》的写作时间通常被定为1845年春，被视为撰写《德意志意识形态》一书的重要准备。陶伯特在其主编的先行版中根据《提纲》草稿前面写有涉及鲍威尔的几行文字而将其推至1845年7月。MEGA2《形态》正式版的编辑者没有采用陶伯特的观点，仍旧把《关于费尔巴哈的提纲》的写作时间判定为1845年春（见MEGA2, I/5, S. 738.）。但是笔者以为，《关于费尔巴哈的提纲》这份手稿的写作时间很可能是在1844年底，即在马克思刚刚通读完施蒂纳的《唯一者及其所有物》以后，因为施蒂纳的这一著作实际上也涉及对马克思《论犹太人问题》等文章中的论点的批判。它势必迫使马克思去结合施蒂纳的著作重读费尔巴哈的《哲学改造临时纲要》、《未来哲学原理》以及他自己的《论犹太人问题》以及他和恩格斯不久前完成的《神圣家族》手稿等。在这种情况下，形成《关于费尔巴哈的提纲》这份札记就是十分自然的了。

13）真正的社会主义 1847，摩尔 . & 我
［……］①

陶伯特在先行版中强调《Ⅲ. 圣麦克斯》部分也涉及了 1845 年 10 月出版的《维干德季刊》1845 年第 3 卷中施蒂纳的《施蒂纳的评论者》这篇文章，特别是其中包含专门批判《施蒂纳的评论者》一文的《2. 辩护性的评注》这一小节，据此论证《Ⅲ. 圣麦克斯》部分如同《Ⅰ. 费尔巴哈》和《Ⅱ. 圣布鲁诺》部分一样，也是 1845 年 10 月《维干德季刊》第 3 卷出版以后才开始撰写的②。笔者认为，《Ⅲ. 圣麦克斯》中涉及施蒂纳《施蒂纳的评论者》的文字以及《2. 辩护性的评注》这一小节，实际上均应是马克思 1846 年 3、4 月间在为出版社准备《德意志意识形态》全书付印稿而重新修订既有手稿时补充和追加上去的。

三 关于第一卷"费尔巴哈"章的文本构成

就其《德意志意识形态》第一卷"费尔巴哈"章的正文而论，陶伯特主持编辑的先行版与以往版本的一个重要区别，是新增了两篇文本，即马克思刊载在 1846 年 1 月第 2 卷第 7 期《社会明镜》的短评《答布鲁诺·鲍威尔》和另一篇被编者判为马克思和恩格斯是其共同作者的《费尔巴哈》。

MEGA2《形态》正式版将马克思的短评《答布鲁诺·鲍威尔》排除在《德意志意识形态》第一卷"费尔巴哈"章的正文文本之外，同时却在确定恩格斯是《费尔巴哈》篇的作者的情况下，依然将其保留在正文文本之内③。

在笔者看来，将马克思的短评《答布鲁诺·鲍威尔》排除在《德意志意识形态》第一卷第一章的正文文本之外是合理的，亦有充分的根据。然而，

---

① Inge Taubert, *Die Ueberlieferungsgeschichte der Manuskripte der "Deutschen Ideologie" und die Erstveroeffentlichungen in der Originalsprach*, MEGA Studien, Hrsg. von der Internationalen Marx-Engels-Stiftung, 1997/2, S. 35.

② ［德］陶伯特编：《MEGA：陶伯特版〈德意志意识形态·费尔巴哈〉》，李乾坤、毛亚斌、鲁婷婷等编译，张一兵审订，南京大学出版社 2014 年版，第 127 页。

③ Bearbeiten von Ulrich Pagel, Gerald Hubmann und Christine Weckwerth, Karl Marx/Friedrich Engels, Gesamtausgabe (MEGA), erste Abteilung, Werke. Artikel. Entwuerfe, Bd. 5, Herg. von der Internationalen Marx-Engels-Stiftung, Goettingen, Walter de Gruyter GmbH, 2017, S. 124-128, 964.

将恩格斯的《费尔巴哈》视为并列入《德意志意识形态》第一卷"费尔巴哈"章的正文则无论如何是难以成立的。

马克思的短评《答布鲁诺·鲍威尔》发表时稿件标注的日期是1845年11月20日,而刊载布鲁诺·鲍威尔文章《评路德维希·费尔巴哈》的《维干德季刊》第3卷是在1845年10月中旬出版。从时间上看,《答布鲁诺·鲍威尔》一文是在马克思阅读到布鲁诺·鲍威尔的文章《评路德维希·费尔巴哈》后随即写下的,是对鲍威尔文章的一种即时回应。马克思之所以及时回应鲍威尔的反批判文章,从马克思的文章中可以看出,主要是因为鲍威尔对马克思和恩格斯《神圣家族》一书的反批评完全以《威斯特伐里亚汽船》杂志上一名匿名作者对《神圣家族》的歪曲描述和混乱评论为根据(据MEGA2《形态》正式版编辑者考证,该匿名作者可能是赫曼·克里格[Hermann Krieg][1]),而非以《神圣家族》原著为根据(据此有理由推测,此时鲍威尔还未能见到和直接阅读《神圣家族》一书)。这样一来,当然势必严重曲解或误解马克思和恩格斯的观点和原意。因此,马克思《答布鲁诺·鲍威尔》一文的主旨和目的实际上只是申明一点:这名匿名作者对于《神圣家族》的论点作了"完全歪曲的、荒唐可笑的、纯粹臆想的概括"以及"平庸而混乱的评论"[2],并不能代表马克思和恩格斯本人的观点。除此之外,该文并不涉及对鲍威尔文章的论点乃至一般思想的批判。

而且,更为重要的是,《答布鲁诺·鲍威尔》一文所表达的上述申明及其基本内容尔后已经被纳入到《德意志意识形态》第一卷正文《II. 圣布鲁诺》的第3节《圣布鲁诺反对"神圣家族"的作者》之中。在正文《II. 圣布鲁诺》第3节《圣布鲁诺反对"神圣家族"的作者》中,马克思首先回应和批驳了鲍威尔关于《神圣家族》作者以费尔巴哈哲学为前提并持"真正的人道主义"立场的指责。尔后,马克思就重述和发挥了《答布鲁诺·鲍威尔》一文已表述过的申明,即在《威斯特伐里亚汽船》杂志上评论《神圣家族》的匿名作者对《神圣家族》一书的观点作了完全歪曲和主观的报道,而

---

[1] Bearbeiten von Ulrich Pagel, Gerald Hubmann und Christine Weckwerth, Karl Marx/Friedrich Engels, Gesamtausgabe(MEGA), erste Abteilung, Werke. Artikel. Entwuerfe, Bd. 5, Herg. von der Internationalen Marx-Engels-Stiftung, Goettingen, Walter de Gruyter GmbH, 2017, S. 738. 该评论文章的标题是《神圣家族或对批判之批判的批判,恩格斯和马克思反对布·鲍威尔和同伙》,载《威斯特伐里亚汽船》1845年度第1期,该年5月出版,第206—214页。

[2] 见《对布·鲍威尔反批评的回答》,《马克思恩格斯全集》第42卷,人民出版社1979年版,第366、364页。

鲍威尔在未能核对原著的情况下却完全以匿名评论作者的评论为根据。马克思特别指出这一事实：鲍威尔文章的"所有引文都是摘自《威斯特伐里亚汽船》（匿名评论文章）上所引用的话，除此以外没有任何引文是引自原著"①。

综上可见，马克思发表在《社会明镜》的短评《答布鲁诺·鲍威尔》一文无论在形式还是在内容上都具有明显的即时性，其写作和发表均系单纯出于澄清事实的需要。而且，其主要内容已被纳入和包含在《德意志意识形态》第一卷正文《Ⅱ.圣布鲁诺》第3节《圣布鲁诺反对"神圣家族"的作者》之中。因此，无论在马克思的编辑构思中还是在马克思和恩格斯交付出版社的付印稿中，该文显然都不可能作为《德意志意识形态》第一卷"费尔巴哈"章的正文而出现。

这样，MEGA2《形态》正式版将马克思的短评《答布鲁诺·鲍威尔》排除在《德意志意识形态》第一卷"费尔巴哈"章的正文文本之外，无疑是对 MEGA2《形态》先行版的一项重要纠正和改进。

关于被陶伯特列入 MEGA2《形态》先行版《德意志意识形态》第一卷"费尔巴哈"章正文的另一篇文本《费尔巴哈》，巴加图利亚判定其性质为札记，作者是恩格斯，写于1845年秋，认为"恩格斯的这些札记显然是为撰写《德意志意识形态》第一卷第三章而作"②。陶伯特则将马克思和恩格斯标为该文的共同作者，断定"此手稿是为了草稿（指第一卷'费尔巴哈'章手稿——引者注）的修订而成"，从而推断"此手稿是在以布鲁诺·鲍威尔的《评路德维希·费尔巴哈》为对象的论文手稿（即'大束手稿'的第28页和第29页——引者注）写下之后才产生的"③。

笔者认为，该短篇手稿系出于恩格斯之手，应为恩格斯为马克思写作第一卷"费尔巴哈"章而提供的资料稿或素材稿，写作时间应在内容上与其相雷同的、马克思所标注的"大束手稿"的第28页和第29页手稿完成之前，而非完成之后。也就是说，该短篇手稿既非如巴加图利亚所言，"是为撰写《德意志意识形态》第一卷第三章而作"，更非如陶伯特所断定，马克思和恩格斯是其共同作者，以及是为了第一卷"费尔巴哈"章手稿的修订而写，写

---

① 《马克思恩格斯全集》第3卷，人民出版社1960年版，第119—120页。
② [俄]巴加图利亚主编：《巴加图利亚版〈德意志意识形态·费尔巴哈〉》，张俊翔编译，张一兵审订，第77页、第100页。
③ [德]陶伯特编：《MEGA：陶伯特版〈德意志意识形态·费尔巴哈〉》，李乾坤、毛亚斌、鲁婷婷等编译，张一兵审订，南京大学出版社2014年版，第148页。

于"大束手稿"成形之后。这可以从以下几个方面来看。

其一,在体例上,《费尔巴哈》具有纯读书摘要的性质。该手稿由六个片断组成,用英文字母(a)(b)(c)(d)(e)(f)明确标出六个片断的顺序。在六个片断中,有目的的选择和摘抄了费尔巴哈《未来哲学原理》一文的五段文字,然后主要结合和围绕这些摘录下来的段落附以最必要的说明和评论。因此,完全有理由将这份文稿的标题命名为《费尔巴哈〈未来哲学原理〉一文摘要》。

其二,在内容上,如果细心比较就可以发现,"大束手稿"中的第28页和第29页手稿明显是在利用、借鉴和吸收《费尔巴哈》内容的基础上而形成,是对后者的吸纳、深化和发挥。也就是说,在写作时间上,是《费尔巴哈》这篇短篇手稿在前,"大束手稿"的第28页和第29页手稿在后,而不是相反。《费尔巴哈》六个片断的主题可以分别概括为:(a)对费尔巴哈哲学的总体评价;(b)费尔巴哈对"交往"的理解;(c)费尔巴哈对新时代哲学任务的规定;(d)费尔巴哈对天主教与新教的区别的论述;(e)费尔巴哈对存在与本质的关系的理解;(f)费尔巴哈对时间的理解。这些,大致构成了《费尔巴哈》这篇手稿的全部内容。将这些内容与"大束手稿"的第28和29页手稿相对照,可以看出,"大束手稿"的第28和29页手稿虽然只选用了《费尔巴哈》提供的(b)和(e)两个片断,但是却抓住了费尔巴哈哲学思想的关键。更为重要的是,"大束手稿"的第28和29页手稿对《费尔巴哈》(b)和(e)两个片断中的评论进行了明显地修订、完善和发挥,特别是深化了其思想蕴含。比如,《费尔巴哈》(b)只限于指出:费尔巴哈将对人们之间彼此需要以及交往的研究作为其哲学全部成果的体现,并且赋予其一种自然的和神秘的形式。而"大束手稿"的第28页在确认"费尔巴哈关于人与人之间的关系的全部推论无非是要证明:人们是互相需要的,而且过去一直是互相需要的"的同时,还进一步将问题提升到这样的高度:费尔巴哈"和其他理论家一样,只是希望确立对存在的事实的正确理解,然而一个真正的共产主义者的任务却在于推翻这种存在的东西"[1]。这一论断,与马克思《关于费尔巴哈的提纲》中所表述的"哲学家们只是用不同的方式解释世界,问题在于改变世界"的命题可谓完全吻合。又比如,《费尔巴哈》(e)在摘录了费尔巴哈关于存在与本质的论述之后,仅是指出这是"对现存

---

[1] 《马克思恩格斯文集》第1卷,人民出版社2009年版,第549页。

事物的绝妙的赞扬"。而"大束手稿"的第 28 和 29 页手稿则将费尔巴哈关于存在与本质的关系的论述作为费尔巴哈"既承认存在的东西，同时又不理解存在的东西"的一个典型案例来剖析。并且，"大束手稿"的第 28 和 29 页手稿不仅就此对费尔巴哈展开批判，而且还将这种批判扩及鲍威尔和施蒂纳。还有，就举例而言，"大束手稿"的第 28 和 29 页手稿也没有采用《费尔巴哈》(e) 所枚举的关于矿井守门人和纺织接线工的例子，而是直接采用费尔巴哈所使用的鱼和水的关系这一更为贴切和直白的事例来进行阐释和说明。如此等等。

其三，在文稿风格上，《费尔巴哈》与恩格斯的文风极为吻合。特别是如果将《费尔巴哈》与前面引述过的恩格斯 1846 年 10 月 8 日致马克思信中所附的关于费尔巴哈《宗教的本质》一书的摘要及所附评论相对照，可以看出某种惊人的类似。值得注意的是《费尔巴哈》(e) 片断开始的一句话："《未来哲学》一开头就表明我们（指马克思和恩格斯——引者注）同他（指费尔巴哈——引者注）之间的区别。"[①] 这句话不仅体现恩格斯的口吻，而且表明，《费尔巴哈》只是供恩格斯和马克思二人之间传阅的一份文稿。

总之，上述各方面的情况均表明，《费尔巴哈》应为恩格斯为马克思写作第一卷"费尔巴哈"章特别是其中的"大束手稿"部分而提供的资料稿或素材稿，写作时间应在"大束手稿"第 28 和 29 页草稿完成之前。如此说来，显然它也绝不可能构成《德意志意识形态》第一卷"费尔巴哈"章的正文。

MEGA2《形态》正式版完全肯定和沿袭 MEGA2《形态》先行版的做法，仍然将恩格斯为马克思撰写和提供的这篇《费尔巴哈》素材稿列入《德意志意识形态》第一卷"费尔巴哈"章的正文文本之中，这不能不说是一个重大的失误。

四 关于第一卷"费尔巴哈"章的文本结构和排序

MEGA2《形态》先行版的一个所谓重大创新之处，是一反以往按照各文本之间的内在逻辑来进行文本编序的传统做法，首次采取了所谓按照写作时间即完稿时间来进行文稿排序和编辑的原则。而采用这一原则的前提则是

[①] 《马克思恩格斯全集》第 42 卷，人民出版社 1979 年版，第 361 页。

基于这样一个基本的事实判断：《德意志意识形态》第一卷并不是一部未完成的著作，而只是为某种期刊（季刊）而准备的文章的汇集。陶伯特强调："为了正确地对待手稿流传下来的状况，我们将流传下来的 7 份手稿……作为独立的文稿进行编辑。""这只不过实现了一个寻找并找到了的全新开端。"①

MEGA2《形态》正式版的编者对陶伯特的这一判定给予了完全肯定，认为其在《形态》编辑史上具有开创性："由英格·陶伯特负责的《年鉴》在编辑这一版本时有了开创性做法，即把手稿按时间顺序编成独立的文稿。这样一来，首先摒弃了关于著作的虚幻观念。"与此同时，《形态》正式版的编者还对此予以特别发挥："马克思和恩格斯的《德意志意识形态》没有被考虑作为一部著作，而是作为一个季刊，这首先意味着《德意志意识形态》不是一部未完成的著作。更确切地说，马克思和恩格斯根本没有计划要写一部著作，而是原本打算出版一种期刊。"②

然而，实际上，马克思和恩格斯固然有过创立一种季刊以便能够在上面连载《德意志意识形态》或发表《德意志意识形态》有关章节的计划，但是这并不否定《德意志意识形态》是一部作者原本计划中的、有其内在逻辑和完整结构的著作。这可以从以下两个方面的事实看出：其一，尽管流传下来的并非一整捆完整的手稿，而是具有片段性，但是文本手稿本身标有大标题和中标题，而且有著者的印张编码和页数编码，这些都清晰地呈现了手稿总体的内在逻辑、结构及其关联；其二，马克思本人曾在不同场合明确申明《德意志意识形态》是一部著作，而非所谓文集。例如，在本文第一部分已经引述过的马克思于 1846 年 8 月 1 日致卡·威·列斯凯的信中，马克思在谈到《德意志意识形态》文稿时数次使用的提法都是"我的著作"，用语明确，不容置疑。因此，无论根据何种理由而否定《德意志意识形态》是一部著作，显然都是无法成立的。

MEGA2《形态》先行版在彻底否定《德意志意识形态》第一卷是一部著作的基础上，按照文集的构思采取了所谓按照写作时间即完稿时间来编辑

---

① ［德］陶伯特编：《MEGA：陶伯特版〈德意志意识形态·费尔巴哈〉》，李乾坤、毛亚斌、鲁婷婷等编译，张一兵审订，南京大学出版社 2014 年版，第 13、4 页。

② Hubmann, G., Die Entstehung des historishen Materialismus aus dem Geiste der Philosophiekritik. Zur Edition der "DeutschenIdeologie" in der MEGA, 载《马克思与现时代——纪念马克思诞辰 200 周年国际高端论坛论文集》，2018 年，第 40 页（未公开出版）。

文本的原则，对《德意志意识形态》第一卷"费尔巴哈"章的各部分文稿进行了如下编序：

I/5－1 马克思：《答布鲁诺·鲍威尔》；

I/5－3 马克思、恩格斯：《费尔巴哈和历史。草稿和笔记》；

I/5－4 马克思、恩格斯：《费尔巴哈》；

I/5－5 马克思、恩格斯：《I. 费尔巴哈　A. 一般意识形态，特别是德意志的》；

I/5－6 马克思、恩格斯：《I. 费尔巴哈　1. 一般意识形态，特别是德国哲学》；

I/5－7 马克思、恩格斯：《I. 费尔巴哈　导言》（"正如德国意识形态家们所宣告的……"）；

I/5－8 马克思、恩格斯：《I. 费尔巴哈　残篇1》（"各民族之间的相互关系……"）；

I/5－9 马克思、恩格斯：《I. 费尔巴哈　残篇2》（"由此可见，事情是这样的……"）；

I/5－10 马克思、恩格斯：《莱比锡宗教会议》；

I/5－11 马克思、恩格斯：《II. 圣布鲁诺》；

附录：约瑟夫·魏德迈和马克思：《布鲁诺·鲍威尔及其辩护士》[①]

抽象而论，按照文稿的写作时间来进行文本的编序也不是没有其特殊的价值和意义。这主要体现在，有助于弄清作者在撰写过程中的思想的发展和演进过程。但是问题在于，构成《德意志意识形态》第一卷"费尔巴哈"章的正文文本实际上是经过马克思和恩格斯亲自构建和编辑过的，在各个文本之间是存在内在逻辑和结构的。撇开文本上既有的原始编码顺序不论，仅就文本的内容而言，"导言"文本的标题（被马克思写在阿姆斯特丹国际社会历史研究所档案编号为A10的手稿上）以及"I. 费尔巴哈"文本的标题（被恩格斯抄写在马克思和伯恩斯坦标注的第1页、阿姆斯特丹国际社会历史研究所档案编号为A11的手稿上）都是文稿中原来就有的，这已经清晰地向人们昭示了《德意志意识形态》第一卷"费尔巴哈"章正文文本的大致的内在逻辑、结构和排序。从逻辑上说，既然是"导言"，当然应该位于全部正文的前面，而不应该被置于全部正文的末尾；

[①] ［德］陶伯特编：《MEGA：陶伯特版〈德意志意识形态·费尔巴哈〉》，李乾坤、毛亚斌、鲁婷婷等编译，张一兵审订，第3页。

既然是文本上标有"I. 费尔巴哈"的标题，当然应该属于全部正文的开始部分，而不应该被置于全部正文的中间；而没有被加任何标题的"大束手稿"即所谓《费尔巴哈和历史。草稿和笔记》，作为全部正文的主体，显然应该位于全部正文的开始部分即文本"I. 费尔巴哈"之后，而不应该被置于文本"I. 费尔巴哈"之前；如此等等。然而，由于先行版的编辑者片面强调所谓按照写作时间即完稿时间来进行排序的原则，其编辑结果当然只能是既有的逻辑、结构和文本顺序都被颠倒或倒置了。

MEGA2《形态》正式版的编辑者意识到了《形态》先行版片面强调按照写作时间来编辑文稿的偏颇[①]，对手稿的总体关联性给予了一定的注意，因此采取了一种折中的方案[②]——可以将其概括为按照文本内在逻辑与按照文本写作时间相结合的方案，并相应地改进了先行版对第一卷"费尔巴哈"章正文文本的排序，对其作出了如下编排：

H1. 马克思：前言（"人们迄今总是为自己造出关于自己本身……种种虚假观念。"）

H2. 马克思、恩格斯：《I. 费尔巴哈　A. 一般意识形态，特别是德意志的》

H3. 马克思、恩格斯：《I. 费尔巴哈　1. 一般意识形态，特别是德国哲学》

H4. 马克思、恩格斯：《I. 费尔巴哈　"正如德国意识形态家们所宣告的……"》

H5. 马克思、恩格斯：论费尔巴哈的大束手稿

H6. 恩格斯、马克思：《费尔巴哈》（摘记）

[①] 编辑者认为，"纯粹按时间顺序编排手稿会遇到下述问题：作为统一流传下来的文稿不得不分成多个部分；时间顺序排列也总是难以被精确地确定。此外，按时间顺序编排也可能会同作者的意图相矛盾，这种意图通过章的编码或贯穿……大束手稿整个文本的编码而得到体现"。参见 Bearbeiten von Ulrich Pagel, Gerald Hubmann und Christine Weckwerth, Karl Marx/Friedrich Engels, Gesamtausgabe (MEGA), erste Abteilung, Werke. Artikel. Entwuerfe, Bd. 5, Herg. von der Internationalen Marx–Engels–Stiftung, Walter de Gruyter GmbH, Goettingen, 2017, S. 795, Anmerkungen 264.

[②] 编辑者坦承：该卷的文本编排是权衡有关编排的各种可能性及其利弊的一种结果。（cf. MEGA2, I/5, S. 795）或许正是鉴于此，编辑者采取了一种特殊的处理方法，即在正式版的基础上又专门编辑和出版了另一个完全按照文本写作时间顺序来排编的《形态》"费尔巴哈"章的单行本，并将其命名为《德意志意识形态·论哲学批判》，从而将该章彻底地变成了一本论文集。见 Hubmann, G. und Pagel, U. herg., Karl Marx/Friedrich Engels, Deutsche Ideologie. Zur Kritik der Philosophie——Manuskripte in chronologischer Anordnung, Walter de Gruyter GmbH, 2018.

H7. 马克思、恩格斯：《残篇1，编页3》（"各民族之间的相互关系……"）

H8. 马克思、恩格斯：《残篇2，编页5》（"由此可见，事情是这样的……"）

H9.《莱比锡宗教会议》①

将其与先行版对比不难看出，MEGA2《形态》正式版对先行版所做出的重要修正，除了将马克思的短评《答布鲁诺·鲍威尔》排除于"费尔巴哈"章的正文文本之外，是把论费尔巴哈的"大束手稿"和《费尔巴哈》这两篇文本由原来第一和第二的位置移置到了《I. 费尔巴哈 导言》（"正如德国意识形态家们所宣告的……"）这篇文本之后。

在某种意义上，或许可以将MEGA2《形态》正式版所采取的这种编辑方案看作一种新的编辑模式。假若如此，那么在《德意志意识形态》第一卷"费尔巴哈"章编辑史上迄今已经形成和存有了三种有代表性的独立的编辑模式：以文本内在逻辑为原则的模式②；以文本写作时间为原则的模式；以及以文本内在逻辑与以文本写作时间相结合为原则的模式。

现在的问题是，MEGA2《形态》正式版所采取的这种依据文本内在逻辑与依据各文本写作时间相结合的编辑模式是否是最合理的模式？它是否客观地再现了《德意志意识形态》第一卷"费尔巴哈"章的文本结构和编序的原貌？

笔者注意到，MEGA2《形态》正式版所创新的编辑模式如同以往的前两种编辑模式一样，也依然忽视、回避乃至摒弃了这样一个重大的问题，即手稿上遗存的原始印张数字编码。这一问题迄今一直未能得到解决，成为《德意志意识形态》第一卷"费尔巴哈"章编辑史上的悬案。而在笔者看来，手稿上遗存的原始印张数字编码是破解文本原始结构和排序的密钥，因此也是复原和重建文本结构的关键。因此，有必要提出《德意

---

① Bearbeiten von Ulrich Pagel, Gerald Hubmann und Christine Weckwerth, Karl Marx/Friedrich Engels, Gesamtausgabe (MEGA), erste Abteilung, Werke. Artikel. Entwuerfe, Bd. 5, Herg. von der Internationalen Marx-Engels-Stiftung, Walter de Gruyter GmbH, Goettingen, 2017, S. 723.

② 以文本的内在逻辑为原则重建"费尔巴哈"章，是在找不到确凿的客观依据的情况下做出的一种相对合理的选择，被以往的研究者在不同程度上采用。这不仅在阿多拉茨基版和广松涉版中得到较充分的体现，而且在梁赞诺夫版和巴加图利亚版中也有所体现。笔者也曾以该原则为主要依据提出过一种重建《形态》"费尔巴哈"章的方案。参见侯才《对〈德意志意识形态〉第一章文稿结构的重建》，《中共中央党校学报》2003年第2期。

志意识形态》第一卷"费尔巴哈"章的第四种编辑方案和模式——按照文本手稿上标注的印张原始编码来进行文本排序和编辑的方案和模式①。

在手稿遗留下来的既有四种编码中，马克思和恩格斯本人的亲自编序无疑最为重要。马克思具体标注了"大束手稿"的页码，尽管现在已经缺失了第3—7页以及第36—39页，但是"大束手稿"的整体性及其内在结构依然被清晰地呈现了出来。相比较而言，恩格斯所标注的页码似乎缺乏完整性。迄今为止人们所能辨认和认同的被马克思改写过的恩格斯的标注数码主要是6—11、21、84—92这样三组，即"6"（被分为b、c、d、e）"7""8""9""10""11"；"21"；"84""85""86""87""88""89""90""91""92"。先行版的编辑者虽然在相关的出版说明中也谈到手稿《残篇2》有恩格斯标注的数码"5/"以及手稿《残篇1》第一印张有被认为恩格斯所写的数码"3/"，但是同时却又坚执地认同或断定：数码3/"无法确定到底是出自恩格斯的笔迹还是出自第三者"，而印张编码1/、2/、4/等"这些编号出自伯恩斯坦之手"②，与恩格斯无关。

其实，如果仔细研究就不难发现，恩格斯的编码实际上有着自身独有的特点，这使它与马克思的编码不仅明显区别开来，而且相互补充。这一特点就是，编页按印张来进行，数字所显示的是印张的排序，而非文稿具体页码的排序。而且，这种印张排序几乎涉及第一卷"费尔巴哈"章正文的所有文本。因此，它在每一印张上只标出一个数字，数字均被写在印张首页的上端中间。而马克思的编码则是按每一印张所含有的具体书写页面来计算，即将每一印张中所包含的带有文字的纸页（通常为4页）逐一都用数字编码和标记出来。而且，其编码范围只限于"大束手稿"。在弄清了恩格斯这一编序特点以后，再回头看《导论》《A.一般意识形态，特别是德意志的》《残篇1》和《残篇2》这四篇原始文稿，就会发现它们在每一印张首页上实际上均标有印张数字，按1—5顺序排列，不仅与恩格斯所标记的6—11、21、84—92三组印张数码的编码所具有的特点完全一致，而且与恩格斯所标注

---

① 梁赞诺夫在按照马克思和恩格斯的手稿编码来进行"费尔巴哈"章的编辑方面做出了最初的尝试。他对马克思和恩格斯的手稿编码给予了一定的重视，并尽可能地去利用这一手稿编码，从而在很大程度上奠定了尔后的"费尔巴哈"章编辑的基础。但是由于他未能完全弄清恩格斯的印张编码，也导致了文本排序上的个别失误，即将"各民族之间的相互关系……"这一文本错误地置于全章最后（参见[俄]梁赞诺夫主编《德意志意识形态·费尔巴哈》，夏凡编译，张一兵审订，第18—21、99—103页）。

② [德]陶伯特编：《MEGA：陶伯特版〈德意志意识形态·费尔巴哈〉》，李乾坤、毛亚斌、鲁婷婷等编译，张一兵审订，第150页。

的6—11这组印张数码直接相衔接。就墨色而言，印张数字的墨色也与手稿字迹的墨色相一致或相接近。据此，笔者认为可以断定：分别标记在《导论》《A. 一般意识形态，特别是德意志的》《残篇1》和《残篇2》这四篇原始文稿上带有斜画线数字的1—5印张的数码，即"1/""2/""3/""4/""5/"，同样为恩格斯所标记，是出自恩格斯的手笔，而且直接承接恩格斯所标记的印张"6/"，即马克思所标记的"大束手稿"的第8页。

这样一来，我们就得到了恩格斯对《德意志意识形态》第一卷"费尔巴哈"章正文文本几乎全部印张的编码，从而也得到了恩格斯列入《德意志意识形态》第一卷"费尔巴哈"章的全部正文文本以及恩格斯对这些文本所进行的排序，这就是：

印张数序"1"：《导言》（"正如德国意识形态家们所宣告的……"）；

印张数序"2"：《I. 费尔巴哈　A. 一般意识形态，特别是德意志的》；

印张数序"3""4"：《残篇　1》（"各民族之间的相互关系……"）；

印张数序"5"：《残篇　2》（"由此可见，事情是这样的……"）；

印张数序"6"—"11""21""84"—"92"："大束手稿"（恩格斯标记为："I. 费尔巴哈　唯物主义与唯心主义观点的对立"，分别对应马克思标记的第8—29、30—35、40—72页）。

应该说，这就是马克思、恩格斯生前所亲自编定的《德意志意识形态》第一卷"费尔巴哈"章正文的文本构成及其内在结构。

基于此，应该得出的结论自然是：这一原始的文本构成及其结构也是我们今天编辑和出版《德意志意识形态》第一卷"费尔巴哈"章所应该遵循和再现的、客观和合理的方案。

从恩格斯所做的上述编序可以看出，在既有的应属于《德意志意识形态》第一卷"费尔巴哈"章的正文文本中，只有《1. 一般意识形态，特别是德国哲学》这一文稿未被恩格斯所列入和编号。笔者推测，该文稿之所以未被恩格斯列入，主要原因是该文稿的前半部分草稿在修订时已经被改作"导言"而重新誊抄并被恩格斯列入印张编号"1/"。恩格斯未处理的其实只是该文稿后半部分即在"1、一般意识形态，特别是德国哲学"标题下所写的五个自然段，这部分文字被伯恩斯坦标记为第43和第44页。

从恩格斯印张编码所排定的《德意志意识形态》第一卷"费尔巴哈"章的正文文本及其排序来看后人对原始手稿的编码以及编辑出版的各种版本，应该说，伯恩斯坦和阿姆斯特丹国际社会历史研究所做的编码都是尊重和忠实于马克思和恩格斯所构建的文本结构和排序的，只是对《1、一般意识形态，特别是德国哲学》这一篇特殊文稿的处理方式有所不同，即伯恩斯坦是将其排列到手稿《残篇1》之后，阿姆斯特丹国际社会历史研究所是将其排列在手稿《Ⅰ. 费尔巴哈 A. 一般意识形态，特别是德意志的》之后（笔者认为这样处理比伯恩斯坦的处理要合理一些），而其他各种版本的编辑则由于未能识别恩格斯的印张编码，都在不同程度上偏离了马克思和恩格斯所亲自构建的文本结构和排序。其中，巴加图利亚版或许是一个例外，其文本排序在客观上与恩格斯的印张编码顺序相一致，但是这并不是由于编辑者识别和自觉遵循了恩格斯的印张编码，而是简单地直接沿袭和照搬阿姆斯特丹国际社会历史研究所的编码所致，因为编者在其"序言"中只提及"文本按照其手稿顺序编排"①，而并没有给出自己之所以如此编排的考释、论证和根据。而且，该版本主观地将"费尔巴哈"章全部文稿分为四个部分26个小节，并按照编辑者自己的理解添加了26个标题（其中只有两个标题是手稿中原有的，其余24个均为编辑者所新命名和添加）。

  如果将MEGA2《形态》正式版的文本排序与恩格斯对《德意志意识形态》第一卷"费尔巴哈"章正文文本印张的编码所体现的排序相对照，就会发现，除了应该把《费尔巴哈》这篇文本排除在正文文本之外，MEGA2《形态》正式版把《Ⅰ. 费尔巴哈 导言》（"正如德国意识形态家们所宣告的……"）置于第三而不是第一的位置，以及把《残篇1》（"各民族之间的相互关系……"）和《残篇2》（"由此可见，事情是这样的……"）置于"大束手稿"之后而不是之前，均有悖于恩格斯对《德意志意识形态》第一卷"费尔巴哈"章正文文本印张的编码所体现的排序。

---

  ① ［俄］巴加图利亚主编：《巴加图利亚版〈德意志意识形态·费尔巴哈〉》，张俊翔编译，张一兵审订，"序言"第8页。

《德意志意识形态》：著作还是季刊？

赵玉兰[*]

【内容提要】 《德意志意识形态》是马克思恩格斯写下的一部巨幅手稿，尽管它没有在二人生前出版，但是作为唯物史观的诞生地，它一直被视为马克思恩格斯的重要著作。然而，自20世纪80年代以来，国际学界依据1845—1847年马克思恩格斯与他人的通信，对《德意志意识形态》的性质提出了不同的看法：它不是马克思恩格斯的一部著作，而是二人计划出版的一部季刊。2017年年底刚刚出版的MEGA2第I/5卷即《德意志意识形态》卷亦持此种观点。尽管马克思恩格斯在1845—1847年确实有过出版一份季刊的计划，而《德意志意识形态》正是在此背景下产生的，但是季刊与《德意志意识形态》并不等同。毋宁说，它只是《德意志意识形态》的出版所采取的形式或外壳。通过对马克思恩格斯本人关于《德意志意识形态》的说明以及对《德意志意识形态》自身的结构和内容的考察，我们认为，尽管《德意志意识形态》的诞生同季刊的出版计划密切相关，但它仍然应该被判定为一部著作。

【关键词】 《德意志意识形态》；著作；季刊

众所周知，《德意志意识形态》是马克思恩格斯在1845—1846年间完成的一部巨幅手稿。尽管马克思恩格斯在世时未能出版，但作为唯物史观的诞生地，这部手稿在马克思主义发展史上具有极其重要的地位和价值。长期以

---

[*] 赵玉兰，中国人民大学马克思主义学院副教授。

《德意志意识形态》：著作还是季刊？

来，我们都把《德意志意识形态》视为马克思和恩格斯的重要著作（Werk），从而把它同《共产党宣言》《资本论》等并列为马克思主义经典著作。然而，随着一些新文献、新资料的发现和问世，特别是随着收录马克思恩格斯1848年12月之前通信的MEGA2第III/1卷（1975年）和第III/2卷（1979年）的相继出版，从20世纪80年代开始，国际学界在关于《德意志意识形态》的性质判定上出现了不同的声音。1980年，MEGA2第III/2卷编者之一、苏联学者加利娜·格洛维那（Galina Golowina）在《马克思恩格斯年鉴》第3卷发表了题为《1845—1846年的季刊计划——关于〈德意志意识形态〉手稿的最初出版方案》一文。该文通过对MEGA2第III/1卷和第III/2卷中收录的1845—1847年马克思恩格斯书信特别是他人写给马克思恩格斯的书信的深入分析，得出结论：《德意志意识形态》最初并不是计划为一部著作（Werk），它实际上源于马克思早在巴黎就萌发，并在布鲁塞尔实施的季刊（Vierteljahrsschrift）出版方案。① 尽管MEGA2第I/5卷即《德意志意识形态》卷前负责人英格·陶伯特（Inge Taubert）在1989年还把格洛维那的观点称为"假说"（Hypothese），称其有待进一步核查与验证，② 但是在1997年发表的著名文章《〈德意志意识形态〉（1845年11月—1846年6月）的手稿和刊印本。问题和成果》中，陶伯特则更为频繁地把《德意志意识形态》称为"两卷本的出版物"（zweibändige Publikation），并且明确地提出一个重要问题：它所指的"确实是一部两卷本的著作（Werk）还是一部书丛（Serie）或者文集（Sammlung）"③。显然，陶伯特的观点在某种程度上发生了改变，她似乎已经对格洛维那的观点心有戚戚焉。此后，2010年特雷尔·卡弗（Terrell Carver）在《政治思想史》杂志发表文章《〈德意志意识形态〉从未产生》④，彻底否定了《德意志意识形态》的存在，从而把上述观点推向极致，引起学界一片哗然。2017年底，由柏林—勃兰登堡科学院MEGA工作站的乌尔里希·帕格尔（Ulrich Pagel）、格哈尔

---

① Galina Golowina, "Das Projekt der Vierteljahrsschrift von 1845/1846", *Marx－Engels－Jahrbuch*, Band 3, 1980, S. 260－274.

② Inge Taubert, "Aus der Arbeit an der Vorbereitung des Bandes 5 der Ersten Abteilung der MEGA2 (Die deutsche Ideologie)", *Beiträge zur Marx－Engels－Forschung*, Heift 26, 1989, S. 100.

③ Inge Taubert, "Manuskripte und Drucke der 'Deutschen Ideologie' (November 1845 bis Juni 1846). Probleme und Ergebnisse", *MEGA－Studien*, 1997/2, S. 12.

④ Terrell Carver, "*The German Ideology* Never Took Place", in: *History of Political Thought*, Vol. XXXI, No. 1, Spring 2010, pp. 107－127.

特·胡布曼（Gerald Hubmann）和克里斯蒂娜·维克韦尔特（Christine Weckwerth）主编的 MEGA2《德意志意识形态》卷在学界的千呼万唤中终于出版。在该卷导言的第 1 页，编者便开门见山地亮出观点，"并不存在一部出自马克思和恩格斯之手的完整的或者片断性的著作《德意志意识形态》"[①]，从而明确肯定了自 20 世纪 80 年代以来国际学界关于《德意志意识形态》性质的新观点，正式把《德意志意识形态》判定为一部季刊。由此，著作还是季刊这一定性问题成为《德意志意识形态》研究不可回避的重大问题。我们不禁要问，为什么会出现所谓"季刊"的判定，它的依据到底是什么？我们应该如何回应这种判定呢？

一 马克思恩格斯的有限说明

长期以来，我们关于《德意志意识形态》诞生过程特别是其性质的判定，主要是以马克思恩格斯在其著作尤其是书信中的论述为依据的。在 1859 年《政治经济学批判》第一分册序言中，马克思曾就《德意志意识形态》的出版际遇作出过著名的概括："当 1845 年春他（即恩格斯——笔者注）也住在布鲁塞尔时，我们决定共同阐明我们的见解与德国哲学的意识形态的见解的对立，实际上是把我们从前的哲学信仰清算一下。这个心愿是以批判黑格尔以后的哲学的形式来实现的。两厚册八开本的原稿早已送到威斯特伐里亚的出版所，后来我们才接到通知说，由于情况改变，不能付印。既然我们已经达到了我们的主要目的——自己弄清问题，我们就情愿让原稿留给老鼠的牙齿去批判了。"[②] 尽管马克思在这里并没有明确指出《德意志意识形态》的性质，但我们已然可以对这两卷文稿的写作主旨特别是失败的出版过程有基本的了解。事实上，关于《德意志意识形态》的出版过程，我们通常有一个大致认识，即早在 1845 年 11 月，莫泽斯·赫斯就同威斯特伐里亚的社会主义者、企业主尤利乌斯·迈耶尔（Julius Meyer）和鲁道夫·雷姆佩尔（Rudolph Rempel）达成初步协议，由后者出资支持《德意志意识形态》的出版工作。此后，约瑟夫·魏德迈接手了谈判协商工作。他在 1846 年 4 月从比利时的布鲁塞尔来到德国的威斯特伐里亚，作为中间人在马克思

[①] *Marx-Engels-Gesamtausgabe*, Band I/5, Berlin: De Gruyter Akademie Forschung, 2017, S. 725—726.

[②]《马克思恩格斯全集》第 31 卷，人民出版社 1998 年版，第 413—414 页。

恩格斯与迈耶尔、雷姆佩尔之间沟通、联系，直至 7 月马克思和恩格斯同迈耶尔和雷姆佩尔决裂，出版计划最终失败。

在现存的马克思恩格斯写于 1845—1847 年的书信中，直接涉及《德意志意识形态》内容及出版过程的书信并不多，因此，我们从中只能得到关于这份手稿性质的有限线索。

在 1846 年 5 月 14—16 日致魏德迈的书信中，马克思谈到："手稿（Manuskripte）你不久也会收到。第二卷差不多已经完成。第一卷的手稿一到（最好用两个邮包寄这些东西），殷切希望马上开始付印。"① 马克思在这里谈到的正是两卷本的《德意志意识形态》手稿。由于在写这封信时刚好收到了魏德迈关于迈耶尔和雷姆佩尔经济方面存在困难，不能再对《德意志意识形态》的出版提供有力支持的来信，因此马克思在下文中非常不快地告诉魏德迈，自己的经济状况同样非常糟糕，"至于那部出版物（Publication）的稿费，你知道，我只拿第一卷的一半。我自己的倒霉事不算，火急的信件等等还从四面八方向我这部出版物的编者（Herausgeber der Publication）涌来。特别是贝尔奈斯发生了一件不愉快的事"②。此外，在这封信的结尾，马克思顺便指出："赫斯从我现在正在出版的两卷书当中，不应再得到什么了，相反，他还应该交还给我们一些。"③ 马克思的这些说明为我们提供了关于《德意志意识形态》的重要写作信息。可以发现，这份待出版的手稿不只有马克思、恩格斯作为作者，而且还有贝尔奈斯和赫斯参与其中，马克思把他们称为"编者"（Herausgeber）。相应地，关于这一待出版的作品，马克思并没有把它称为我们通常认为的"著作"（Werk），而是称为"出版物"（Publication）。这一称谓显然是比较宽泛的，我们很难据此对其性质作出具体判定。

1846 年 7 月底，在同威斯特伐里亚的出版人迈耶尔和雷姆佩尔决裂后，马克思在致赫斯的信中谈道："因为我们的作品（Schrift）的出版可能还要拖延很长时间，所以我劝你把你评卢格的那篇文章（Aufsatz）抽回

---

① 《马克思恩格斯全集》第 47 卷，人民出版社 2004 年版，第 369 页；*Marx – Engels – Gesamtausgabe*, Band III/2, Berlin: Dietz Verlag, 1979, S. 9. 个别译文有改动，以下不再一一说明。

② 《马克思恩格斯全集》第 47 卷，人民出版社 2004 年版，第 371 页；*Marx – Engels – Gesamtausgabe*, Band III/2, Berlin: Dietz Verlag, 1979, S. 10。

③ 同上。

去。"① 这句话确证了马克思在上文提到的赫斯作为《德意志意识形态》编者的身份。确实,赫斯原本为《德意志意识形态》写了一篇评阿尔诺德·卢格的文章《格拉齐安诺博士,德国哲学界的小丑》。但是,由于出版计划受挫,当马克思看到赫斯在《科隆日报》上宣布要发表评论卢格的文章之后,他便建议赫斯抽回他为《德意志意识形态》所写的那篇相同主题的文章。这里,我们基本可以确定,《德意志意识形态》是一部由多名作者完成的作品。另外,马克思在谈到《德意志意识形态》时,使用的是"Schrift"一词。与"Publication"相比,这个德文词的内涵相对明确,它一般指比较短小的出版物,通常在篇幅和规模上小于著作(Werk)。由于马克思建议赫斯把自己的文章从中抽出,这似乎意味着,这里的"Schrift"可能是由一些文章(Aufsatz)组成的合集。

在 1846 年 8 月 1 日马克思致卡尔·弗里德里希·尤利乌斯·列斯凯的信中,我们又获得了关于《德意志意识形态》的重要说明。列斯凯是一名出版商,他在 1845 年 2 月 1 日同马克思签订了一份关于两卷本著作《政治和国民经济学批判》的出版合同。在回复对方关于该书的写作进展的询问时,马克思顺便谈到:"德国的几个资本家愿意出版我、恩格斯和赫斯的一些作品(mehrerer Schriften)。当时甚至有希望成立一家不受警方任何监督的、像样子的大出版社。此外,通过这些先生的一个朋友的帮助,他们差不多已答应出版我的《经济学批判》等著作。为了把由我编辑的、与恩格斯等人合作出版的出版物(Publication)的第一卷手稿安全地带过边界,这个朋友在布鲁塞尔一直待到 5 月份。随后,他本应该从德国来信确切地告诉我,同意或不同意出版《国民经济学》。但是我没有得到任何消息,或者说得到了一些含糊其词的消息,只是在那一出版物(Publication)的第二卷手稿绝大部分已经寄往德国以后,不久前那些先生才终于来信说,他们的资金另作他用,所以这件事一无所成。"② 马克思这里提到的由他、恩格斯和赫斯完成,并由他的朋友(即魏德迈)带去德国的两卷出版物,应该就是《德意志意识形态》。可以看出,它的作者有马克思、恩格斯、赫斯等人,而马克思同时还担任编辑一职。另外,就其性质来说,马克思在提及它时使用的术语依然是"作品"(Schrift)和"出版

---

① 《马克思恩格斯全集》第 47 卷,人民出版社 2004 年版,第 380 页;*Marx－Engels－Gesamtausgabe*, Band III/2, Berlin: Dietz Verlag, 1979, S. 20。
② 《马克思恩格斯全集》第 47 卷,人民出版社 2004 年版,第 382—383 页;*Marx－Engels－Gesamtausgabe*, Band III/2, Berlin: Dietz Verlag, 1979, S. 23。

物"（Publication）。值得一提的是，马克思在这段引文后还补充道，"同德国资本家商定要出版那一出版物（Publication）以后，我就把《经济学》的写作搁置下来了。因为我认为，在发表我的正面阐述以前，先发表一部反对德国哲学和迄今的德国社会主义的论战性作品（Schrift），是很重要的。为了使德国读者对于我的同迄今为止的德国科学根本对立的经济学观点有所准备，这是必要的。顺便说一句，这就是我在一封信中告诉过您的在《经济学》出版以前必须完成的那部论战性作品（Schrift）"①。如果说，对于马克思在上一段引文中谈到的出版物，我们还不敢绝对肯定它就是《德意志意识形态》的话，那么这段引文根本证实了我们的判定。因为马克思在其中谈到，这一"出版物"是一部"反对德国哲学和迄今的德国社会主义的论战性作品"，这无疑正是《德意志意识形态》两卷本的主题。

由此，通过上述几封信我们可以确定，《德意志意识形态》是一部由多人完成的作品，而马克思在其中扮演着核心角色：他既是主要作者，又是主要编者。此后，马克思和恩格斯围绕《德意志意识形态》的出版事宜还进行过多次沟通。他们在书信中把它或者直接称为"手稿"（Manuskripte）②，或者称为"出版物"（Publication）③ 和"作品"（Schrift）④。只有在 1847 年 3 月 9 日致马克思的信中，恩格斯在简略谈及《德意志意识形态》可能的出版商后指出，"如果我们手稿的出版与你那本书的出版发生冲突，那么就把手稿搁一旁算了，因为出版你的书重要得多。我们两人从我们的作品（Arbeiten）中得到的好处不多"⑤。恩格斯所谓的"那本书"正是马克思准备出版的批判蒲鲁东的著作《哲学的贫困》，而他所谓的手稿正是《德意志意识形态》。尽管德文词"Arbeit"指文本性的作品，但它同"Publication"一样是一个比较宽泛的称谓，既可以指文章，也可以指著作。不过从上下文

---

① 《马克思恩格斯全集》第 47 卷，人民出版社 2004 年版，第 383 页；*Marx－Engels-Gesamtausgabe*, Band III/2, Berlin: Dietz Verlag, 1979, S. 23－24。

② 《马克思恩格斯全集》第 47 卷，人民出版社 2004 年版，第 405、420、431 页；*Marx－Engels-Gesamtausgabe*, Band III/2, Berlin: Dietz Verlag, 1979, S. 40, 51, 63.

③ 《马克思恩格斯全集》第 47 卷，人民出版社 2004 年版，第 454、455 页；*Marx－Engels-Gesamtausgabe*, Band III/2, Berlin: Dietz Verlag, 1979, S. 82, 83.

④ 《马克思恩格斯全集》第 47 卷，人民出版社 2004 年版，第 459 页；*Marx－Engels-Gesamtausgabe*, Band III/2, Berlin: Dietz Verlag, 1979, S. 86.

⑤ 《马克思恩格斯全集》第 47 卷，人民出版社 2004 年版，第 460 页；*Marx－Engels-Gesamtausgabe*, Band III/2, Berlin: Dietz Verlag, 1979, S. 87.

看，这里的复数形式"Arbeiten"似乎更宜理解为文章。

总之，在1845—1847年马克思恩格斯所写的书信中，我们能够获取的信息非常有限。一方面，马克思恩格斯通常只用"Publication""Schrift""Arbeiten"指代《德意志意识形态》手稿，并没有明确地将其指称为著作（Werk）；另一方面，在一些具体的上下文中，马克思的某些表述似乎让我们隐约看到了作为编著或者文章的合集即文集形式存在的《德意志意识形态》，它以马克思为主编，以马克思、恩格斯、赫斯、贝尔奈斯为作者。那么，这是否意味着《德意志意识形态》是一部季刊呢？

二 同时代人的补充说明

尽管马克思恩格斯在1845—1847年间的书信涉及《德意志意识形态》的内容非常少，因而我们从中得到的关于《德意志意识形态》性质的信息也特别有限。然而，通过考察同时代的友人写给他们的书信，我们获得了大量的补充性线索。这里，一个关于两卷本季刊的出版计划浮出了水面。

我们知道，魏德迈于1846年4月来到威斯特伐里亚，充当马克思恩格斯和企业主迈耶尔和雷姆佩尔的中间人，力求尽快实现《德意志意识形态》的出版计划。正如马克思在致列斯凯的信中提到的，同魏德迈一起抵达威斯特伐里亚的，还有《德意志意识形态》的一部分手稿。魏德迈一方面同迈耶尔和雷姆佩尔积极协商，另一方面也不断催促马克思尽快寄来剩余手稿。在1846年5月14日致马克思的信中，魏德迈谈到，"关于出版事宜进展如何，日果会告诉你。我希望，这件事很快有个好结果。承担这两卷本出版事宜的人，一定也适于出版你的《国民经济学》"[①]。看来，魏德迈希望找到一位能够建立长期合作关系的出版商，从而不仅可以出版两卷本的《德意志意识形态》，而且可以出版马克思打算写作的《政治和国民经济学批判》。接下来，魏德迈谈到："关于季刊（Vierteljahrsschrift）的稿酬，在短时间内还按72塔勒实行。非常糟糕的是，雷姆佩尔和迈耶尔本人眼下都处于钱荒之中，尤其是前者由于他在科隆的新企业而资金紧张。迈耶尔住在奥斯纳布吕克，他用父亲的遗产在那里购买了一个重要的炼铁厂，他同样要在其中投很多钱……"[②]我们发现，魏德迈在这里谈到《德意志意识形态》两卷本的出版事

[①] *Marx-Engels-Gesamtausgabe*, Band III/2, Berlin: Dietz Verlag, 1979, S. 193.
[②] Ibid..

宜时，同时又谈到了一份季刊。由于处于连贯的上下文中，这份季刊显然同《德意志意识形态》有密切联系，而马克思和恩格斯看来也对此事非常了解。那么，这二者究竟有什么联系呢？在此后不久发生的马克思恩格斯与威斯特伐里亚人的决裂事件中，我们发现了重要线索。

1846年7月2日，在不见迈耶尔和雷姆佩尔为《德意志意识形态》的出版事宜作出任何说明、采取任何行动的情况下，马克思恩格斯越过中间人魏德迈，直接写信向迈耶尔提出严厉质问。而后者在7月9日的回信中亦作出强硬答复，进而同马克思恩格斯彻底决裂。值得注意的是，在这封解释加决裂的回信中，迈耶尔通篇谈论的并不是一部著作，而只是一份季刊。"你们认为，雷姆佩尔和我同赫斯缔结了一项交易。事实并非如此。雷姆佩尔和我都不是书商。只是出于帮忙，我们才许诺说，如果相关的谈判将使我们能够做这件事，那我们就尽力把一份季刊（Vierteljahrsschrift）的第一卷付诸印刷。但是，我们在没有保证我们将自己出版这一著作的情况下，特别提供了赫斯所期望的预付款。我们不能做别的事情。由于我们对书业的状况一无所知，所以我们也不能承担丝毫责任。"① 从迈耶尔的回信可以看出，他同赫斯所讨论出版的是一份季刊，而且首先要努力出版这份季刊的第一卷，他们甚至为此给赫斯支付了预付款。我们的疑惑进一步增加，这是一份什么样的季刊？它和《德意志意识形态》是什么关系呢？

马克思恩格斯在收到迈耶尔的回信后，马上写信询问身在科隆的赫斯。1846年7月17日，赫斯给马克思和恩格斯写了回信，详细说明了他和迈耶尔等人最初协商的具体内容。他谈到，迈耶尔和雷姆佩尔愿意以如下方式承担一份每卷超过20印张的季刊（Quartalschrift）的出版工作：1. 提供资金；2. 在德国的一个邦——那里20印张以上的书籍免受审查——招募一个印刷工（不是出版商）；3. 这份季刊（Quartalschrift）将以"作者自费出版"的形式面向公众和政府出版；4. 书商海尔米希承担寄送和核算事宜。另外，就稿费和利润的分配来说，季刊（Quartalschrift）的出版人、作者或主编，也就是马克思、恩格斯和赫斯，将固定按照每印张三个金路易收取稿费，此外还可以获得1/3纯利润；纯利润的另1/3归迈耶尔等人所有，最后1/3用作业务资金。② 赫斯的这封信使一份季刊的出版计划彻底浮出水面。可以看出，这份待出版的季刊每卷将超过20印张，这显然是出于免受书报

---

① *Marx—Engels—Gesamtausgabe*, Band III/2, Berlin: Dietz Verlag, 1979, S. 243.
② Ibid., S. 248.

检查的考虑；它的编者不只有马克思、恩格斯，还有赫斯，他们三人将参与利润的分配；这份季刊将不在马克思当时所在的比利时，而是在德国出版。按照我们通常的认识，赫斯在1845年11月同威斯特伐里亚人所协商的是《德意志意识形态》的出版事宜，而迈耶尔和赫斯的书信都表明这一出版事宜涉及的只是一部季刊。这是怎么回事呢？

赫斯在1846年7月28日致马克思的信进一步确证了关于季刊的出版事宜。在这封信中赫斯谈到，他在科隆发起了一个出版社计划。他指出："它不仅可以取代并不是因为我的错误而失败的威斯特伐里亚的计划，而且能够为这件事提供坚实的、广泛的基础"；如果这个项目能够实现，那么"除了季刊（Quartalschrift）之外，计划中的译丛①也能出版"②。看来，在与威斯特伐里亚人商谈的有关季刊的出版事宜失败后，尽管赫斯声称自己无责无咎，但还是在积极谋求建立一家出版社，以弥补季刊计划未能实现的遗憾。由此可知，在1845—1846年，马克思恩格斯确实有过出版一份季刊的计划，而且这一计划正是先由赫斯、后由魏德迈作为中间人同威斯特伐里亚人进行协商的。联想到马克思在其书信中的说明，结论似乎已经呼之欲出：这份季刊就是马克思恩格斯计划出版的《德意志意识形态》。然而，我们还是要再追问一下，两卷本著作和一份季刊的出版计划有没有可能同时并存？换句话说，是否有内容上的直接联系可以证明季刊和《德意志意识形态》的同一性呢？

在1846年4月30日致马克思的信中，魏德迈一方面敦促马克思尽快把尚未收到的手稿寄给他，另一方面谈道，"你所谈到的关于批判'施蒂纳'是多余的这一论断，我已经在一些人那里碰到了。我为此尤其同毕尔格尔斯长时间地争吵不休。与之相反，在我看来，这一批判的必要性比之前更为清晰……唯一者的一大部分，也就是你的唯一者，我和路易莎在这里通读了一遍，她觉得写得非常好"③。如前所述，魏德迈在1846年4月底携带马克思恩格斯的手稿来到了威斯特伐里亚，同迈耶尔和雷姆佩尔进行协商。而他在这封信中谈到的马克思的"唯一者"，显然正是《德意志意识形态》中批判施蒂纳的"圣麦克斯"部分。这就意味着，他接续赫斯进行的关于季刊的谈判就是关于《德意志意识形态》的谈判。类似地，在1846年5月14日致马

---

① 即马克思、恩格斯、赫斯等人当时计划出版的《外国杰出的社会主义者文丛》。
② Marx—Engels—Gesamtausgabe, Band III/2, Berlin: Dietz Verlag, 1979, S. 269.
③ Ibid., S. 532—533. 路易莎是魏德迈的未婚妻。

克思的信中，魏德迈在谈及迈耶尔和雷姆佩尔的钱荒之后说，"我在迈耶尔那里只逗留了几天……我从你们的手稿中给他朗读了'政治自由主义'，他非常喜欢"①。"政治自由主义"是《德意志意识形态》"圣麦克斯"章的一小节。这再次证明，魏德迈在威斯特伐里亚同迈耶尔等人进行有关季刊的商谈时，涉及的手稿正是《德意志意识形态》手稿。由此，我们确实可以得出结论，由赫斯开启、魏德迈接续的同威斯特伐里亚人进行的关于季刊的谈判也就是关于《德意志意识形态》的谈判。那么，这是否意味着，《德意志意识形态》就是一部季刊，而我们多年以来关于其为著作的判定是完全错误的呢？

三 季刊与著作之辩

从上面的分析可知，一方面，马克思恩格斯委托魏德迈捎去《德意志意识形态》手稿，同威斯特伐里亚人就其出版进行协商；另一方面，赫斯、魏德迈同威斯特伐里亚人所协商的是一部季刊的出版事宜。由此，似乎必然得出结论，《德意志意识形态》并不是我们通常所认为的一部著作，而是一份季刊，而这正是20世纪80年代以来国际学界包括MEGA2编者所提出的新观点，得出的新判定。然而，这一结论并不能仓促确立，因为这里仍然需要作进一步的区分，即所谓《德意志意识形态》到底是这份季刊的称谓，还是这份季刊的前两卷所收录作品的称谓。

首先，我们需要追溯长期以来为我们所熟知的"德意志意识形态"这一标题的来源。众所周知，这个标题并不是这部"两厚册八开本"的巨幅手稿所固有的，而是由后人增补的，因为马克思恩格斯并没有为这份手稿留下标题。在"费尔巴哈章"中，我们看到过"一般意识形态，特别是德意志意识形态"这样的小标题，但这还不是"德意志意识形态"这一标题的真正来源。它的真正来源其实是马克思于1847年4月9日在《特利尔日报》发表的《驳卡尔·格律恩》一文。马克思在其中谈道："我没有兴趣'向德国公众介绍'我在研究格律恩先生的《法兰西和比利时的社会运动》当中所取得的'成就'，因此我倒乐于把我一年以前写的详细评论格律恩先生的大作的手稿放到一边；现在只是由于这位柏林朋友的逼迫，才

---

① *Marx—Engels—Gesamtausgabe*, Band III/2, Berlin: Dietz Verlag, 1979, S. 193.

不能不把它交给《威斯特伐里亚汽船》杂志发表。这篇评论是对恩格斯和我合写的作品《德意志意识形态》（von Fr[iedrich] Engels und mir gemeinschaftlich verfaβten Schrift über，Die deutsche Ideologie"）（对费尔巴哈、布·鲍威尔和施蒂纳所代表的现代德国哲学以及各式各样先知为代表的德国社会主义的批判）的补充。"① 正是基于马克思此处的说明，苏联马克思恩格斯列宁研究院的编者才在首次完整出版这部巨幅手稿时加上了"德意志意识形态"的标题。笔者以为，马克思的这段自述极为重要，因为他在这里已然把《德意志意识形态》明确称为他和恩格斯"合写"（verfaβten）的作品（"Schrift"）。显然，马克思和恩格斯只能写作一部题为《德意志意识形态》的作品，而不能写作一部题为《德意志意识形态》的季刊。所以，这段引文毫无歧义地表明，所谓的《德意志意识形态》是马克思和恩格斯自己的写作成果，它作为两卷本只构成了计划中的季刊的前两卷，但不是季刊本身。这也正是中文二版《马克思恩格斯全集》所作出的判定：马克思恩格斯计划在这份季刊的前两卷中出版《德意志意识形态》。② 因此，季刊与《德意志意识形态》并不完全等同。

其次，持《德意志意识形态》是一部季刊观点的学者，其根本理由在于，这部作品不仅有马克思、恩格斯两位作者，而且还有赫斯、贝尔奈斯等作者，这从马克思的书信中就能够看出。因此，它显然是一部编著或者文集，而不是什么著作。格洛维那在其文章中就指出，在赫斯 1845 年 11 月同威斯特伐里亚人初步协商之后，为了尽快出版每卷超过 20 印张的季刊，马克思曾邀请友人寄来可以出版的文稿，这其中包括格奥尔格·维尔特、罗兰特·丹尼尔斯、贝尔奈斯甚至后来与马克思决裂的威廉·魏特林。③ 顺便说一句，正是由于丹尼尔斯当时给马克思提供了一份文稿，而且在这份至今依然存在的手稿上面还有马克思作过的编辑性的修订，所以 MEGA2 版《德意志意识形态》编者才在附录中收录了这一丹尼尔斯手稿。④ 考虑到马克思曾谈到想继续《德法

---

① 《马克思恩格斯全集》第 4 卷，人民出版社 1958 年版，第 43 页。德文参见 *Marx—Engels—Werke*，Band 4，Berlin：Dietz Verlag，1977，S. 38.
② 《马克思恩格斯全集》第 47 卷，人民出版社 2004 年版，第 653 页，注释 160。
③ Galina Golowina，"Das Projekt der Vierteljahrsschrift von 1845/1846"，*Marx—Engels—Jahrbuch*，Band 3，1980，S. 263—268.
④ *Marx—Engels—Gesamtausgabe*，Band I/5，Berlin：De Gruyter Akademie Forschung，2017，S. 671—709.

《德意志意识形态》：著作还是季刊？

年鉴》的工作①，被视为季刊的《德意志意识形态》亦被设想为一部类似《德法年鉴》的文集。笔者以为，上述观点是不能令人信服的。因为单从《德意志意识形态》具体内容的写作分工来看，尽管有赫斯等人参与其中，但马克思和恩格斯显然完成了这两卷本的绝大部分内容，他们是绝对的主要作者。更重要的是，这部作品在内容上并不像《德法年鉴》那样是零散的不同文章的汇编，而是一个围绕核心主题的系统的、整体性的阐述，从马克思所设定的第一卷的结构——费尔巴哈、莱比锡宗教会议、圣布鲁诺、圣麦克斯、莱比锡宗教会议闭幕——就能清楚地看出这一点。因此，尽管有个别人参与其中，但鉴于其写作内容相当有限，《德意志意识形态》仍然应该归结为马克思和恩格斯的合著，这显然也是马克思在《特利尔日报》和1859年《政治经济学批判》第一分册序言中把《德意志意识形态》只归结为他和恩格斯的合作成果的原因所在。既然《德意志意识形态》是马克思和恩格斯等人的写作成果，那么它和季刊是什么关系呢？笔者以为，季刊只是马克思恩格斯出版《德意志意识形态》所借助的外壳和形式。如前所述，马克思恩格斯在与友人的通信中一再提到"20印张"这一重要门槛，因为按照德国当时的书报检查制度，20印张以内的出版物必须予以审查。考虑到马克思恩格斯的作品惯有的革命性内容，我们自然能够理解，为什么赫斯在同迈耶尔约定的出版规划中，特别强调季刊的每一卷都要超过20印张。顺便说一句，在季刊出版计划失败之后，马克思恩格斯还曾尝试独立出版两卷本的《德意志意识形态》，恩格斯甚至建议过两卷分开单独出版。可见，不论是季刊里的两卷本还是独立的两卷本，甚至是分开出版的两卷本，都只是《德意志意识形态》的出版形式，它们都不能改变其作为马克思恩格斯著作的性质。

最后，在1845—1847年马克思恩格斯所写的书信中，我们确实没有找到他们把《德意志意识形态》明确界定为著作（Werk）的线索。但是，这并不意味着这一线索根本不存在。事实上，通过对马克思后来所作自述的研究，我们发现了一个重要说明。1860年3月，马克思在致法律顾问维贝尔的信中详细介绍了自己1842—1860年的生活、工作情况，其中谈道："在布鲁塞尔我除了为各家激进的巴黎报纸和布鲁塞尔报纸不取稿酬写稿以外，还写了——同恩格斯一起——《对批判的批判所做的批判》（哲学著作，1845年在美因河畔法兰克福的吕滕出版社出版）、《哲学的贫困》（经济著作，

---

① Galina Golowina, "Das Projekt der Vierteljahrsschrift von 1845/1846", *Marx-Engels-Jahrbuch*, Band 3, 1980, S. 264.

1847年由福格勒在布鲁塞尔出版，并由弗兰克在巴黎出版）……两卷关于现代德国哲学和社会主义的著作（没有出版，见我的《政治经济学批判》一书的序言，1859年由弗·敦克尔在柏林出版）……"[①] 马克思在这里提及的"两卷"著作自然就是《德意志意识形态》。他不仅指出这是自己的写作成果，而且强调这是"一部两卷本的著作"（ein zweibängdiges Werk）。因此，马克思本人对《德意志意识形态》的性质判定已经一目了然。值得一提的是，马克思在这段话中还有意凸显了《德意志意识形态》的著作性质。因为在提及《对批判的批判所做的批判》（即《神圣家族》）和《哲学的贫困》时，尽管它们都是马克思的著作，但他所使用的词均为"Schrift"：前者为一部哲学著作（eine Schrift über Philosophie），后者为"经济著作"（ökonomische Schrift）。但是，在谈及后来完成的著作《德意志意识形态》时，马克思却没有沿用"Schrift"，而是改用了"Werk"一词。显然，在马克思看来，对于在篇幅和内容上都比《神圣家族》和《哲学的贫困》更广大更丰富的《德意志意识形态》来说，应该使用比"Schrift"更表明著作性质的"Werk"一词。通过这一对比，我们既能看出马克思对《德意志意识形态》的性质判定，更能看出他对这部著作的格外重视。

综上所述，笔者以为，对《德意志意识形态》的性质这一重大问题的考察，不仅要依据马克思恩格斯及其他当事人在彼时的所言所述，同时还要考察他们特别是马克思恩格斯本人后来对此书所作的说明，而且还要结合《德意志意识形态》这部作品本身的内容、结构和写作特点等来作出判定。以上述的考察分析为依据，笔者认为，尽管《德意志意识形态》的产生同一部季刊计划有着千丝万缕的联系，但它依然应该被判定为马克思恩格斯所写的一部著作。

[①] 《马克思恩格斯全集》第30卷，人民出版社1974年版，第505页；*Marx－Engels－Werke*, Band 30, Berlin: Dietz Verlag, 1974, S. 509.

马克思论财产关系与资本的本质

边立新[*]

【内容提要】 马克思吸收借鉴了黑格尔财产思想的合理性,揭示了财产的本质,实现了财产观的变革。在马克思看来,财产在本质上是人与人的关系,财产关系的核心是物质利益关系,财产关系是在人与人的交往中实现的。在揭示财产本质的基础上,马克思展开了对资本的批判。

【关键词】 黑格尔;马克思;财产关系;资本批判

马克思的财产思想是批判改造前人优秀思想成果的产物。黑格尔对财产的认识,是马克思财产本质论的思想前提。马克思吸收借鉴了黑格尔财产思想的合理性,深刻揭示了财产的本质,实现了财产观的变革,并展开了对资本的批判。

一 黑格尔财产思想所达到的高度

关于财产的学说,是西方近代社会发展中产生的一个重要的思想成果,当然也是一个重大的理论难题。把财产理解为物,或理解为人对物的权利,这是自洛克以来西方近代社会的主流思想。洛克认为,财产就是个人对物的权利,这是一种天赋的自然权利。个人一旦在公共资源中加入自己的劳动,便属于个人财产,个人对其财产的权利具有强烈的排他性。"在社会中享有财产权的人们,对于那些根据社会的法律是属于他们的财产,就享有这样一

---

[*] 边立新,中共中央党校(国家行政学院)哲学教研部教授。

种权利,即未经他们本人的同意,任何人无权从他们那里夺去他们的财产或其中的任何一部分,否则他们就并不享有财产权了。因为,如果别人可以不得到我的同意有权取走我的所有物,我对于这些东西就确实并不享有所有权。"① 正是在这个意义上,"风能进,雨能进,国王不能进"才被称为"西方宪政寓言"。正如法学家凯尔森所说:"我有一物,意思就是我有权使用它或毁灭它,总之,我可以任意处分它。"② 因而,私有财产是神圣不可侵犯的,国家法律要保护这种权利。简而言之,财产就是人对物的权利,保护财产就是保护人的权利。这是西方近代财产理论的一个基本观点。

然而,这个观点遭到了卢梭的批判。卢梭的财产思想,更接近于对财产本质的认识。卢梭认为,私有财产起源于劳动,这是一种自然状态。因为"唯有劳动使耕种者有权支配所耕土地的产物,因而使他有权支配土地,至少直到收获为止,并且像这样一年一年地重复下去:这样,既造成了一种连续的占有,也就很容易转化为所有权"③。与此同时,卢梭又认为,这种自然状态是不可能持续下去的。"同样地劳动,有人所获甚多,有人维持不了生活。这样天然的不平等就不知不觉地与分配的不平等一同展开了;当不动产在数量和面积上扩大到不满地面,彼此连成一片时,这一份如果不损害那一份,就再也无法扩充了。"④ 于是,富人"一经尝到了统治的乐趣,也就立刻把其他各种快乐都不放在眼里,他们利用自己旧有的奴隶去征服新的奴隶,心里想的也就无非是压服和奴役自己的邻人:好像恶狼一样,一旦尝到了人肉的滋味,就厌弃其他任何食物,一心只想吃人"⑤。卢梭形象地说:"谁第一个把一块土地圈起来并想到说:这是我的!而且找到一些头脑十分简单的人居然相信了他的话,谁就是文明社会的奠基者。"⑥ 可见,在卢梭看来,私有财产作为人对物的权利,并不是简单的个人的行为,而是社会行为,个人要获得对物的权利,需得到他人的同意。所以,不能简单地把财产说成是个人对物的权利,因为单凭个人是不能获得这种权利的。人对物的权

---

① [英]洛克:《政府论》(下册),叶启芳、瞿菊农译,商务印书馆2004年版,第86页。
② [奥]凯尔森:《法与国家的一般理论》,沈宗灵译,中国大百科全书出版社1996年版,第84页。
③ 北京大学哲学系外国哲学史教研室编译:《西方哲学原著选读》下卷,商务印书馆1982年版,第74页。
④ 同上书,第75页。
⑤ 同上。
⑥ [法]卢梭:《人类不平等的起源和基础》,生活·读书·新知三联书店1957年版,第56页。

利并不是自然生成的,而是人为的产物,是社会行为。卢梭进一步认为,私有财产导致了人类的不平等,出现了穷人和富人的对立。少数富人为了实现对多数穷人的统治,便开始形成国家和制定法律,从而把私有财产这种不平等固定下来,并把私有财产和不平等的法律当作是永恒的东西。在卢梭看来,私有财产是不平等的起源。因此,他主张要通过暴力消灭这种私有财产和不平等,并通过社会契约"找出一种联合的方式,以全部的共同力量来捍卫和保护每一个参加联合者的人身和财产,而通过这种方式,每一个人虽然与所有的人相联合,却只是服从他自己,并且仍然同以前一样自由"①。在卢梭看来,这才是对财产的合法占有,这是一种新的平等,即资产阶级的平等。可见,卢梭并不是笼统地认为,一切私有财产都是神圣不可侵犯。

沿着卢梭的财产思路前进,并对马克思财产思想产生影响的,当属黑格尔的财产思想。尽管黑格尔的政治哲学具有极大的保守性,但其中不乏革命性的因素和批判的精神。黑格尔在《法哲学原理》中比较集中阐述了他的财产思想。黑格尔关于财产的观点主要体现在以下几个方面。

第一,黑格尔认为,财产是自由意志在物中的体现。财产并不是自然物本身,而是人的意识体现在自然物中。"所有的物都可以变为人们所有,因为人就是自由意志,作为自由意志,它是自在和自为地存在着的,至于与他对立的东西是不具有这种性质的。因此每一个人都有权把他的意志变成物,或者物变成他的意志,换句话说,他有权把物扬弃而改变为自己的东西。"②当然,黑格尔所说的自由意志,主要是具有普遍性的意志,而不仅仅是单个人的自我意识。个人的意志具有私人的性质,如果把私人的意志强加在共同的自然物中,是任意的或随意的,个人的意志应当服从普遍的意志。"自然界各种对象的利用,按其本性来说,是不能特异化而成为私人占有的。"如果以个人的意志支配自然物,"我把我的应有部分留在其中,这本身是一种任意的事"③。黑格尔主张,任何个人的意志都要服从普遍的意志,即服从国家意志。"尤其在我们时代,国家往往重新把私有权建立起来了。"④ 可见,在对财产的基本规定上,黑格尔和洛克的观点具有相似之处,黑格尔只是把洛克的劳动换成了自由意志。

---

① 北京大学哲学系外国哲学史教研室编译:《西方哲学原著选读》下卷,第72页。
② [德]黑格尔:《法哲学原理》,范扬、张企泰译,商务印书馆1979年版,第53页。
③ 同上书,第54页。
④ 同上书,第55页。

第二，黑格尔认为，财产权并不是单个人与物的关系，而是所有人与物的关系。这个思想是对洛克的超越，洛克认为财产体现的是人对物的关系；黑格尔则认为，财产不仅体现的是人对物的关系，还体现了不同的人之间的关系。洛克曾经认为，人对物的占有权利，起决定作用的是在取决于占有的时间在先。黑格尔不同意洛克的说法。在黑格尔看来，所谓时间上最先占有物，带有很大的偶然性。时间当然有先后之分，第二个人当然不能占有已经被第一个人占有的财产。但是，第二个人和第一个人是彼此关联的，正是由于第二个人，才使得在他之前的占有者成为第一个人。正是在这个意义上，黑格尔说："物属于时间上偶然最先占有它的那个人所有，这是毋待烦言的自明规定，因为第二个人不能占有已经属于他人所有的东西……但是最先一个人就是合法所有人，其理由并非因为他是最先一个人而已，而是因为他是自由意志，其实，由于其他一个人继他而来，他才成为最先一个人。"① 在黑格尔看来，财产权关系取决于人与人之间的内在的依赖和相互之间的承认，人对物的占有不仅需要赋予个人的意志，而且只有当一个人的意志被他人承认的时候，人对物的占有才是真正合法的。这样的财产才受到法律的保护。由此可见，从表面上看来，财产是单个人对物的占有，是人和物的关系。但从根本上说来，财产体现的不仅是人和物的关系，而且是人和人的关系。这里已经接触到财产的本质。

第三，生命权高于财产权。在生命权与财产权的关系上，黑格尔具有独到的认识。在黑格尔看来，财产是神圣不可侵犯的，但对此不能做绝对化的理解。一旦人的生命权和财产权发生冲突的时候，当然要把维护生命的权利看得比财产权利更重要。他说："当生命遇到极度危险而与他人的合法所有权发生冲突时，他得主张紧急避难权（并不是作为公平而是作为法），因为在这种情况下，一方面，定在遭到无限侵害，从而会产生整个无法状态；另一方面，只有自由的那单一的局限的定在受到侵害，因而作为法的法以及仅其所有权遭受侵害者的权利能力，同时都得到了承认。"② 然后，黑格尔举例作了说明："生命，作为各种目的的总和，具有与抽象法相对抗的权利。好比说，偷窃一片面包就能保全生命，此时某一个人的所有权固然因而受到损害，但是把这种行为看作寻常的盗窃，那是不公正的。一个人遭到生命危险而不许其自谋保护之道，那就等于把他置于法之外，他的生命既被剥夺，

---

① ［德］黑格尔：《法哲学原理》，范扬、张企泰译，商务印书馆1979年版，第59页。
② 同上书，第130页。

他的全部自由也就被否定了。"① 一个快要饿死的人，有绝对的权利去侵犯别人的所有权，因为他只是在以一种有限的方式侵犯别人的所有权。他只是为了维护生命，而对一片面包感兴趣，他并没有把另一个人当作没有权利的个体来对待，并不意味着侵犯了另一个人的诸如此类的权利，他并没有侵犯权利本身。所以不能随意地认定他的行为是违法的。因为在生命遭受侵害的情况下，必然会产生无法的状态，因此，不顾人的生命遭受侵害而维护财产的权利，这是用财产的权利侵害生命的权利。在这种情况下，黑格尔实际上主张，私有财产不是神圣不可侵犯的，当生命和财产发生冲突的时候，生命权高于财产权，财产权必须服从生命权。黑格尔的这些财产的观点，在很大程度影响了马克思的财产思想。

第四，国家利益高于个人财产。黑格尔把财产归结为自由意志，但这种自由意志，不是个人的意志，而是国家的意志。在黑格尔看来，私人领域最后要服从国家利益。"有限的东西，如生命财产，被设定为偶然的东西，那是必然的。因为这就是有限东西的概念。从一方面看，这种必然性具有自然力的形态，因而一切有限的东西都迟早必死，从而是暂时性的。但是在伦理性的实体即国家中，自然被夺去了这种力量，而必然性也就上升为自由的作品，即一种伦理性的东西。"② 可见，黑格尔非常重视私人利益，特别是人的生命，然而他更加重视的是国家利益和整体利益。在他看来，市民社会从事的是经济活动，追求的是个人财产，而国家体现的是整体利益，代表的是自由意志。财产甚至生命属于自然领域，都是有限的东西，而国家属于政治领域，具有无限性。为了国家整体利益而牺牲个人财产甚至生命，便是达到了自由的高度，成为一种伦理的行为。这里体现了黑格尔市民社会思想的合理性，同时也暴露了市民社会与国家关系的历史唯心主义。马克思接受了黑格尔的市民社会的思想内涵，关注社会生活和物质利益关系，批判了政治国家决定市民社会的历史唯心主义，创立了市民社会决定国家的历史唯物主义。

二 马克思论财产关系

在黑格尔之后，马克思对财产的认识达到了历史的高度。当然，在马克

---

① ［德］黑格尔：《法哲学原理》，范扬、张企泰译，商务商印馆 1979 年版，第 130 页。
② 同上书，第 340 页。

思之前，除了卢梭和黑格尔之外，需要提及的批判私有财产的突出代表，还有蒲鲁东。蒲鲁东在其《什么是所有权》，对私有财产的批判是尖锐的。他宣称："财产就是盗窃。"① 所以，马克思认为，蒲鲁东在关于财产问题的争论中，"起了划时代的作用"②。问题在于，蒲鲁东是一个小资产阶级的社会主义者，他对私有财产的批判缺乏历史感。蒲鲁东不是从现实出发，而是从抽象的概念出发，因此，他对财产的批判主要是对概念的批判，而不是资本主义制度的批判。所以，蒲鲁东对私有财产的批判，没有超出资产阶级的水平，甚至还达不到资产阶级的水平。"蒲鲁东先生自以为他既批判了政治经济学，也批判了共产主义；其实他远在这两者之下。说他在经济学家之下，因为他作为一个哲学家，自以为有了神秘的公式就用不着深入纯经济的细节；说他在社会主义者之下，因为他既缺乏勇气，也没有远见，不能超出（哪怕是思辨地也好）资产者的眼界。"③ 与蒲鲁东不同，马克思揭示了财产的本质，抓住了财产的核心，指明了财产的要害。马克思的财产思想具有科学性、深刻性和历史性。不仅超越了国民经济学对财产认识的局限性，而且超越了黑格尔财产思想的局限性。马克思关于财产的思想集中体现在以下三个方面。

第一，财产在本质上是人与人的关系。什么是财产？在西方传统的财产理论中，一般说来，总是把财产关系归结为人对物质的权利，以为财产就是人对于物的占有权。马克思的财产思想与西方传统的财产理论的不同之处，就在于马克思不是把财产当作是人与物的关系，而是当作人与人的关系。在马克思看来，不能简单地把财产等同于物，也不能把财产等同于人与物的关系，财产在本质上是人与人的关系。尽管财产表现为物，表现为人与物的关系，但是，我们不能把财产归结为人与物的关系，财产在本质上是人与人的关系。当然这种关系是通过人与物的关系表现出来的。马克思在谈到财产的起源时指出："财产最初无非意味着这样一种关系：人把他的生产的自然条件看作是属于他的、看作是自己的、看作是与他自身的存在一起产生的前提；把它们看作是他本身的自然前提，这种前提可以说仅仅是他身体的延伸。其实，人不是同自己的生产条件发生关系，而是人双重地存在着：从主

---

① 参见《马克思恩格斯选集》第2卷，人民出版社1995年版，第615页。
② 同上书，第613页。
③ 《马克思恩格斯选集》第1卷，第155—156页。

体上说作为他自身而存在着，从客体上说又存在于自己生存的这些自然无机条件之中。"① 可见，财产是在生产活动中产生的。人们要生产，当然要发生人和生产条件的关系。所以，在生产活动的开端，人们往往把财产归结为人和生产条件的关系，即把生产条件当作是自身存在的前提。然而，事实上，人作为主体性的存在，人与生产条件之间并不是外在的关系，而是内在的关系。人不仅是独立存在的，而且人的存在影响着生产条件的存在状况。所以，马克思进一步指出："他的财产，即他把他的生产的自然前提看作是属于他的生产的自然前提看作是属于他的，看作是他自己的东西这样一种关系，是以他本身是共同体的天然成员为媒介的……他只是作为某一人类共同体的天然成员，才把语言看作是自己的。把语言看作是单个人的产物，这是荒谬绝伦的。同样财产也是如此。"② 可见，生产条件作为财产，从表面上是人与物的关系，实际上是人与人之间的社会关系。尽管财产最初表现为人与物的关系，但是，如果把财产等同于人与物的关系，就是荒谬的。原因在于，生产活动是一种社会活动，人与生产条件的关系的形成并不是自发的，人与生产条件的关系中，必然隐藏着人与人的关系。因此，"对活的个体来说，生产的自然条件之一，就是他属于某一自然形成的社会"③。在现实中，孤立的个人也是不存在的。因此，孤立的个人不可能也不需要发生财产关系。可见，财产关系必然是人与人之间的关系，离开人与人的关系，便没有财产关系。人们在生产过程中，既要发生人与物的关系，也要发生人与人的关系。人与物的关系不过是表面的和浅层次的关系，人与人的关系才是深层次的和根本的关系。"这种社会关系，生产关系，实际上是这个过程的比其物质结果更为重要的结果。"④ 因此，不是人与物的关系决定人与人的关系，而是人与人的关系决定人与物的关系。只有在人与物的关系中发现人与人的关系，才能把握财产的本质。把财产归结为人与人的关系，是历史唯物主义的集中体现，是马克思对西方传统财产理论的重大突破。

第二，财产关系的核心是物质利益关系，即生产关系。一般而言，西方传统的财产理论，把人对财产的权利归结为法律，把法律归结为意志，进而把财产归结为意志，最终得出财产是由人的意志决定的。与西方传统的财产理论的财产意志论不同，马克思认为，财产作为人与人之间的关系，固然体

---

① 《马克思恩格斯全集》第 30 卷，人民出版社 1995 年版，第 484 页。
② 同上书，第 482 页。
③ 同上书，第 484 页。
④ 同上书，第 450 页。

现了人的意志，并表现为某种法律关系，但是，"法权关系，是一种反映着的经济关系的意志关系。这种法权关系或意志关系的内容是由这种经济关系本身决定的"[1]。然而，法律作为人的意志的体现，并不是人与人的关系的根本所在，比法律观念更为根本的是物质利益关系。不是法律观念决定物质利益，而是物质利益决定法律观念。"法的关系正像国家的形式一样，既不能从它们本身，也不能从所谓人类精神的一般发展来理解，相反，他们根源于物质生活关系。"[2] 物质生活关系，就是生产关系，而生产关系的法律用语，就是财产关系。财产关系作为人与人的关系的核心内容，决定着包括法律关系在内的其他各种社会关系。因此，我们只能用财产关系解释财产观念和法律关系，而不能用法律关系和财产观念解释财产关系。"财产是和一定的条件，首先是同以生产力和交往的发展程度为转移的经济条件有联系的，而这种经济条件必然会在政治上和法律上表现出来。"[3] 法律关系和财产观念不是永恒的、不是固定不变的，而是随着经济的发展而不断发展的。"如果要想把所有权作为一种独立的关系、一种特殊的范畴、一种抽象的和永恒的观念来下定义，这只能是形而上学或法学的幻想。"[4] 或者说，离开了物质利益关系奢谈权利关系或法律关系，是空洞的、抽象的，因而是没有任何意义的。

第三，财产关系是在人与人的交往中实现的。财产关系不是孤立的，而是和交往关系密切相关的。财产关系是具体的，不是抽象的；财产关系是动态的，不是静态的。财产关系是在交往中实现的，离开了交往关系便不可能有财产关系。马克思明确指出："仅仅从私有者的意志方面来考察的物，根本不是物；物只有在交往中并且不以权利为转移时，才成为物，即成为真正的财产（一种关系，哲学家们称之为观念）。这种把权利归结为纯粹意志的法律上的错觉，在所有制关系进一步发展的情况下，必然会造成这样的现象：某人在法律上可以对某物享有权利，但实际上并不拥有某物。"[5] 财产关系既然是人与人的关系，那么，这种关系一定在是人与人的交往中实现的。人与人的关系就是交往关系，离开了交往关系，就谈不

---

[1] 《马克思恩格斯全集》第 23 卷，人民出版社 1972 年版，第 102 页。
[2] 《马克思恩格斯选集》第 2 卷，人民出版社 1995 年版，第 32 页。
[3] 《马克思恩格斯全集》第 3 卷，人民出版社 1960 年版，第 412 页。
[4] 《马克思恩格斯选集》第 1 卷，人民出版社 1995 年版，第 178 页。
[5] 同上书，第 133 页。

上人与人的关系，当然，也谈不上财产关系。正是从这个意义上说，财产关系也是一种交往关系，或者说是在交往中实现的人与人的关系。如果离开了现实的交往关系，抽象地谈论财产关系，就会陷入法律上的错觉。马克思还举例说明这个道理："由于竞争，某一块土地不再提供地租，虽然这块土地的所有者在法律上享有权利，包括享有使用和滥用的权利。但是这种权利对他毫无用处：只要他还未占有足够的资本来经营自己的土地，他作为土地所有者就一无所有。"① 法律关系是经济关系，或者说是经济交往关系的反映，因此，经济交往关系的变化决定法律关系的变化。财产关系不是永恒的和固定不变的，而是随着交往关系的变化而不断变化的。只有不断地研究人与人的交往关系，才能正确地把握财产关系。

三 马克思论资本的本质

马克思的财产思想，不仅表现为他对财产本质的揭示，而且表现为他对私有财产和资本的批判。或者说，马克思对私有财产和资本批判，进一步彰显了他的财产思想。在马克思看来，私有财产和资本的本质就是生产关系，因而对私有财产和资本的批判，就是对资本主义的生产关系的批判。

马克思通过对私有财产的批判，揭露了私有财产的本质，就是资本家和工人的关系。马克思认为，私有财产的关系是劳动、资本以及二者的关系。"私有财产的关系潜在地包含着作为劳动的私有财产的关系和作为资本的私有财产的关系，以及这两种表现的相互关系。"② 具体来讲，私有财产关系包括工人与他的劳动的关系、资本家与他的财产的关系以及工人与资本家之间的关系。第一，私有财产的关系是工人与他自己的劳动的关系。马克思指出："私有财产的主体本质，作为自为地存在着的活动、作为主体、作为个人的私有财产，就是劳动。"③ 在私有制条件下，工人拥有的唯一的私有财产，就是劳动。不幸的是，工人的劳动成了完全异己的活动。工人只有在向资本家提供劳动的时候，即他的存在、他的生命成为商品的时候，他作为人才存在。事实上，这是一种非人的存在。"这种劳动人每天都可能由他的充

---

① 《马克思恩格斯选集》第1卷，人民出版社1995年版，第133—134页。
② 《马克思恩格斯全集》第3卷，人民出版社2002年版，第283页。
③ 同上书，第289页。

实的无沦为绝对的无，沦为他的社会的从而也是现实的非存在。"① 第二，私有财产关系还表现为资本家与他的资本的关系。资本是私有财产的客体属性。"工人只有当他对自己作为资本存在的时候，才作为工人存在；而他只有当某种资本对他存在的时候，才作为资本存在。"② 当工人的劳动成为他唯一的财产的时候，同时意味着资本家用他的资本把工人的劳动据为己有，工人的劳动就成了资本家的活的资本。可见，资本作为私有财产的客观物质形态，它的真正有意义的内容只是工人的劳动；第三，私有财产关系的集中表现为劳动和资本的关系。在现实的生活中，劳动和资本的关系是从统一走向对立的过程。资本和劳动的关系起初是统一的。工人在劳动中创造了劳动产品。然而，作为以自然物形式存在的产品最终被资本所占有。在这样的情况下，人的劳动呈现出异化的状态，劳动的产品作为资本最终和劳动分离，并导致了劳动和资本的对立的状态。劳动和资本的对立归因于资本主义生产关系。工人的劳动是被资本家随意支配的。"生产不仅把人当作商品、当作商品人、当作具有商品的规定的人生产出来；它依照这个规定把人当作精神上和肉体上非人化的存在物生产出来。"③ 对于资本家来讲，工人的劳动作为资本的意义仅在于带来利息，资本进行生产的真正目的不是一笔资本养活多少工人，而是它带来多少利息。在这种异化劳动的状态下，工人把资本家看作自己的非存在，资本家把工人也当作自己的非存在，每一方都力图剥夺另一方的存在。资本家拥有对劳动及其产品的支配权力，追逐最大利润率是资本的使命。而作为资本对立面的劳动，是利润的源泉，资本家必须为此支付费用，而即便是最低限度的支付也会使资本的总收入减少，所以，工资也被资本家看作是资本的牺牲。因此，资本作为私有财产的客观物质形态，其真正有意义的内容是劳动。然而劳动被资本家看作是对资本的损害，从而走向资本与劳动尖锐的对立。"劳动和资本的这种对立一到达极限，就必然成为全部私有财产关系的顶点、最高阶段和灭亡。"④ 当劳动和资本的对立关系达到了极端的时候，也就是资本主义发展的顶点和最高阶段。

马克思通过对资本的批判，进一步揭露了资本的本质。马克思主张，资本不是物，而是人与人的关系，是资本主义社会的生产关系，是资本统治劳动的关系。第一，马克思认为，资本不是物，而是人与人的关系，本质上是

---

① 《马克思恩格斯全集》第3卷，人民出版社2002年版，第283页。
② 同上书，第281页。
③ 同上书，第282页。
④ 同上书，第283页。

生产关系。国民经济学立足资本主义的生产，认为就是生产过程中的财富的积累，就是用于再生产的财富，因而主张资本就是物。斯密曾经把财富分为两大部分，一部分是用于消费的，另一部分是用于生产的，而用于生产的那部分财富就是资本。李嘉图也认为，资本就是用于生产的那部分财富。针对国民经济学把资本等同于物的观点，马克思尖锐地指出："资本被理解为物，而没有被理解为关系。"[①] 国民经济学把资本看作是财富的积累，把资本看作是物质，而忽视了资本的实质，忽视了资本的社会形式的规定，忽视了资本的社会属性，实际上是掩盖了资本的本质。"经济学家们把人们的社会生产关系和受这种关系支配的物所获得的规定看作物的自然属性，这种粗俗的唯物主义，同样是一种粗俗的唯心主义，甚至是一种拜物教，它把社会关系作为物的内在规定归之于物，从而使物神秘化。"[②] 在马克思看来，把资本理解为物，这是一种拜物教，是把资本主义的生产当作是永恒的自然规律，因而是资产阶级的意识形态，是资产阶级的本性决定的。但是，"单纯从资本的物质方面来理解资本，把资本看成生产工具，完全抛开使生产工具变为资本的经济形式，这就使经济学家们陷入种种困难之中"[③]。马克思透过这种资本被物化的假象，发现了资本的本质。在马克思看来，资本不是物，而是社会关系。资本不是一般的社会关系，而是生产关系。马克思进一步指出："资本显然是关系，而且只能是生产关系。"[④] 只有从社会关系，而且从生产关系的高度理解资本，才能抓住资本的本质；第二，马克思认为，资本是资本主义社会的生产关系。国民经济学从资本主义的生产出发，认为"资本是用于生产新的原料、新的劳动工具和新的生活资料的各种原料、劳动工具和生活资料组成的。资本的所有这些组成部分都是劳动的创造物，劳动的产品，积累起来的劳动。作为进行新生产的手段的积累起来的劳动就是资本。经济学家们就是这样说的"[⑤]。可见，国民经济学所说的资本，不过是劳动过程中的物的积累，资本无非就是物。马克思不同于国民经济学对资本的理解。马克思认为，不能把资本归结为物的积累。资本不仅是社会关系，而且是生产关系，具体地说，是资本主义社会的生产关系。在马克思看来，

[①] 《马克思恩格斯全集》第30卷，人民出版社1995年版，第214页。
[②] 《马克思恩格斯全集》第31卷，人民出版社1998年版，第85页。
[③] 《马克思恩格斯全集》第30卷，人民出版社1995年版，第594页。
[④] 同上书，第510页。
[⑤] 《马克思恩格斯选集》第1卷，人民出版社1995年版，第343—344页。

人不是抽象的，而是具体的，人都是一定的生产关系中的人。"黑人就是黑人。只有在一定的关系下，他才成为奴隶。纺纱机是纺棉花的机器。只有在一定的关系下，它才成为资本。"① 可见，资本不是物，而是人与人的关系。"资本也是一种社会生产关系。这是资产阶级的生产关系，是资产阶级社会的生产关系。"② 在这里马克思明确规定，资本不是一般的生产关系，而是资本主义社会的生产关系。马克思对资本的批判，就是对资本主义生产关系的批判；第三，马克思认为，资本是资本统治劳动、资本家统治工人的生产关系。马克思不仅认为资本不是物，而是生产关系；不仅认为资本是生产关系，而且是资本主义的生产关系。在这个基础上，马克思进一步指出，资本不仅是资本主义的生产关系，而且就是资本是资本统治劳动、资本家统治工人的关系。马克思指出："资本不是一种物，而是一种以物为中介的人和人之间的社会关系。"③ 马克思对资本的界定，没有停留在一般的社会关系，而是进入到了生产关系；没有停留在生产关系，而是进入到了资本主义的生产关系；也没有停留在资本主义的生产关系，而是再进一步深入和具体，明确指出，资本就是资本统治劳动的关系。"资本不是物，而是一定的、社会的、属于一定社会形态的生产关系，后者体现在一个物上，并赋予这个物以独特的社会性质。"④ 资本不是一般的生产关系，而是资本主义的生产关系。而资本主义的生产关系，说到底，就是资本统治劳动的关系。在马克思看来，资本不是物，而是资本主义的社会关系，是资本家的社会权力，"资本是资产阶级社会的支配一切的经济权力"⑤。马克思形象地说，在资本家的口袋里装的不是货币，"他在衣袋里装着自己的社会权力和自己同社会的联系"⑥。在资本主义社会，资本家为什么能致富，而工人不能致富，说到底就是资本拥有统治劳动的权力。马克思指出，文明的一切进步，"都不会使工人致富，而只会使资本致富，也就是只会使其支配劳动的权力更加增大；只会使资本的生产力增长。因为资本是工人的对立面，所以文明的进步只会增大支配劳动的客体的权力"⑦。马克思对资本的批判，就是对资本统治劳

---

① 《马克思恩格斯选集》第1卷，人民出版社1995年版，第344页。
② 同上书，第345页。
③ 《马克思恩格斯文集》第5卷，人民出版社2009年版，第877—878页。
④ 《马克思恩格斯文集》第7卷，人民出版社2009年版，第922页。
⑤ 《马克思恩格斯全集》第30卷，人民出版社1995年版，第49页。
⑥ 同上书，第106页。
⑦ 同上书，第267页。

动这种特殊的生产关系的批判。因此，只有消灭资本统治劳动这种生产关系，工人阶级和劳动人民才能获得解放，才能实现人的自由和全面发展。这就是马克思批判资本的价值取向。

恩格斯高度评价了马克思政治经济学批判的成果。恩格斯说："经济学所研究的不是物，而是人和人之间的关系，归根到底是阶级和阶级之间的关系；可是这些关系总是同物结合着，并且作为物出现。诚然，这个或那个经济学家在个别场合也曾察觉到这种联系，而马克思第一次揭示出这种联系对于整个经济学的意义，从而使最难的问题变得如此简单明了。"① 可见，马克思的政治经济学批判，说到底就是对资本主义生产关系的批判。马克思的政治经济学批判，通过批判资本主义的生产关系，实现了对资产阶级经济学的超越。马克思指出："庸俗的经济学家不去揭示事物的内部联系却傲慢地鼓吹事物从现象上看是另外的样子的时候，他们自以为这是作出了伟大的发现。实际上，他们所断言的是他们紧紧抓住了外表，并且把它当作最终的东西。这样一来，科学究竟有什么用处呢？"② 与资产阶级经济学家不同，马克思透过资本主义社会的现象，发现了其内部的联系，而资产阶级社会的"内部的联系一旦被了解，相信现存制度的永恒的必要性的一切理论信仰，还在现存制度实际崩溃以前就会破灭"③。马克思正是发现了资本主义社会的本质，批判了资本主义的生产关系，从而科学地预示了人类社会进步的光明前景。

---

① 《马克思恩格斯选集》第 2 卷，人民出版社 1995 年版，第 44 页。
② 《马克思恩格斯选集》第 4 卷，人民出版社 1995 年版，第 581 页。
③ 同上书，第 581 页。

话语与中国

社会主义核心价值观需要深化研究的几个问题

戴木才[*]

【内容提要】 在实践的基础上，进一步科学提炼社会主义核心价值观的主要内涵，仍然是我国积极培育和践行社会主义核心价值观的一项重大理论课题。要通过对社会主义核心价值观内在逻辑联系的深入研究，有效克服实践中群众普遍反映存在的问题，在本质上要集中揭示社会主义的价值本质和高扬共产主义的价值理想，在方法论上要符合历史唯物主义世界观和方法论，在文字表达上要更加精炼简明、宜记宜传。同时，还要深化研究社会主义核心价值观的层次性问题。

【关键词】 社会主义；核心价值观；科学提炼

核心价值观，是一个国家、一个政党执政价值理念建设的集中体现。习近平总书记深刻指出："核心价值观的养成绝非一日之功，要坚持由易到难、由近及远，努力把核心价值观的要求变成日常的行为准则，进而形成自觉奉行的信念理念。"[①]培育和践行社会主义核心价值观，不可能是一朝一夕的事情，不可能一蹴而就，更不可能毕其功于一役。在实践的基础上，如何深入总结我国社会主义核心价值体系建设和核心价值观培育、践行的有效经验，从长远战略出发，进一步深化研究和解决社会主义核心价值观的一系列重大理论和实践问题，不断推进和升华社会主义核心价值体系和核心价值观的培育践行，还需要不懈进行探索、持之以恒、持续努力，做到久久为功。在迎

---

[*] 戴木才，清华大学马克思主义学院、清华大学高校德育研究中心教授。
[①] 习近平：《青年要自觉践行社会主义核心价值观——在北京大学师生座谈会上的讲话》，《人民日报》2014年5月5日第2版。

接党的十九大胜利召开之际,我们要在深入总结积极培育和践行社会主义核心价值观有效经验的基础上,进一步深化研究社会主义核心价值观的一系列重大理论和现实问题,把积极培育和践行社会主义核心价值观这一重大实践不断推向深入。

一 "三个倡导"的内在逻辑联系需要深化研究

党的十八大提出的"三个倡导",积极培育和践行社会主义核心价值观,极有利于提高人们对建设社会主义核心价值体系、积极培育和践行社会主义核心价值观这一重大课题重要性、紧迫性和战略性的认识;在当前我国对社会主义核心价值观的认识不尽一致、观点不尽相同、看法多种多样的情况下,极有利于克服人们认识上的混乱、思想上的模糊、选择上的迷茫,最大限度地统一思想、凝聚共识、明确方向,形成建设社会主义价值体系的"最大公约数"和强大合力。这种表述,是基于广大人民群众的现实要求和我国社会主义价值体系的实践需要而采取的一种务实的抉择,具有十分重要的实践指导意义。

但同时我们也应该看到,从社会主义核心价值观的科学性和说服力来讲,社会主义核心价值观面临的一个首要问题,就是需要在丰富实践的基础上,从社会主义核心价值观基本内容的内在逻辑联系上,进一步充分论证、科学提炼它的科学内涵。逻辑是研究推理的重要方法,是科学性的重要支撑,是理论说服力的论证之道。

(一)在现在的理论研究和宣传教育中,我们普遍把"三个倡导"的"24个字"等同于社会主义核心价值观的科学内涵。这种看法是值得进一步深入探讨和深化研究的。《关于培育和践行社会主义核心价值观的意见》指出:"这'24个字'是社会主义核心价值观的基本内容,为积极培育和践行社会主义核心价值观提供了基本遵循。"[①] 也就是说,《关于培育和践行社会主义核心价值观的意见》并没有把"三个倡导"的价值理念完全等同于社会主义核心价值观的最终结论,而是把它作为"基本内容"和"基本遵循",为积极培育社会主义核心价值观提供基本的理念基础,"三个倡导"本身也是积极培育和践行社会主义核心价值观的具体表现。应该说,"三个倡导"

---

① 《关于培育和践行社会主义核心价值观的意见》,《人民日报》2013年12月24日第1版。

这样的表述，采取的是一种开放而非最终定论的表达方式，"倡导"并不是"定型"，更不等于"定型"，它仍然为进一步深入研究、概括总结、凝练升华社会主义核心价值观的科学内涵，留下了广阔的空间和充分的余地[①]。积极培育和践行社会主义核心价值观的一项重要基础性工作，就是需要科学地概括和提炼升华它的科学内涵。在大力倡导"三个倡导"的基础上，如何进一步深入探讨、充分论证、科学提炼社会主义核心价值观的核心内容，真正确立社会主义核心价值观的科学性、真理性和彻底性，使社会主义核心价值观的科学内涵能够真正立得住、能够说服人、能够传得开，仍然是社会主义核心价值体系建设的一个重大课题。

（二）在现在的理论研究和宣传教育中，我们普遍把"三个倡导"作为反映国家、社会、公民三个层面的核心价值理念。这种看法是值得进一步深入探讨和深化研究的。所谓核心价值观，应该是一组从哲学意义上、或者说最高抽象意义上，言简意赅、高度凝练社会主义价值本质的价值理念，应该是一种最高意义上的价值灵魂和价值总纲，能把核心价值观的多个层面的价值理念统领起来、贯穿起来。即使不从这种最高意义上凝练社会主义核心价值观，核心价值观的多个层面之间也应该互不矛盾、有机统一、相辅相成、相得益彰。从目前社会主义核心价值观的"三个层面"——国家、社会、公民的关系看，还应该进一步厘清它们之间的内在关系和价值理念上的相互贯通。

首先，在现代政治学和法理学的意义上，国家、社会与公民三个概念，是同等意义上的一组概念范畴。所谓公民，在现代意义上是现代国家和现代社会的主体；所谓社会，即指现代社会，现代社会也就是公民社会。也就是说，在现代意义上，国家即公民国家，社会即公民社会，公民即国家公民、社会公民，有现代公民才有现代国家和现代社会，现代国家、现代社会都是对应现代公民而言的。所以，国家、社会与公民，在现代意义上实际上是同一个层面的概念。

其次，在当前"三个倡导"的价值理念中，第一个"倡导"中的国家层面的四个价值理念——富强、民主、文明、和谐，事实上是针对一个国家和社会中的社会结构——经济、政治、文化、社会、生态等几个方面而提出来的价值理念，而不是针对现代国家而言的。在现代意义上，所谓国家，主要

---

① 参见戴木才《兴国之魂——积极培育和践行社会主义核心价值观十讲》，湖南教育出版社 2013 年版，第 362—363 页。

是针对国家与公民之间的关系，即主要针对国家权力的来源、权力的制度化、与其他国家的关系等问题。现代政治学家莱斯利·里普森认为，人类社会发展到今天，有五个重大的基本问题处于现代国家的核心：一是国家与成员资格的关系，即公民的权利和义务问题；二是权威的来源及其正当性问题；三是政府职能的范围问题；四是权力的制度化问题；五是国家规模及其与其他国家之间的关系问题。所有这些问题，都提供了至少两种可能的价值选择的机会：第一个问题是等级与平等之间的选择；第二个问题是人治与法治之间的选择；第三个问题是全能与权限之间的选择；第四个问题是权力分散和集中之间的选择；第五个问题是霸权与联合之间的选择[①]。因此，所谓国家层面，主要是如何建构和规范国家权力。

再次，在当前"三个倡导"的价值理念中，第二个"倡导"中的社会层面的四个价值——自由、平等、公正、法治，事实上并不是同一个层次上的概念，自由、平等、公正等价值理性，都是建设法治国家、法治政府、法治社会的具体内涵，都是社会主义国家法治建设应该规范和制度化保障的内容。同时，自由、平等与公正，也是互为支撑和内涵的范畴，也是"公正"不可或缺的重要内涵。所谓"公正"，也就是要体现和保证自由、平等，做到不偏不倚。没有自由、平等作为实质内涵，"公正"就是空洞的、虚假的，也就不可能有真正的公正。

此外，"平等"这一价值理念，与第一个"倡导"中的"民主"这一价值理念，也是相辅相成、相互倚靠的。没有平等，就不可能有真正的民主；没有真正的民主，也不可能有所谓的平等。同时，在现代意义上，自由、平等、公正、民主这些价值追求，都要依靠"法治"的规范化、制度化、程序化的设计和保障，才可能有效地实现。现代"法治"，即是一种价值理念，更是一种制度设计，强调规范化、制度化、程序化，它是自由、平等、公正、民主的制度性固化，是价值理性和工具理性的有效统一。否则，离开"法治"讲自由、平等、公正、民主，就是空洞的口号。因此，自由、平等、公正、法治这四个概念排列在一起，是一组不对等的价值理念，不是一组并列关系，就像鸟蛋、鸡蛋、鸭蛋和篮子的关系。

（三）即使国家、社会、公民这三个层面是成立的，在这三个层面的核心价值理念中间，目前也存在一些容易产生歧义和矛盾的描述和表达。在中

---

① 参阅［美］莱斯利·里普森《政治学的重大问题——政治学导论》，刘晓等译，华夏出版社2001年版，第15页。

国特色社会主义伟大实践中,我们对社会主义国家社会结构和社会主义价值本质的认识,经历了一个逐步深化的过程。从国家、社会、公民的对应关系看,由于目前"三个层面"的价值理念之间在实践中存在不对应、不一致的关系,容易产生歧义和矛盾,容易造成人们思想上、认识上和行动上的混乱。

例如,我国确立了建设"社会主义和谐社会"的战略任务,"和谐"主要是强调社会建设和社会层面的价值理念,目前"三个层面"的核心价值观却把"和谐"放在了国家层面,而不是社会建设和社会层面,这在理论上和实践上都是不顺的。

再如,我国确立了"建设社会主义法治国家"和建设"法治中国"的伟大目标,"法治"主要是强调国家建设和国家层面的价值理念,目前"三个层面"的核心价值观却把"法治"放在社会层面,而不是国家建设和国家层面,这在理论上和实践上也是不顺的。

还如,我国提出了"加强政务诚信、商务诚信、社会诚信和司法公信建设"[①]的思想道德建设和精神文明建设的重大任务,"诚信"这一价值理念是涉及国家(政务、司法)、社会(商务、社会)和公民三个层面的价值理念,目前"三个层面"的核心价值观却把"诚信"仅仅放在公民层面,而不是体现为政务、商务、社会和司法等综合层面的价值理念。尽管公民诚信是政务诚信、商务诚信、社会诚信和司法公信的重要基础,但公民诚信并不能完全等同于政务诚信、商务诚信、社会诚信和司法公信。

总之,由于目前"三个倡导"提出的"24个字"在这些内在逻辑联系上缺乏严谨性、严密性,必然影响到社会主义核心价值观的科学性、彻底性和说服力,很容易引起人们思想上、认识上和行动上的歧义、模糊和混乱,不利于社会主义核心价值观的系统阐发、深入宣传和深刻理解,从而必然影响社会主义核心价值观宣传教育的实际效果,必然影响社会主义核心价值观在社会生活中培育、践行的实际效果。

二 科学提炼社会主义核心价值观仍是一项重大课题

从党的十六届六中全会尤其是党的十八大以来,我们党从深入推进中

---

① 胡锦涛:《坚定不移沿着中国特色社会主义道路前进 为全面建成小康社会而奋斗——在中国共产党第十八次全国代表大会上的报告》,《人民日报》2012年11月18日。

特色社会主义伟大事业的需要出发，大力推进社会主义核心价值体系建设，提出了"倡导富强、民主、文明、和谐，倡导自由、平等、公正、法治，倡导爱国、敬业、诚信、友善，积极培育和践行社会主义核心价值观"[①] 的重大战略任务。2013 年年底，中共中央办公厅印发了《关于培育和践行社会主义核心价值观的意见》；2015 年 4 月，中宣部、中央文明办又印发了《培育和践行社会主义核心价值观行动方案》。这些重要文件具有很强的思想性、指导性、操作性，为当前和今后一个时期深入推进社会主义核心价值体系建设、积极培育和践行社会主义核心价值观提供了重要思想指导和行动遵循，在全党全社会形成了浓厚的舆论氛围，取得了一定的实践成效。同时，我们也应该看到，在社会上对把这"24 个字"作为社会主义核心价值观的基本内容广泛宣传教育、培育践行，也出现了一些不同看法和认识，反映出一些普遍问题，需要认真对待、深化研究、科学推进。

一是思想理论界认为，把这"24 个字"作为社会主义核心价值观的基本内容，没有能真正集中体现社会主义的价值本质。比如富强、文明、和谐、爱国、敬业、诚信、友善等，只是一般意义上的社会价值理念，既是社会主义社会所需要的价值理念，也是资本主义社会、甚至也是封建社会、奴隶社会都需要的价值理念。

二是思想理论界认为，目前把这"24 个字"分为国家、社会、公民三个层面的价值理念，没有能体现核心价值观作为灵魂和总纲的最高抽象的要求。还是过于复杂，还需要进一步凝练，从哲学意义上把国家、社会、公民三个层面的价值理念统领、贯穿起来。

应该说，科学提炼社会主义的价值本质，形成社会主义核心价值观，是一项十分艰巨、富有挑战而又十分具有重大意义的理论课题，也是社会主义理论和实践发展到今天必然探索和回答的重大课题。我们说社会主义核心价值观虽然字数不能太多，但它所需要回答的问题，既要有理论高度，体现理论的科学性彻底性；又要有现实厚度，体现实践的真理性价值性；还要有历史深度，体现发展的理想性连续性，在人类价值观的发展史上，必然站得高、看得远，要有说服力和传播力，才能为广大人民群众所信奉、所接受。

社会主义核心价值观，首先必须具备理论上的科学性和彻底性。没有理论上的科学性和彻底性，就不能说服人，为人所信服。同时，社会主义核心

---

① 胡锦涛：《坚定不移沿着中国特色社会主义道路前进　为全面建成小康社会而奋斗——在中国共产党第十八次全国代表大会上的报告》，《人民日报》2012 年 11 月 18 日。

价值观也不是僵化的，而是一个具体的、历史的、发展的范畴，是一个不断生成的概念，而要以社会主义的理论和实践为基础。如果从空想社会主义产生之日算起，社会主义思想发展到今天已经有500多年的历史；即使从以《共产党宣言》出版为标志的科学社会主义产生之日算起，社会主义思想到今天也已经有160多年的历史，马克思主义的世界观和方法论为科学提炼社会主义核心价值观提供了科学的理论指南。苏联、新中国等国家的社会主义实践，也有近百年的历史；从改革开放以来尤其是党的十六届六中全会提出建设社会主义核心价值体系以来，则为社会主义核心价值观的培育和提炼提供了扎实和深厚的实践基础。进一步科学提炼社会主义核心价值观，既是科学社会主义思想研究给我们提出的理论使命，也是社会主义实践运动给我们提出的现实课题，是时代赋予科学社会主义理论和实践的重大任务。

目前，我国对社会主义核心价值体系和核心价值观的研究已经起步。我们相信，在马克思主义科学世界观方法论的指导下，在世界社会主义实践运动和中国特色社会主义伟大实践的基础上，在"牢牢把握社会主义初级阶段这个最大国情，牢牢立足社会主义初级阶段这个最大实际"[①]的前提下，只要进一步解放思想，勇于探索真理，集人类先进价值观之大成，最终一定能够科学提炼出社会主义的价值本质和核心价值观，把社会主义核心价值观的培育和践行推向深入。

三 社会主义核心价值观在文字上还需要更加精炼简明

在培育和践行社会主义核心价值观的实践过程中，广大人民群众普遍反映的一个问题是，把"富强、民主、文明、和谐，自由、平等、公正、法治，爱国、敬业、诚信、友善"这"24个字"作为社会主义核心价值观的基本内容，文字还是太多了，普遍感到不容易记得住。

文字精炼简明、宜记宜传，是核心价值观的重要表达形式。现代心理学和记忆科学研究认为，文字要让人过目不忘，字数应在2—6字之间，一般不能超过6个字。超过6个字，就很难使人过目不忘。

在核心价值观的文字表达形式上，我国古代虽然没有现代意义上的心理学和记忆科学，但无论是思想家、政治家个人提出的核心价值观，还是通过

[①] 胡锦涛：《坚定不移沿着中国特色社会主义道路前进 为全面建成小康社会而奋斗——在中国共产党第十八次全国代表大会上的报告》，《人民日报》2012年11月18日。

国家的政治决策确立的核心价值观，大多数都没有超过六个字。在这方面是值得我们今天学习借鉴的。

比如，在我国历史上，关于中华民族核心价值观，孔子提出"智仁勇"三达德，三个字；也有人认为孔子提出的核心价值观是"仁"与"礼"，两个字；

孟子提出"仁义礼智"作为核心道德，四个字；也有人认为孟子提出的核心价值观是"仁"与"义"，两个字；

管子提出"礼义廉耻"国之四维，四个字；

墨子以"兼爱"作为核心道德，两个字；

老子以"慈"和"俭"作为核心道德，两个字（老子说："我有三宝，持而保之，一曰慈，二曰俭，三曰不敢为天下先"）；

董仲舒提出"仁、义、礼、智、信"五常作为核心价值观，五个字，为汉武帝所采纳，是我国封建社会确立的核心价值观；

韩愈认为"仁义"就是道德，道德就是"仁义"，两个字；

周敦颐提出"诚"是"仁、义、礼、智、信"的根本，建立了"以诚为本"的道德本体论，一个字；

王安石认为道德就是"仁义"，是"仁义礼智信五常之全体"，两个字；

程颢、程颐二兄弟认为"仁"是全体，"义礼智信"是四支，把"仁义礼智信"的整体德目发展成为"五常全体四支说"，一个字；

朱熹认为"仁包四德"，"百行万善总于五常，五常又总于仁"，一个字；也有人把朱熹提出的"孝悌忠信礼义廉耻"八德作为核心价值观，八个字；

有人认为"忠孝节义"是我国封建社会的核心价值观，四个字；

还有人认为《周易》提出的"自强不息、厚德载物"是中华民族传统核心价值观，八个字；

谭嗣同把"仁"作为万事万物的本源，也就是核心价值观，一个字；

孙中山先生提出"忠孝仁爱信义和平"的新八德，八个字；

我国近代"新文化运动"和五四运动时期，提倡"民主"与"科学"，实际上也就是核心价值观，四个字；

蒋介石把"礼义廉耻"和孙中山先生提出的"新八德"，合称"四维八德"，作为"新生活"运动国民道德建设的两大主题，十二个字，等。

核心价值观不要也不可能求全，而是要抓住根本、抓住纲领，纲举目张。面面俱到，是价值体系需要解决的问题，而不是核心价值观要解决的理论任务。我国封建社会的"伦理纲常"和核心价值观，主要就是抓住了君臣关系、夫妻关系、父子关系这样三大人伦关系,其他的伦理道德规范和价值观,都是在这三大关系的基础上推演出来的。从这个意义上说,在已有实践的基础上,"24个字"的社会主义核心价值观在文字上还需要进一步科学提炼、精炼简明。

四 进一步凝练社会主义核心价值观的科学内涵

社会主义核心价值观,应该站在历史与现实、实践与未来、中国与世界的高度,综合地体现它的科学性、价值性、理想性、民族性和世界性,比如要科学体现社会主义的价值本质、要高扬共产主义价值理想的旗帜、要站在人类价值共识的制高点、要倡导甚至主导世界正义和国际道义、要继承和弘扬中华优秀传统文化、要高度展现五千年文明古国、社会主义大国、现代化强国的美好价值追求和崇高价值形象、要为国内国际广泛知晓、点赞、崇尚和传扬,等等。社会主义核心价值观,应该是关于社会主义价值本质的根本看法和总体观点,是在我国社会主义价值观和核心价值体系中居核心地位、起统领作用、并相对稳定的根本价值理念。在形式上,它宜实不宜虚、宜简不宜繁、宜熟不宜生,要宜记宜传[①]。

马克思、恩格斯在创立科学社会主义时指出,科学社会主义既是一种人类认识真理的思想理论体系,又是一种改造社会和推动社会发展进步的实践运动,既是一种符合人类社会历史发展规律的制度安排,又是一种符合人的目的性发展的科学价值体系。社会主义核心价值观,既是科学社会主义思想理论体系的价值内核、社会主义实践运动的价值指针,同时又是社会主义制度安排的价值灵魂和社会主义价值体系的逻辑起点。根据马克思主义科学世界观和方法论的指导,综合上述各个方面因素的分析和提炼,我个人认为,可以初步把社会主义核心价值观简要表述为:自由、公正、幸福、仁爱[②]。

首先,"自由"这一核心价值理念科学地揭示了社会主义的价值本质和共产主义的价值理想。"自由"这一价值理念,是人类社会发展和进步过程中形成的共同文明成果和共同价值。马克思、恩格斯创立的科学社会主义理

[①] 参见戴木才《中国特色核心价值观的传统、现实与前景》,广西人民出版社2011年版,第210页。

[②] 参见戴木才《自由、民主、幸福、仁爱:中国特色社会主义核心价值观内涵初探》,《南昌航空大学学报》(社会科学版)2012年第1期。

论，把"自由"——"人的自由全面发展"看成是人类梦寐以求的共同价值理想追求，看作是未来共产主义社会这一"自由人的联合体"的价值理想的核心要义。社会主义是共产主义初始阶段的社会性质，决定了社会主义核心价值观理应高扬共产主义的价值理想——实现"人的自由全面发展"这一崇高而美好的价值理想追求。这是社会主义核心价值观的天经地义。恩格斯曾说，社会主义作为共产主义的初始阶段，是对资本主义社会普遍存在的奴役、剥削和压迫等不自由现象的反抗，其最终目的就是要追求"人的自由全面发展"。他说："我们的目的是要建立社会主义制度，这种制度将给所有的人提供健康而有益的工作，给所有的人提供充裕的物质生活和闲暇时间，给所有的人提供真正的充分的自由。"[1]高扬"自由"这一价值理想追求，高度体现我们党坚持最高纲领和最低纲领的有机统一、理想目标与现实目标的有机统一。这是马克思主义关于未来共产主义社会理想最感召人、吸引人、凝聚人的价值光辉。

其次，"公正"这一核心价值理念集中地表达了社会主义核心价值观的实践（真实）本性。实现社会公平正义，也是人类社会千百年来孜孜以求的价值理想，是人类社会的共同理想。然而，只有到了建立起社会生产资料公有制的社会主义、共产主义社会，才能真正打破以往社会生产资料私有制社会存在的不平等、不公正状态，实现最广大人民群众追求平等、公正的内在需求。公正，作为人类社会的一种共同价值，不仅具有经济价值、社会价值，而且具有政治价值和道德价值，在现代社会尤其体现为"法治"价值。"经济公正"是一种与社会理想一致、保证人的根本利益诉求合理地加以实现的制度和规则，公正的政治价值、社会价值和道德价值集中地体现为以人的内在价值——"把人当作人""人真正作为人"为前提，即实现人自由、平等，保障人的民主和人的尊严，体现为以真正的"法治"为制度保障。马克思、恩格斯曾说，实现社会"公正"始终是无产阶级的奋斗目标，在未来的社会主义、共产主义社会那里，"每个人的自由发展是一切人的自由发展的条件"[2]。每个人和一切人的自由发展，意味着每个人都有平等生存和发展的权利，即每个人都应当得到"公正"的待遇。"公正"在不同的社会发展阶段，具有不同的内容和意义；在不同的阶级那里，具有不同的色彩。正是"公正"把社会主义、共产主义与其他不同社会制度严格区别开来。

---

[1] 《马克思恩格斯全集》第21卷，人民出版社1965年版，第570页。
[2] 《马克思恩格斯选集》第1卷，人民出版社1995年版，第294页。

再次,"幸福"这一核心价值理念综合地展现了社会主义核心价值观的真正目的和归宿。所谓"幸福",是一个综合地反映效率、公平、富裕、自由、民主、人权、平等、正义、福利、和谐、和平等实现程度的价值理念,它高度地体现着社会发展与人的发展的辩证统一。"幸福"这一价值理念高度地体现了我国优秀传统文化的价值追求,我国古代把"幸福"看作是人生喜事五要素——"福禄寿喜财"之首。马克思主义更是高度肯定"幸福"在社会主义、共产主义社会中的价值意义,甚至把社会主义、共产主义社会称为"普遍幸福"的社会。更为有意义的是,马克思主义还把"幸福"与"劳动"紧密联系在一起,认为劳动和创造是幸福的源泉,奉献是追求幸福的终极归宿,当劳动成为人的第一需要,或者"为无产阶级的解放事业而奋斗",就是"最大幸福",共产主义事业是为人类普遍幸福而奋斗的事业。恩格斯说:"每个人都追求幸福"是"颠扑不破的原则,是整个历史发展的结果,是无须加以证明的"[①]。

最后,"仁爱"这一核心价值理念充分地体现了社会主义核心价值观的中国特色。在我国传统核心价值观"仁义礼智信"中,"仁爱"居于第一位,是中华优秀传统文化和价值理念的精髓,具有核心、统领作用。"仁爱"这一核心价值理念既区别于西方所谓的"博爱",高度体现中国特色、中国风格和中国气派,易于为全体中华儿女所普遍认同和共同遵循,又易于实现新时代的创造性转化和创新性发展,赋予其符合时代要求的新内涵。所谓"仁爱",包括爱他人、爱物和爱自然,可以达到"仁者以天地万物为一体"的境界。"仁"即"仁义",可引申为国家大义、民族大义、社会主义大义、人民大义等内涵,衍生许多现代意义上的价值观念;"仁"即"仁爱",可以转换为共同发展、社会和谐、世界和平、友好相处、团结互助、爱岗敬业、人文关怀、合作共赢、爱护自然、集体主义、人道主义和慈善精神等价值内涵;"仁义"即公义,可转换为共同富裕、公平正义、爱国主义、奉公守法、正直公道、坚持真理等价值内涵,高度体现了中华民族传统美德的现实意义。

五 深化研究社会主义核心价值体系的层次性问题

一个国家或民族的核心价值观,是这个国家或民族文化的灵魂和精髓。

[①] 《马克思恩格斯全集》第42卷,人民出版社1979年版,第373—374页。

从价值体系的有机结构看,核心价值体系应该包括多个层次,由终极(理想)价值观、主导价值观、基本价值观和具体价值观等组成,就像一个"金字塔",核心价值观是贯穿价值体系各个层次的总纲灵魂,而并不是有了一个核心价值观,就万事大吉了。核心价值观是建立和形成一个国家和民族核心价值体系的逻辑起点和内核,核心价值观要转化落地,必须进一步建立和形成价值体系,做到层层落实、落细、落小,才能实现核心价值观的具体化、可操作化,从而实现社会化。我们不可能企望有了一个核心价值观,就能解决社会中存在的一切价值问题。

因此,要真正使社会主义核心价值观能够转化落地,还需要进一步深化研究和解决社会主义价值体系的层次性问题。社会主义核心价值观,只是贯穿我国社会主义价值体系的总纲和主线,它要细化、具体化为我国社会的终极(理想)价值观、主导价值观、基本价值观和具体价值观,才能在现实社会中转化落地。

一是终极价值观。我们可以把马克思主义关于"自由"(人的自由全面发展)和"幸福"(普遍幸福)作为终极价值观。

二是主导价值观。党的十八大提出"倡导富强民主文明和谐;倡导自由平等公正法治;倡导爱国敬业诚信友善",主要是这一层面意义上的价值观。

三是基本价值观。党的十八大报告提出了八个"必须坚持":坚持人民主体地位、坚持解放和发展社会生产力、坚持推进改革开放、坚持维护社会公平正义、坚持走共同富裕道路、坚持促进社会和谐、坚持和平发展、坚持党的领导[1],可以看作是我国社会的基本价值观。

四是具体价值观。要将核心价值观付诸实践,还需要使它具体化为不同领域的价值观,构建系统的、内在一致的价值体系,这样核心价值观才能够在现实生活中真正落地、生根、开花、结果。如果核心价值观始终停留在观念层面,停留在一般的抽象原则上,它就不可能真正成为广大人民群众的价值取向和行为准则。

这就要求我们必须把社会主义核心价值观的具体要求体现到经济建设、政治建设、文化建设、社会建设、生态文明建设和党的建设各领域,根据社会生活各领域、各行业、各人群、各地域、各单位的实际情况提出具体的、具有可操作性的价值观,像社会公德、职业道德、家庭美德和个人品德,像

---

[1] 胡锦涛:《坚定不移沿着中国特色社会主义道路前进 为全面建成小康社会而奋斗——在中国共产党第十八次全国代表大会上的报告》,《人民日报》2012年11月18日。

公民守则、机关准则、企业规章，像社区公约、乡规民约和学生守则，在全社会把培育和践行社会主义核心价值观同具体工作和实际生活融为一体。

更为关键的是，在现代社会要把社会主义核心价值观的具体要求真正体现到国家宪法和各项法律之中，转化为国家的具体法律和制度规范，通过刚性强化和引导，持之以恒地不懈推进，做到久久为功，才可能使核心价值观真正落到实处，进入到人们的观念深处，形成人们自觉的价值取向和行为习惯。这是更加具体、更加细致的工作，是真正落细、落小、落实的工作。

从我国目前的情况看，不仅社会主义核心价值观与社会主义价值体系的各子体系之间存在着不少不一致性，而且各子体系之间也存在着诸多矛盾和冲突。例如，在经济领域，社会主义市场经济鼓励追求个体正当利益、按劳分配、多劳多得、按资本要素分配等，与在道德领域鼓励追求社会利益、个人利益服从整体利益、坚持集体主义原则等，就形成了明显的反差。这种反差，常常使人们有时无所适从，并最终导致人们不顾道德的严重社会后果。在这种情况下，以社会主义核心价值观为指导为依据，改革或重建价值体系各子系统，使之整合成为一个互不矛盾、内在一致的价值观系统和价值体系，就成了我们必须高度重视的一项工作。

信仰的价值追问与共产党人的初心

董振华[*]

【内容提要】 信仰的本质是价值问题,是对价值的最高追问。信仰从本质上来讲是思想认识问题。我们对马克思主义的信仰,是科学的信仰、理性的信仰。无论是马克思主义的理论体系、实践运动,还是信仰马克思主义的人,里面都贯穿着一个灵魂,就是马克思主义的核心价值追求。实现马克思主义的核心价值追求必须坚持社会主义道路。

【关键词】 信仰;马克思主义;社会主义道路;初心

我们对马克思主义的信仰,是科学的信仰、理性的信仰。无论是马克思主义的理论体系、实践运动,还是信仰马克思主义的人,里面都贯穿着一个灵魂,就是马克思主义的核心价值追求。实现马克思主义的核心价值追求必须坚持社会主义道路。

不忘初心,方得始终。初心就是信仰,是根本的价值追求。中国共产党人的信仰是马克思主义。这个信仰要内化于心、外化于行,必须搞清楚两个基本问题:第一,信仰是什么?第二,马克思主义是什么?只有在此基础上,我们才可以真正把马克思主义信仰内化到灵魂深处、转化为现实的实践。

一 信仰是对价值的最高追问

信仰的本质是价值问题,是对价值的最高追问。信仰从本质上来讲是思

---

[*] 董振华,中共中央党校(国家行政学院)哲学教研部副主任,教授。

想认识问题。人们认识世界有两个方面：一是想搞清楚"是不是"的问题，这是事实判断；二是想搞清楚"该不该"的问题，这是价值判断。事实判断服从唯物论的原则，与人们的主观愿望没有关系，是按照客观标准和外在尺度认识的世界；价值判断则服从价值论的原则，同一个事实不同的人有可能做出完全不同的价值判断，这是按照主观标准和内在尺度认识的世界。事实判断旨在求真，价值判断旨在求善。

信仰属于价值判断，但是，并不是所有的价值判断都是信仰问题，信仰是对价值的最高追问。价值判断就是回答"该不该"的问题。所谓价值追问，就是对"该不该"或者"有没有意义"问题的追问。价值观也就是怎么看"该"或者"不该"、"有意义"或者"没有意义"。如果对价值的追问超越了生命价值，就会上升为信仰。例如，什么是拜金主义的价值观？就是把金钱作为判断"该"或者"不该"的标准，认为有钱就该，没有钱就不该。但是如果把这样的价值追问达到这样的地步：为了钱就可以不活，即超越了生命价值，这就上升为对金钱的信仰。再如，什么是自由的价值观？就是把自由作为判断"该"或者"不该"的标准，凡是符合自由的就是该的，凡是不符合自由的就是不该的，但是如果把这样的价值追问达到这样的地步：不自由毋宁死，这就不是普通的自由价值观，而是对自由的信仰。

由此可见，为了信仰，是可以付出生命的。中国共产党人的入党誓词中说：随时准备为党和人民牺牲一切，永不叛党。这就是信仰的宣示。

二　信仰具有理性和非理性的区别

信仰可以有很多种，但是总体上来说，根据追问价值通达信仰的不同方式，可以把信仰大致分为两类：理性的信仰和非理性的信仰。

人们认识世界分为两个方面，一个是事实判断；另一个是价值判断。事实问题是科学的范围，但是科学永远不能超越事实范围走向价值领域，也就是说，"是不是"的事实问题，永远不可能回答"该不该"的价值问题。价值问题是由人文来回答的。人文由艺术、宗教和哲学组成。它们都是回答价值问题的，但是它们回答价值问题的方式不同。艺术用感性直观的方式表达价值，宗教是用非理性的方式回答价值问题，哲学则是为价值找到理性的依据。

信仰是对价值的最高追问。艺术没有自己独立的王国，不可能直接通达信仰，只能用来表达信仰。那么，通达信仰只有两条路可走，一个是宗教；

另一个是哲学。这两种信仰所达到的价值追问高度，没有本质区别，为了宗教的信仰可以献身，基于哲学的信仰同样可以牺牲生命。它们的根本区别在于通达信仰的方式：宗教是以非理性的方式通达信仰，是因信而信；哲学是用理性的方式通达信仰，是因真而信。也就是说，信仰有两种：理性的信仰和非理性的信仰。

非理性的信仰是排斥理性的。非理性的信仰不需要理由，是"因信而信"。宗教都属于这样的信仰。一个宗教信仰，无论它的逻辑多么严密，但前提是经不起理性追问的。

理性的信仰恰恰是以理性作为根基的，经过理性反思为真才信，是"因真而信"。马克思主义就是理性的信仰。

三　马克思主义是科学的理性信仰

马克思主义的信仰是科学的信仰、理性的信仰。那么，这样的信仰为什么是科学的和理性的？这可以从它对终极关怀的理性回答中找到答案。

人的特性在于，虽然生存于有限，却要追问无限；虽然存在具有偶然性，却要追问必然；虽然生命是暂时的，却要追问永恒。这就是终极关怀。也就是说，人类会立足于有限追求无限，有限的是现实生活，无限的是价值追求。那么，怎么通过有限的生命来通达无限的意义和价值呢？

从理论上来讲，只有两种可能：第一，通过无限延长自己的生命来追求无限的意义和价值。这绝对不是一个理性主义者所能够给出的答案，因为有理性的人都知道，无论一个人的生命有多久，总有大限要来临的那一天。第二，理性主义者的方案，承认生命有限，不去无谓地追求生命无限，而是追求生命的高度，也就是在有限的生命中追求无限的意义和价值。在这样的情况下，生命的长短已经不具备根本意义了。如果一个人的生命是有意义和价值的，即使是短暂的，也是灿烂的和值得的。

马克思沿着这个思路为共产党人找到了信仰。1835 年 8 月，马克思中学毕业写过一篇作文《青年在选择职业时的考虑》。在这篇作文中，马克思用诗一样优美的语言，表达了崇高的人生价值追求："如果我们选择了最能为人类而工作的职业，那么，重担就不能把我们压倒，因为这是为大家作出的牺牲；那时我们所享受的就不是可怜的、有限的、自私的乐趣，我们的幸福将属于千百万人，我们的事业将悄然无声地存在下去，但是它会永远发挥作用，而面对我们的骨灰，高尚的人们将洒下热泪。"① 选择"最能为人类而工作"这样的职业，这样的人生才有意义和价值。

马克思所倡导的价值追求到底是不是理性的和科学的？是不是值得信仰呢？让我们借用海德格尔的一个理念"向死而在"，从生命的终极意义上来追问一下吧：生命的本质实际上是一个有限的过程，不要去追求那个最终的结果，因为最终的结果都是走向无限的虚无，即死亡。我们只有面对无限，才能思考和规划如何安排好自己有限的生命过程，才能反向思考我们今天该不该这样活。

假设要面对死亡了，我们回顾一下自己的一生，感到生命是有意义和价值的，选择是无悔的，如果再重新度过一生的话，我们还会这么过。请问这个理由是什么？理由可以有很多，但是真正的理由绝不可能建立在世俗的基础之上，因为在这个时候世俗的东西已经没有意义了。既然生命的本质是一个过程，那么，有意义的生命在于过程的精彩。什么样的生命过程才是精彩的呢？马克思告诉我们："尊严是最能使人高尚、使他的活动和他的一切努力具有更加崇高品质的东西，是使他无可非议、受到众人钦佩并高出于众人之上的东西。"② 也就是说，一个人应该有尊严地度过自己的一生，有尊严的生命才是值得的，才是精彩的，才是有意义和价值的。对于没有尊严的生命过程而言，每一分钟的延续都是耻辱。什么样的生命过程才是有尊严的呢？马克思说因为生命得到了人们的尊重，达到了崇高。为什么会得到人们的尊重呢？马克思的回答是因为"选择了最能为人类而工作"。什么是主义呢？"主义"就是核心的价值追求。什么是马克思主义呢？就是把马克思主义的创始人马克思所倡导的、被共产党人所遵循的价值和灵魂，即造福人民和为绝大多数人谋福利，作为核心价值追求。如果为了这样的价值追求可以献出生命，那就是对马克思主义的信仰。这样的信仰是科学的、理性的信仰，具有崇高的生命价值追求。

四 在实践中坚守共产党人的初心

我们往往会在不同的层次上使用"马克思主义"这个概念。比如说，马克思主义分为三个组成部分，即马克思主义哲学、马克思主义政治经济学和

---

① 《马克思恩格斯全集》第 1 卷，人民出版社 1995 年版，第 459—460 页。
② 同上书，第 458 页。

科学社会主义，这里是指马克思主义理论体系。再比如说，我们从事的事业是伟大的事业，因为这是造福人民的马克思主义事业，这里是指马克思主义的运动和实践。还比如说，我们是坚定的马克思主义者，这里是指把这个主义当成信仰的人。

无论是马克思主义的理论体系、实践运动，还是信仰马克思主义的人，都贯穿着一个灵魂，就是马克思主义的核心价值追求，这就是马克思主义的"道"。古人云："道不离器。"马克思主义的"道"，就在马克思主义的理论、运动和实践中。马克思主义的根本特点在于它的实践性，而不是空谈"主义"。离开马克思主义的理论、运动和实践，马克思主义只能是一个幽灵。所谓"大道之行也"，"道"是用来行的，不行就没有"道"。

马克思主义的"道"就在马克思主义的理论表达、运动实践中，就在每一个信仰马克思主义的人的身上。实现马克思主义这一价值追求，必须坚持社会主义道路。社会主义正是对资本逻辑的扬弃、对资本主义的拨乱反正。所谓社会主义，就是把社会的整体利益和理性价值作为核心价值追求。如果制度理念、制度安排和制度设计是围绕让社会整体利益得到有效满足而提供充分的制度保障，这样的制度就是社会主义制度，这样的社会就是社会主义社会，这样的文化就是社会主义文化。

马克思主义和社会主义的关系就是"道器不离"：马克思主义是灵魂，社会主义是载体；马克思主义是价值追求，社会主义是价值实现方式；马克思主义是"道"，社会主义是"器"。如果马克思主义离开了社会主义，它只能成为空想，只能成为空中楼阁；如果社会主义没有了马克思主义，就会丢魂，就会走邪路。

由此可以看出一个清晰的逻辑，马克思主义无论有多少个理论形态，它的"道"只有一个，而实现马克思主义价值追求，即"行道"的方式可以有很多，也就是说，社会主义的具体模式可以有多个。苏联解体和东欧剧变并不能说明社会主义的失败，更不能说明马克思主义的失败，只能说明苏联模式具体路径的失败。同样的道理，中国特色社会主义的成功，说明每个国家、每个民族可以而且必须根据自己的文化传统、历史条件、面对的课题和任务、人民的需要和要求，选择适合自己的造福人民的具体道路。中国特色社会主义道路本身也不是一成不变的，而是随着时代转换而不断完善和发展的。

中国特色社会主义就是实现造福人民的马克思主义价值追求的中国道路。新时代中国特色社会主义就是21世纪中国马克思主义的价值实现形态，就是造福人民的具体实践和现实运动。正是基于对中国特色社会主义的自信和价值认同,我们把全国十几亿人的力量凝聚起来,为中华民族伟大复兴的中国梦而共同奋斗,带领人民不断创造"中国奇迹",不断创造美好生活。

美与善的言和

——席勒的道德审美与黑格尔早期道德思想的形成

王纵横[*]

【内容提要】 康德道德哲学的一个难题就是道德自律问题，即在不依赖价值的先验秩序的前提下，如何获得自我立法的意志，以及这种立法的权威由谁来提供。席勒认为康德难题的本质在于其二元论结构，他尝试发展康德的美学理论从而将两个领域联系起来，让人有机会对先验自由进行感性认知，从而赋予道德判断成为真理以可能性。席勒对康德道德哲学的阐释与推进，对正值学术积累期的黑格尔影响巨大，以至于在很多重要问题上，能够看出这两位学者的理论一致性，这也从侧面表明了席勒在康德与黑格尔之间学术脉络传承过程中所扮演的重要角色。

【关键词】 席勒；审美；道德感；黑格尔

一 康德道德哲学的一个问题

对康德影响较大的道德理论，无论是法国功利主义还是莱布尼茨—沃尔夫体系，论及道德权威的基点毫无例外都是"他律"模型，而康德则认为自己的创见在于构建了道德的"自律"。康德道德哲学的任务亦是从理性出发，寻找先验的道德要素，发现和判定道德律。然而，无论是康德还是他的后继者，他们始终面临的难题恰恰是这个"自律"问题，即在不依赖价值的先验

---

[*] 王纵横，中共中央党校（国家行政学院）哲学教研部讲师。

秩序的前提下，如何获得自我立法的意志，这种立法的权威由谁来提供。

为了澄清这个问题，可以将其分解为三个部分考察：

其一，价值的先验秩序如何不可知。康德认为，判断善恶的唯一标准在于"至善"，即无条件的善，这是人的道德生活的唯一目的。而人在现实生活中借由实践理性所能达到的只是经验世界的苦乐，并非"至善"。道德生活的最高追求与经验生活的最高追求在现实生活中无法统一，康德论证这将造成实践理性的二律背反。因此，"至善"必须存在于超验世界。于是，先验道德律与先验自由一起被划入了物自体范畴。在第一批判中康德已经指出，人类理性应用于这个领域属于僭越，因此造成了价值先验秩序的不可知。

其二，自我立法如何实现，尤其在自我有能力为自身解除约束的时候。我们知道，康德哲学的重要特征之一就是二元论体系，并且极具"建构性"（罗尔斯语）。康德分别从两个不同视角思考人，即经验世界中的人与超验世界的人，前者受制于因果律，而后者则永远向往自由。人以理性为工具，在现象世界为自然立法，在超验领域为自由立法。那么随之而来的问题显而易见，人如何既向往自由，又通过自我立法来约束自身？在康德哲学中，理性判断与道德判断没有分别，他所说的自由也不是毫无限制任意妄为的自由，而是通过理性能够认识与作出判断的自由，在《实践理性批判》中康德指出我们最终已把确定的道德概念归结为自由的观念。因此，自由、理性与道德在本质上是同一的。以此为基础，康德对自律的解答是：首先，意志自由是人的本质；其次，意志自由是指人服从于意志自主的命令而发生行为；同时，道德律正是意志自主的命令；于是，人由于其本质必然服从道德律，人必然服从于自我立法。

其三，自我立法的权威从哪里来。假设自我立法具有绝对权威的判断成立，其必然包含一个前提：立法的自我与欲望的自我被划分开，并且保证前者强于后者。这意味着，自我立法必须达到神圣指令的高度，而不是仅仅将其看作可以随时被打破的世俗法规。也就是说，需要将道德律神圣化，将自律神圣化。众所周知，康德是拒绝外在的神圣意志的。因此，在《纯然理性限度内的宗教》中，他试图用"伦理共同体"来承担这种道德权威，但是从伦理的自然状态到伦理的共同体状态的过程依然需要上帝的参与。

我们看到，康德道德哲学中的二元论框架或多或少应该对道德自律的难解负责。退一步说，即使保留对理性的神圣意志与感性的人类意志的二元划分，那么，如果任何道德行动都有其道德动机的话，这种动机只能来源于神圣意志，人类意志则与其相对。在两者的对抗中，道德的意义才得以表达。这样一来，一个人就被活生生地分割为两部分——正如基督教中所描绘的肩负原罪的堕落者——他们一方面能够从神圣指令中意识到什么事情才是应该做的；另一方面又具有内在倾向不去做这些事情。对康德来说，真正道德的人只是这两方面持续争斗的战利品而已。那么，康德在后来所做的工作，包括将道德问题还原为人是否具有自由意志，以及目的王国的可能性问题，除了保留学理体系的拓展与支撑作用外，已经丧失了应有的现实意义。

因此，这个难题留给后继学者们的可选道路并不多，主要有两条：其一，保留二元图景而尝试填补其沟壑，与康德一样寻找第三元，如席勒的道德审美；其二，另辟蹊径，彻底抛弃二元论图景而重建道德基础，如黑格尔的精神哲学与法哲学。

二　席勒对康德道德难题的理解与回应

1790 年，康德的《判断力批判》发表，意味着批判哲学框架的建构基本完成。1791 年前后，席勒开始系统研究康德哲学。直至 1796 年，他已完成了《论美书简》《秀美与尊严》《论崇高》《审美教育书简》等一系列作品，其中除了对美学问题进行思考之外，不乏对康德道德理论的深入研究。然而，席勒的道德哲学并非是清晰庞大的理论体系。从文本上看，他的道德学说主要依托于其美学理论的论证；从理论展开上看，他的思想波动也较为明显。如 1793 年康德发表《纯然理性界限内的宗教》并提出伦理共同体的概念，而同时期的席勒在《审美教育书简》中则对应地提出了审美国家，一改昔日之稳重，急于表明自己的政治主张。尽管不甚成熟，席勒的思想依然具有很强的启发性。况且此时正值谢林、黑格尔等青年学者的理论积累与发酵期，而席勒对康德实践哲学的理解与阐释，并尝试对其二元论难题进行消解的努力，对这些后继学者影响颇深。

在康德问题上，席勒与图宾根阵营的青年学者相比，步调更柔和，步速却尤其快。在谢林，黑格尔与荷尔德林还在为法国大革命所传达的自由精神所振奋时，席勒已经尝试对道德、美与自由作出更加学理化的理解。

通常说席勒是康德的追随者，如果考虑到康德哲学划定了近代哲学的问题域与主题，那么这种说法并无不妥，但需要明确，席勒绝不是一位"忠实的"追随者。当时德国学界对康德理论的讨论非常激烈，这也暴露了他哲学中的很多问题，其中就包括了康德道德难题的本质在于他的二元划分这一论点。席勒基本上认同这种批评，并尝试发展康德的美学理论将两个领域联系起来，让人有机会对物自体世界进行认识，从而让道德判断成为真理成为可能。席勒的道德观点主要集中在他的剧作诗作与警句中，更详细的论证则分散在诸多信稿与杂文中。席勒对康德哲学的讨论是以自由问题为入口的，毕竟这是当时德国知识界所十分热衷的字眼儿，而《审美教育书简》的形成也直接受益于康德的第二批判。不可否认，无论其理论成熟与否，席勒在此问题上所流露出的洞见值得关注。

1. "美"与"现象中的自由"的互释

《论美书简》是席勒在1793年1月下旬到2月下旬与克尔纳的通信集。他在开篇就表明，他想为审美趣味寻找客观原则。

康德在第三批判中尝试为经验实践与超验目的之间寻找通路，并提出审美自由的思路。康德哲学中的审美自由所产生的愉悦不同于道德活动中体察意志自由所产生的愉悦，它意味着审美活动本身并不涉及利害关系却能够与苦乐等情绪产生联系，这种情绪能够唤醒人对道德自律的领悟与理解。但康德否认审美自由能够取代意志自由，前者更像一个中转站，是经验知性通向超验意志的一种进步，它的目的终将达到道德上的意志自由。同时，审美的合目的性直接牵涉到感受与情绪，而无关抽象概念，因此也就丧失了客观评判的可能。

对此，席勒认为审美的无客观性只是暂时的，他意图通过一种特殊的方式——"感性—客观"的方式——来解释美，其采用的方法则是将美纳入实践理性的框架下，将实践理性应用于现象，赋予美一种起源于感性世界却又能够与意志自由实现某种客观联系的确定性。尽管席勒在论证美之真理性的时候，还有很多疑点（对"自然不喜欢突变"等命题并未给予解释），但这不妨碍对其道德思考的研究。事实上，席勒在书简中虽重在论美，却对自由概念的应用范畴作出了拓展，间接实现了两个概念的互释。

席勒在信二的结尾总结说："……活动与纯粹意志的形式的一致是道德。现象与纯粹意志或自由的形式的类似是（最广义的）美。因此，美不是别的，而是现象中的自由。"[①] 对于究竟什么是"现象中的自由"，他在信3中补充说："……如果一个客体在感性世界中出现而仅仅是自我规定的，如果

[①] ［德］席勒：《论美书简》，载《席勒美学文集》，张玉能编译，人民出版社2011年版，第67页。

它显示为感性以致人们察觉不到质料和目的的影响，那么它就被称为一个纯粹意志规定的类似物……现象中的自由不是别的，而是在事物中的自我规定。"①

席勒为了规定一种美而规定了一种自由，它既不是康德意义上的先验自由，也不是指由于理性僭越而产生的自由幻相，而是存在于现象世界中，却和人的道德行为所表现出的自由十分相像的东西，它仅仅是"表面上看好像是自由的"②。康德哲学中审美愉悦常常被描述为道德愉悦的一种符号或表征，而席勒所言的这种现象中的自由，也可以被理解为意志自由的表征，只是它仅仅体现在感性方面，并且除了自我规定外一无所有。那么，规定这种现象中的自由有什么意义呢？席勒在信3中描述了道德行为的两种表现，即"表现为他律"和"表现为自律"，康德要求道德目的高度纯洁，以至于有些时候，这种符合道德标准的自律行为往往看起来却是他律的甚至可笑的，用席勒的话说，"我们的眼睛被现象中的他律侮辱了"，而美的概念间接运用于道德的意义在于，只有一种道德行为同时与审美趣味结合起来，它在现象中才能够表现出"自律"与"意志自由"。

随后，席勒用一个小故事来说明道德与美的关系与美的真理性。故事是说一个身陷困境的人试图寻求帮助，他偶遇了5个境况迥异的人，并收获了不同的回应。其中值得关注的是第3个人与第5个人，两人自己也有困难，但前者本意不想帮忙，却屈从于对道德原则的尊重而施以援手，后者完全没有考虑自己却自然而然地施以援手。席勒说明，两人虽然都是道德行为，但只有第5个人的行为体现了道德美。如果将康德伦理学划分为要求道德自律的职责伦理，那么席勒则更加注重强调感性体验的美德伦理。

更进一步，席勒认为："在一种像是出于自身的自然本性的活动时，道德的行为才是美的行为……只有精神的自律与现象中的自律相一致的情况下，自由的行为才是美的行为。"③ 这里体现了一种美的逆袭。美，不仅仅因为与道德自由的形式类似而被规定，反而应该借由限定道德行为中的美来限定可接受的道德。在这个意义上，席勒已经将审美实践提升到与道德实践相一致的地位，将现象中的自由与意志自由看得同等重要。因此，他提出"审美趣味的王国是自由的王国——美的感性世界应该是类似于道德世界的

---

① ［德］席勒：《论美书简》，载《席勒美学文集》，张玉能编译，人民出版社2011年版，第71页。
② 同上书，第72页。
③ 同上书，第75页。

最好的象征。"席勒将美作为自由的形式来讨论,在之后的《审美教育书简》中更加突出。

2. 用"美"填补康德二元框架的最初尝试

如果说在《论美书简》中,席勒的主要工作是赋予审美活动与道德活动平等对话的权力,那么在1793年的《秀美与尊严》中,席勒则开始尝试用美来治愈康德哲学中被割裂的人,为审美的感性体验的哲学价值寻求更深层理论支撑。

他在总结康德判断力存在的问题时说:"这位圣哲……提出志趣爱好是道德决定的一个极其模棱两可的伙伴,而快感则是道德决定的一个可疑的附加物。"紧接着席勒声明自己的立场:"人的道德完善恰恰只能从他的志趣爱好参与他的道德行为中得到证明。"[1]

在此文中,席勒透露出对康德二元论体系的不满,他虽然认同康德将人的理性与感性区分开,可以从两者的关系中彰显理性个体的本质,但却不能理解康德为何执着于理性与感性的对抗。这对抗的结果是"用害怕而不是信念来引导人",而其本质是"借助于人对自己本质的一方面的不信任来保证对本质的另一方面的统治"。这直接戳中了康德哲学的一个痛处,恰恰是这一点让道德美感这种东西在康德哲学中毫无立足之地,因为这无疑意味着对抗的消解。而席勒则指出所谓的道德感必须现实的存在,这就是美的心灵,"在一个美的心灵中,感性和理性,义务和爱好是和谐相处的"[2]。

席勒在用秀美与尊严来比喻的东西,实际上就是他在《论美书简》中说的道德行为的两种表现。道德活动本身都是尊严的,他认为,尊严一定要以人对自己本能的支配为前提,而这恰恰是道德自律的本质。但是人们通常所要求的道德,并不是来自于道德的尊严,而是来自于道德的秀美,也就是某种行为看起来是道德的。虽然秀美本身并不体现道德的本质,甚至能够被伪装,但是只有体现出秀美的道德行为,才是更能被接受的,也是道德的最高形式。因为只有在道德美感能够被充分表达的时候,人的内在本质的矛盾才真正消解,人才回归于一个作为整体的人。

在同年发表的另一篇文章《论崇高——对康德某些思想的进一步发挥》中,席勒继承了康德的"自然在审美上是崇高"的观点,并做出了推进。康

---

[1] [德]席勒:《秀美与尊严》,载《席勒美学文集》,人民出版社2011年版,第131页。
[2] 同上书,第134页。

德认为自然可怕的力量威胁着人的生存,在这种关系中,人虽然感到无能为力,不得不屈服,但也体会到自己与自然之间的不同,强化了人的自主性意识,甚至认识到自己有能力改变这种威胁的优越性。在此意义上,人虽然饱受压迫,但却没有忍受侮辱,反倒对自然的这种可怕产生了某种敬畏,在审美上被称为崇高。

席勒首先重新诠释了理论的崇高与实践的崇高,并将康德所说的这种实践的崇高分解为两个问题:1. 自然除了可怕的那部分之外,是否依然是实践的崇高对象?2. 不仅限于自然,是否只要是可怕的东西就是实践的崇高对象?对于问题1,席勒用自然被人类征服后也就丧失了崇高来反证,对于问题2,他用上帝对人的全知全能的可怕并不是崇高来论证。最终,他基本维护了康德的论点。实践的崇高的对象必须具备两个条件:一是让人意识到自我;二是可能会直接产生感性的威胁,席勒总结为"一旦想象力使它们对自我保存本能发生关系,它们就是可怕的对象;一旦理性把最高原则运用到它们身上,它们就是崇高"[①]。

席勒在《论崇高》中对这个问题的阐发,意在引出对实践的崇高的划分。对于"观照的崇高",威胁只是以观念的方式存在,这种压迫仅仅存在于人的认识中,人能够对它做出理智的反思;对于"激情的崇高",人在经验世界中生动地感受到这种压迫,因而必须行动起来,也就表现出道德的主动性。这种划分亦如他一贯的思路——为道德行为的感性体验寻找支点,从而说明道德感或自由的形式美感的合理性。

3. 审美国家的提出

创作于1793年并在两年后发表的《审美教育书简》是能够集中体现席勒美德育理论的著作,它本是席勒写给奥古斯登堡公爵的27封书信集,然而,从马尔库塞到哈贝马斯,许多学者都对这本小册子表现出极大的兴趣,书简提出一种颇具古希腊共同体主义情怀的审美国家,其对黑格尔道德伦理体系的构建产生了极大的影响。

在《审美教育书简》中,席勒不再拘泥于美的学理讨论,而寻求在现实问题上的突破。他毫不隐讳地指出:"为了解决经验中的政治问题,人们必

---

① [德]席勒:《论崇高——对康德某些思想的进一步发挥》,载《席勒美学文集》,人民出版社2011年版,第178页。

须通过解决美学问题的途径，因为正是通过美，人们才可以走向自由。"①为此，席勒区分了两种人格：自然人格与道德人格，前者的政治形式是自然国家，而后者实为康德意义上的理性人格，其政治形式是道德国家。道德国家是自然国家的进化形式。而问题的症结在于，在道德社会成熟的过程中，自然社会并不能中断，道德国家的建立不能损害自然的多样性，而自然的多样性必须在日渐成熟的道德国家中自我保持，而不能破坏道德的统一。因此必须寻找一个支柱，让人们能够舍弃自然国家的物质生产形式，而稳步走向道德国家。

席勒认为，审美国家就是这个支柱，而审美国家在形式上是与希腊国家相似的东西。席勒赞美希腊人的品格，崇尚他们的国家形式，因为他们的艺术和智慧与自然和睦。他尝试用希腊国家取代康德伦理共同体的学理假说，说明这个理论问题完全可以从实实在在的人类史角度来解答。但是，他也承认希腊人这种令当下人汗颜的淳朴却又是不能长久的，毕竟从史实上看它的确已经消亡。而消亡的原因是，它最初的纯粹的统一性源于人类认知的懵懂。那个时代，"在精神力量美妙的觉醒中，感性和精神还没有严格区分的所有物；因为还没有矛盾分歧激起它们相互敌对地分离和规定他们的边界"②。而现代人由于扩大的经验和理智的成熟，知识体系被更加明显地细分。国家的发展也愈发复杂，为了更有效率地行使其权力，它对人的等级和分工的划分也不可避免。这些原因不可避免地造成了希腊国家的衰败，钟表结构国家形式的盛行，以及个体丧失生命表征的现状。席勒对这个历史过程总结为："正是文化本身给现代的人性造成了这种创伤。"③ 上述矛盾在当下时代的表达也非常明显，席勒用刻薄的语言批评下层阶级的粗野与文明阶级的腐朽，用哈贝马斯的话说，让人想起了青年马克思。席勒认为时代的性格得以振作，既要摆脱自然的盲目暴力，又要回归自然的真实淳朴，他甚至为这个进程确定了时限，需要"一个多世纪的时间"④。

时代精神的问题应该用精神的方式来解决，但是哲学家都在做些什么呢？席勒必须反省哲学的毫无作为。他在第八封信开头用宣言式的语调写道："难道哲学就因此而应该沮丧而绝望地从这个领域撤退吗……绝对不是！理性本身虽然不试图同这种与它的武器相对立的粗暴力量直接斗争……但理

---

① ［德］席勒：《审美教育书简》，载《席勒美学文集》，人民出版社 2011 年版，第 226 页。
② 同上书，第 232 页。
③ 同上书，第 233 页。
④ 同上书，第 238 页。

性却从战士中选拔最合适者……给他披上神的武器，通过他战无不胜的力量促进伟大的决定。"① 席勒认为哲学是让人类回归完整人格的唯一出路，而它发挥作用的方式是让人成为理智者，让人通过反思道德崇高来走向成熟。但是这种理智性格的培养又必须超脱于腐败的政治环境，因此人就必须寻求一种工具，使自身能够不依赖于国家环境而走向道德高地。随后席勒自然而然地走向立论的主旨，"这个工具就是美的艺术"②。至此，席勒已经竖起了他政治诉求的两面旗帜——真理与美。

但无法回避的问题是，在历史上审美修养的高度发展与公民美德和政治自由的发展背道而驰。席勒认为这是由于人类文化初期所遗留的自然崇尚更偏重于审美的感性部分，包括神话时代的英雄美德与战争时代的战士精神等尚武倾向。

席勒要求将更多的理性内容注入美的概念，为此，他将《论美书简》中的观点进行了重新阐释。他将美作为自由在现象中的表现称为"外观"（另有译为"假象"），审美外观（审美假象）带来的是纯粹感性的美好体验，不同于逻辑假象制造欺骗，它只是对表现出来的自由产生愉悦，却不保证真的实现自由，席勒将这种活动称为"游戏"。而美的艺术本质就是外观，审美通过"真实"的类似物实现对"真实"的感性体现。至于这种审美游戏的必然性，席勒用生命力的过剩来解释，而生命力的过剩又恰恰是人类步入现代社会的一个重要特征。

正是由于这一颇具启示意义的观点，席勒才有底气对审美王国的地位做出推进。他说："在力量的可怕王国和法则的神圣王国之间，审美的创造冲动不知不觉地建立起第三个王国，即游戏和外观的快乐王国。在这个王国里，审美的创造冲动给人卸去了一切关系的枷锁，使人摆脱了一切强制的东西，无论这些强制是身体的，还是道德的。"③

席勒之前考察美的目的是想通过美育填补自然国家与道德国家的沟壑，但在书简最后，他已经尝试用审美国家来取代道德国家，从最初的连接补救走向了最后的取代融合。他认为审美活动有能力让人们解除道德自律带来的感性压力，也就不需要对自我立法的普遍性担负责任。如果说康德试图在伦理共同体中实现道德自律与意志自由的统一，那么席勒则将这

---

① ［德］席勒：《审美教育书简》，载《席勒美学文集》，人民出版社2011年版，第238页。
② 同上书，第240页。
③ 同上书，第293页。

种统一在游戏与外观世界实现了。席勒直至最后依然不承认审美王国等同于真正的自由，但他却消解了感性消极意义上的自由。如果从学理意义上考察席勒的审美国家，其模型实际上与马克思的物象化有异曲同工之妙，而如果从现实意义上考察，席勒实则看到了当前社会环境中实存的诸多冲突，而转向一种"向上看"的柏拉图式路径。黑格尔正是在这个意义上并未接受席勒的审美乌托邦，而是在法哲学中论证了现有国家形式的合理性，即普鲁士王国的国家形式在历史演进中的出现与必然。

三　"道德审美"与黑格尔早期的道德思想

黑格尔一直都是席勒的追随者，不仅仅对其文学与诗歌上的创作心怀敬重，同时也从席勒的美学文论中汲取了大量的哲学灵感。在图宾根大学时期，席勒的《强盗》就是黑格尔与谢林等青年学者相当热衷的一部现实主义味道颇浓的作品，此后，从黑格尔在耶拿撰写哲学手稿，到起笔《精神现象学》之前，他曾反复研读《审美教育书简》，足见黑格尔对席勒审美与德育理论的重视程度。实际上，席勒试图融合二元论，用美的观念自身现实化为艺术的原理与本质，其路径同样适用于全部知识论。美的观念作为实体，对普遍与特殊、自由与必然、心灵与自然都具有同一性。从审美本质是一种道德活动，到道德本质上也是一种审美活动。席勒不仅在美学上对黑格尔有所影响，对他的形而上学体系构建亦有所启示。以下，通过席勒与黑格尔对康德道德问题的对比阐释，分析两者在学术上的脉络传承。

1. 对康德道德问题的本质意见一致

上文提到，席勒在《论美书简》中指出，一旦非理性的形式被理性（无论是理论的还是实践的）统摄，非理性的本质就被束缚了，这种情况下，美也就被淹没了。他坚信审美是每个人的终点，而这是自由的真正体现，而在康德哲学中，二元对立造成人的自由作为目的被功利化了，因而能够出现"为了实现自由而必须放弃自由"这种奇怪的命题。席勒认为，如果人为了自己的自由而克制自己不去做某事，那么，自由反倒从目的堕落为手段了。

同样，黑格尔也认为康德根本不允许真正的自主性，尽管康德一直标榜自己崇尚自由。黑格尔对康德的直接批评并不多见，但在更多的讨论中，他在论述康德的"自律"与"自由"时并没有做出区分，或者说，黑格尔认为这两个概念的等同是康德的疏漏，这导致了康德哲学中"自由"的遗失。

在《基督教的精神及其命运》（1799年，生前未出版）中黑格尔指出，宗教信徒与"那些服从于自己的义务命令的人"（指康德）的区别，不在于"前者是奴隶，后者是自由的，而乃在于前者的主子在自身之外，而后者的主子则在自身之内"①。《黑格尔早期神学著作》的编者诺尔（Herman Nohl）将这一段标注为"用康德自己的命题来反对康德自己"。可见青年黑格尔并不认同康德的道德神学，他认为将上帝从道德的直接权威替换为逻辑权威并不具有说服力，自律的自由无异于将外在于自身的上帝搬到了自己心中。

在《法哲学原理》中，黑格尔与席勒相似，也承认人应该从自然驱动的狭隘中逃离并获得自由。但在论证上，与席勒保持康德设定的对立不同，黑格尔的理性自我作为特殊主体卸下了感性欲求与理性自律所造成的道德负担，而这种解脱则成为获得自由的必要性条件。黑格尔拒绝接受康德的二元论划分，而是将其合一为逻辑—历史过程。

2. 对"爱"的复杂变通

黑格尔与席勒一样对"爱"给予重要关注，在这一点上康德的视野显得狭隘了。

席勒在《秀美与尊严》中简短却耐人寻味地论述了"爱"，他意识到了爱的复杂性与危险性。在人性中爱具有两种可能性，或外感官的知觉化，或内感官的个人化，席勒在著作中希望保持两者之间的平衡。对此，席勒给出了一个模型说明爱如何适应人的需要与欲求，而又受制于尊严而不至于成为欲望。总体来说，席勒对待爱非常谨慎。

在《基督教的精神及其命运》中，他写道："如果爱不是道德唯一原则的话，那么每一种道德就同时是一种不道德。"②青年黑格尔试图用"爱"取代道德律，将爱理解为调和道德与自然倾向的东西，使道德不再需要绝对命令来保证其在主体行为中展现。他首先肯定了基督教传统中的"没有屈服"的道德，以此反对康德的"自我强制"的道德，但他同时也认为如果众多的道德条目不能统一到一个精神的特殊样态中，就会产生某种冲突与缺陷，于是，他赋予爱以融合一切道德冲突的定位。"正如道德是对于服从法律的补充，同样，爱是道德的补充。通过爱，道德的一切片面性，道德与道

---

① ［德］黑格尔：《基督教的精神及其命运》，载《黑格尔早期神学著作》，贺麟译，人民出版社2012年版，第298页。

② 同上书，第328页。

德之间的一切排斥、一切限制都被扬弃了。"①

但是，黑格尔也意识到如果爱与理性无法在一定程度上共存，它就会使趋向于一种人的极端的分裂。他认为，基督教命运的要点就在于它以爱的纯粹来与整个世界的命运对话，但并非所有人都能认识到爱能将人们联合，于是在不自觉之中，基督教玷污了自己。

在后期《法哲学原理》中，"爱"作为伦理生活的重要特征出现，即家庭作为伦理生活开端的基础。在此意义上，他强调，既不能像康德一样把婚姻看作纯粹的道德联系，也不能仅仅等同于爱，如果要保证爱的稳定性与客观性，需要找到爱的高级形式，即让人们感受爱的同时，也感受到人不需要强迫自己留在这种爱的情感中。后期与前期黑格尔对爱的论述，在目的上是一致的，只是在论述的精致程度上成熟了许多。

3. 美德伦理与职责伦理的互补

席勒对康德二元论困境的解决途径是，将康德对道德承担的思考转移到对美德的思考。席勒实际上是将亚里士多德伦理学与康德伦理学进行了一定程度上的互补，由于他坚持审美活动与道德活动并举，也就说明他并不认为美德伦理与职责伦理存在取舍关系，两者在底层不同，彼此独立，因此存在共存的可能。

席勒敏锐地发现康德代表了一个转向——从古典的对美德的追寻，到现代的对职责的坚守。席勒的洞察影响了包括谢林和荷尔德林等人。对黑格尔而言，席勒帮助黑格尔将焦点放在古希腊哲学中，而黑格尔则发现亚里士多德对个体与道德的体系预设比康德要和谐得多。

黑格尔在《哲学史讲演录》中阐释了他的立场。他在谈到亚里士多德的美德概念时指出："美德的原理并不像许多人想的那样，是自在的纯粹的理性，而却是热情（意向）……善并不是唯一的原理，灵魂的非理性的一面也是一个环节。"② 亚里士多德将灵魂分出理性与非理性两方面，在非理性中，理性只是一种潜能。这与康德是一致的。但黑格尔认为在道德判断过程中，理性对非理性冲动的判断和规定并不一定是消极的，后者完全有可能与善的理念相一致，而这种一致，恰恰就是美德。

---

① [德]黑格尔：《基督教的精神及其命运》，载《黑格尔早期神学著作》，贺麟译，人民出版社2012年版，第330页。

② [德]黑格尔：《哲学史讲演录》（第二卷），贺麟、王太庆译，商务印书馆2011年版，第395页。

我们知道，黑格尔不承认人的先天善恶，但肯定人可以通过道德行为成为善的人。而对道德教化的意义以及可能性问题的解决，黑格尔显然从亚里士多德哲学中借鉴了很多。一方面，康德的职责伦理学需要假设人生来就具有善的本质，而亚里士多德伦理学则不需要这个假设，后者通过灵魂二分之间的相互运动而引导人类向善，这也就意味着亚里士多德的美德概念能够回应很多对康德的指责；另一方面，与席勒一样，黑格尔也注意到康德将行为动机与理性决定人为的对抗起来没有意义，问题的关键是让它们统一起来。康德既坚守二元之间的对抗，又想方设法让它们统一，无异于给自己筑起了一堵高墙却对其熟视无睹。事实上，对这一目的实现正是法哲学的根本任务。

尽管意识到康德道德哲学存在着很多问题，席勒仍然坚信它在现代社会具有更强的解释力与诠释空间。对黑格尔而言，这启迪他反思为何古代伦理学的和谐体系日渐衰落，且完全无法移植到现代社会。事实上，席勒与黑格尔的回答也是类似的，古希腊的理智与社会本身还不够成熟，人们无法意识到道德之美，理性必须发展，认清自身才能重拾美德，这个过程既是理性的历史，也是人类的历史。席勒虽然没有将精神的逻辑运动与人类历史的运动进行彻底的融合，但他对审美教化与道德展开的历史观点，对黑格尔甚至马克思的历史理论都有着极大的影响。

也正是由于席勒的这种不彻底性，导致他理论自身的断裂。席勒一方面想保持开放的态度，他谨慎而保守，在几个视角上都有所顾忌，既要求理性个体适应国家，又强调国家适应个体发展，依然在康德的二元框架下徘徊；另一方面，他在试图将自己的审美理论现实化时，却激进地建构了一个审美共同体，跳跃巨大。而黑格尔则将席勒的美育作为理性国家的职责与特征，不再是自我反思的，也不是理想主义的。他完全用国家行为取代了个人行为，以此来颠覆康德的个体与社会的对立。这一点与席勒截然相反。

总的来看，席勒与黑格尔的共同点是两者都认同康德哲学的一部分，但又肯定他的局限。但席勒依然没有放弃柏拉图主义的先验视角，依然期待某种类似康德的先验概念能够赋予职责以权力，因此可以看到他试图保留康德的二元而设置第三元去调和它们。而黑格尔则放弃了这种先验预设，或者说，在意图上是放弃的。因此，黑格尔彻底放弃二元对立，将其合二为一，视为一个过程的两个方面。

信任在生命伦理学中的价值及构建策略

娄瑞雪[*]

【内容提要】 信任是生命科学发展的要求，是建立医患关系的前提和基础，具有伦理道德属性。医方的可信任性降低或者缺乏会对医疗过程产生影响，甚至造成医患之间的信任危机问题。构建医患信任关系的核心是值得信任，而值得信任包括医方值得信任以及医疗整体环境值得信任，这就需要医方在专业能力以及人文关怀等方面努力，同时也需要社会信任文化、信用机制以及生命伦理委员会等软件和硬件方面的建设，以培育值得信任并乐于信任的医学整体。

【关键词】 生命伦理学；信任；医患；自主；原则

在生命伦理学中，尊重自主性原则被伦理学家和医生尤为提倡和重视，在医学实践中已被视为标准原则和义务，并且得到了程序化和法制化，最明显的标志就是在医学研究前或医疗手术前都必须取得受试者或病人自愿和自主的统一，必须要有书面的知情同意书。与此同时，人们期望的信任却有所缺失，医患之间的信任缺失问题日趋严重，医患信任危机已经成为我国一个十分严重的社会问题[①]。

一 尊重自主，失去信任？

在生命伦理学中，尊重自主性原则是指尊重病人或受试者自主选择方案

---

[*] 娄瑞雪，中共海南省委党校哲学教研部讲师。
[①] 汪新建：《医患信任修复的社会心理学路径》，《光明日报》2016 年 7 月 20 日第 14 版。

的原则。例如医生在采取治疗方案之前,尤其是危险性比较高的手术,应先将治疗的预期目的与可能出现的意外告诉病人,然后让患者选择是否采取该治疗方案。当下,尊重自主性原则已被公认为是表现尊重病人或受试者的体现,被视为核心原则。"尊重自主原则近来已经变得如此的重要,如果没有经过知情同意这样的一个环节,医生能够自主处置的情况是非常少的。"[①]从纽伦堡法典中受试者的自愿同意,到现在的医疗过程中患者的自主决定,医生都没有权利为患者私自决定。有时,我们甚至会发出如此感叹,自主性原则简直就是生命伦理学的"圣经"。

  回顾医学史上所有著名的专业关系,患者都认为医生与他们专业的宣誓和诚实紧密相连,都是为着患者的利益出发,甚至医生处于可能招人讨厌的风险中,因为严重的失败时可能被剥夺资格。尽管那时医生和患者之间或者医生和雇佣他们的机构之间也都会有利益方面的联系,但医患关系仍然被认为是高于任何自私和获取利益的。这是一个专业关系,一个公正无私、长久持续、亲密和信任的关系。传统的医患之间是一对一的、面对面的信任关系。

  也有人提出质疑,那时的医患之间是高度不对称的,患者对医生的信任就像孩子信任父母一样盲目,这种信任很大程度上是在缺乏可选择的方面,且没有能力区别好的信任和不当的信任。如果这些质疑正确的话,那么生命伦理学中更好的信任关系应该是患者和医生之间具有更加平等的地位,即患者能更好地知情和更少地依赖医生。信任就应该和患者的自主适当地结合起来。事实上,现代的医患信任模式也确实发生了变化,医生已经被迫必须按照尊重自主性原则的要求,但是这种自主性仅仅体现在医疗行为方案的可选择性,或者是在某一个治疗的取舍之间徘徊。这个过程中患者的决定有多少是基于自由意志呢?对此很难判断。尤其是在医学过程中,医生和患者处于完全的信息不对称的状况,患者所做的决定不可能不受到来自医生权威的影响,无法排除自身的被动地位,那么这样的决定其实还是归结为患者对医生的信任与否。

  笔者在现实中也经历了一次自主与信任的矛盾选择。笔者去某医院看牙,被医生告知需要尽快做牙根治疗,笔者丝毫没有迟疑。然而,就在躺下来要实施手术前,医生递给笔者一张知情同意书,多项条款都是指出了手术可能引发的各种不良反应甚至风险,签字之后一旦发生这些意外,都视为患

[①] F. Verdu-Pascual and A. Castello-Ponce, "Informed Consent Doesn't Exist in AMI Trails", *Med Ethics*, 2002 (28), pp. 190—191.

者愿意承担。该知情同意书的一项项条款令笔者心生怀疑与不安。尊重自主性原则是为了尊重患者的自主决定权，但是这种尊重却让患者产生了迟疑，甚至产生不信任之感。

二 信任在生命伦理学中的价值

信任是社会关系的一个重要维度，是建立在法规制度或伦理基础上的一种社会现象。[①] 信任在人际关系间具有不可替代的重要地位，人际关系的建立和维护需要以信任为基础。在生命伦理学中研究信任，主要指生命科学实践中各种社会关系的信任，例如医生与病人之间、生命科学研究者与受试者之间、医院与病人及其家属之间、病人与生物制药公司之间等信任问题。其中，以医生与病人之间的关系最为基础和重要，这也是医学治疗得以产生的前提。为了讨论方便，笔者统称这些关系为医患关系，泛指患者（包括病人和受试者及其家属）和医方（包括医生和研究者及其相关利益机构）之间的关系，信任在生命伦理学中的价值也可以主要通过医患之间的关系来表现。

1. 信任是医学专业自身发展的要求

医学发展本身需要以信任为基础。自古以来，医学专业的核心价值是帮助人类治疗疾病，减轻痛苦，增进人类健康。因此，患者是医方体现医学专业核心价值的主要对象。从这个角度看，医学具有深厚的道德约束。"医疗行业与社会在公正的原则下达成契约，通过满足增进人们健康需求、减轻疾病痛苦的服务意向，获得契约方（社会）赋予的区别于其他职业的唯一的标准——行业自主权。"[②] 这种职业自主权就基于社会公众相信医学能够满足他们对健康的基本需求，相信其把患者的需求放在首位。"每一个患者所做的关键的决定是把他们的生命交到一个陌生人的手中，并且让那个陌生人或者多个陌生人来做一些不允许其他人做的事情。他们之所以信任这些陌生人，是因为他们认为医生将根据他们的利益而不是医生的利益进行治疗。"[③]

---

① 郑也夫、彭泗清等：《中国社会中的信任》，中国城市出版社2003年版。
② Chalmers C. Clark, "Trust in Medicine", *Journal of Medicine and Philosophy*, 2002, (1), pp.17-23.
③ Salvatore J. Giorgianni, "The Evolving-Patient-Physician Relationship", *The Prizer Journal*, 1998, 2 (3), p.9. 载李霁《诚信与中国患医关系的重塑》，博士学位论文，湖南师范大学，2004年，第108页。

从医方的角度来说，他们也有理由相信患者是基于疾病问题而非其他恶意来寻求服务，其直接目的是为了健康。

2. 信任是建立医患关系的前提和基础

信任是在一定境遇下一个实体不顾及可能存在的风险而愿意相信另一个相关的实体，并将自身需要托付给对方的实践行为，其要素之一是身处弱势。患者和医方在知识上处于完全不对等的地位，因此，信任是建立医患关系的前提，是患者处于弱势地位的必然要求，是其权利让渡的伦理基础。医患"这种信任的关系，与怀疑相比，更具有现实意义，更富理性，从现象学角度来看更为和谐"[1]。

在医患关系中医方拥有知识、权力和地位上的优势，处于支配性的地位。"尽管20世纪中叶以来不断强调患者权利，但事实上由现代社会的劳动专业化和资源集中造成的医生在医患关系中的优势地位仍未受到动摇。"[2]"医生所掌控的事情，其本质既是个人化的，在专业技术上也很深奥，这就在医生与患者之间造成了一种不平衡……一旦卷入医患关系，医生在专业技术上的优势会使他或她对患者享有巨大的权力。"[3] 患者除了信任医生之外，别无选择。如果没有患者对医生的信任，医患关系就建立不起来；即便最初建立起来，后期因为信任的降低，医患关系也无法维持。这种依赖在道德上赋予患者有权利期望医生在治疗过程中首先要考虑患者的利益。对于医方而言，患者对其持有的期望权利要求医生必须以促进患者利益为其义务。

3. 信任是生命伦理学的内在要求

伦理学是对人类道德生活进行系统思考和研究的学科，其始终会面临着几个基本人类问题，如"怎样才能拥有一个道德的生活并做出正确的伦理抉择？对待可能会受自身行为影响的其他个体应该具有哪些责任和义务？作为一个社会成员，如何向社会公共利益负责？"[4] 其中第一个问题是强调个人的品行与道德修养，是有关德性伦理的问题。第二个问题是强调

---

[1] Pellegrino. E. D, *Trust and Distrust in Professional Ethics*, Washington D. C: Georgetown University Press, 1991, p. 84.

[2] Tamar Frankel, "Fiduciary law", *California Law Review*, 1983, (71), pp. 801—836.

[3] Capron. Alexander M, "Containing Health Care Cost: Ethical and Legal Implications of Changes in the Methods of Paying Physicians", *Case Western Reserve Law Review*, 1986, (36), pp. 708—759.

[4] Daniel Callahan, *Bioethics*, New York: Macmillan Reference USA, 2004, pp. 278—288.

人与人之间的关系，讨论我们应该如何看待人与人之间关系的问题，我们应该怎样对待他人。第三个问题则进一步上升到了社会问题，作为整个社会中的一分子我们应该更好地生活才能更好地促进社会整体利益。在回答这些问题中，生命伦理学为医生提出了职业道德规范，医生要严格履行道德自律并坚守神圣的医学誓言，利用其优势始终以患者的最大利益为宗旨。

在这些道德规范中，信任的价值属性始终伴随。首先，医患双方都必须对彼此忠诚，这样才能保证医疗实践始终以患者的健康利益为宗旨，并且诚实的交往使得双方避免欺骗和谎言，从而避免彼此的利益冲突；其次，医方具备能够满足患者期望的条件，能够为患者很好地解决现实疾病问题；最后，患者需要医生帮忙处理疾病，因而将自己的权利让渡给医生，从某种意义上来说医生和患者形成了一种信托关系，这种信托关系需要医患之间达成某种无形的契约，这种权利让渡契约的伦理基础就是信任，是建立在患者对医生信任的基础上，否则就不会实现权利的正常让渡，也就没有了和谐的医患关系。由此，理想的医患关系具有深刻的道德规范，而这种道德规范无不体现了信任的价值属性。

三 影响医患信任的因素

医患之间的信任具有积极作用，能够双向调节医患双方的义务，而信任的缺失则会导致二者之间的紧张与隔阂，产生负面作用。生命伦理学的道德规范虽然为医患信任提供了良好的理想，然而，理想在现实世界中却遇到了困难，近年来在生命伦理学中关于对医学、科学和生物技术不值得信任的讨论逐渐增多，现实的医疗信任危机已被认为是一种严峻的问题。从逻辑上来看，患者完全可以不信任医方，某人或某组织不值得信任就不去信任，这样就保证了患者的信任被滥用。然而现实情况却是，患者不得不信任，包括对医疗、政府以及整个社会的"被迫"信任，否则就无法前行。[①]

[①] 在当下的这个现代工业社会中人们是不可能脱离现代性的影响的，以往传统社会中我们也许还可以逃离各种复杂的社会关系，独自隐居起来过逍遥的桃源生活，现在则成为一种不可能，现代工业社会的影响已经如此广泛，无孔不入。

1. 医方的可信任性

作为被信任者，医方需要从客观的能力以及主观的意图这两个层面来展示自己的可信任性（trustworthiness）。然而，现实中医方却往往无法提供充分的证据来增加患者的信任度，也无法证明自己在动机上的可信任性，其中一个原因就是因为医方作为其自身的利益主体，往往不会将自己的全部信息都向患者公开。因此，影响医方可信任性的最核心因素是医方的专业技能，态度再好的医生如果不能解决疾病问题则就不可能获得患者的信任。医方的专业技能包括医生的专业背景知识、技术熟练程度以及医院的规模等，除了治疗效果能够体现，还需要医方充分诚实。现实中很多的信任危机就是源于医方向患者故意隐瞒信息或者提供虚假信息，人为地制造一些不透明。对于患者来说尽管一时可能不会知道确切的信息，但是在现代多维的复杂的社会中，永久的隐瞒是不容易实现的，尤其是人们的主观意识和学习能力越来越强，更使得这种隐瞒和欺骗变得不可能。著名的黄禹锡事件、关于医生的各类回扣事件等都使得昔日的"白衣天使"逐渐成为公众口中的"白狼"，公众对医方的信任度不断下降。

2. 患者自主的有限性

患者不可能掌握关于医方的全部信息，一方面由于认知本身的局限性，不可能全知全能；另一方面则是由于医学的专业复杂性使得医方很难做到完全地告知，同时患者在同意的过程中也会受到限制，大多时候只能做到有限的自主。

一般认为，人们可以通过充分了解对方的所有信息以减少一些交往的不确定性。然而个体在认知方面总会是有限的，患者不可能全知全能、真正掌握全部信息。首先在横向方面患者的认识不可能涵盖所有知识，相对于事实而言人们的认识都只能是表象的；而在纵向层面患者对医方的认知也都是对过去的认知，对于未来只能是一种预期。从这种横向与纵向的无知或不确定来看，患者的认知能力只能是有限的。

在患者自主决定过程中，一般认为患者在获知有关信息之后经过理性判断所做的决定就是正确的，至少对于患者来说是正确的。然而，在临床和研究中经常发现"受试者或病人往往因身体或环境原因，无法做出理性决定，他们或因病虚弱而失去常有的判断力，或因为缺乏相关的知识而无法做决定,或因为身处陌生的环境而无所适从,或因为多得令人无法喘息的信息而不知所措"①。因此,"当专业人员把患者当作理性的、自主的个人,告知他们复杂的医疗干预措施或研究程序,然后由他们自己做出判断和决定时,不但做不到知情同意,反而把做决定的责任单方面地加诸于患者身上,由此却弱化了医生和研究者保护病人的责任和义务,从而使知情同意越来越走向律法主义"②。"知情同意是法律的虚构,这只能破坏良好的治疗和护理,以及阻碍医生尽职的治疗。"③

3. 医患之间信息不对称

医学专业的复杂性也使得患者无论如何不能全部知情,而且作为医方也是做不到充分的告知。现实中为了表示尊重患者的自主性,医方就会想尽可能的办法告诉病人所有的信息,其结果是,知情同意书的内容越来越多。为了防止所有可能的风险出现,医方尽可能列出所有风险。然而,由于知识的不对称,不管知情同意书多么详尽、具体,它也不可能包括所有的内容,而且患者总会有不能阅读或不能理解的内容。"法律的改革看上去似乎是一条可以扩大患者进行协商的地位的方式,更多的信息可以增加患者的自主性。"④ 实际上,这样的知情同意书在实际上并不能起到保护患者的作用,不能增加患者的自主性,只是作为一种医疗程序被患者认为是保护医生不受诉讼的手段,使患者产生不信任感。

4. 风险的影响

在科学研究以及现实医疗实践中,偶然因素即风险的发生都可能是不可避免的,因此,医方并不能提供完全的预期。贝克的风险社会理论就是这样一种"知识风险观",他认为更多和更完善的知识正在成为新风险的来源。医方认为他们无法做到对于细节以及潜在的有危害的地方都一一知情。正如本杰明指出:"知识被专家们碎片和巧辩性的掌握,所谓的医生专家自身也并不十分清楚其推荐的治疗方法将带来什么结果,同时也无法告知病人其想

---

① 朱伟:《知情同意:困难和出路》,《哲学动态》2008 年第 2 期,第 40 页。
② 同上。
③ 李雪阳:《医患信任的系统科层性考察:以知情同意为例示以及相关伦理策略》,硕士学位论文,北京大学,2008 年,第 45 页。
④ Alan A. Stone. M. D,"Informed Consent: Special Problems for Psychiatry",*Hospital & Community Psychiatry*. 1979,30 (5),p. 323.

知道的东西。""这样的宣称可以重复再三,那就是'充分的知情同意'是一个只能努力奋斗然而却永远无法达到的目标。"①

5. 医疗纠纷不断发生

近年来,医患之间的纠纷案件不断增加,尤其是某些医患之间的暴力冲突事件,直接影响到了医患之间的普遍信任感。由于医患纠纷的不断发生,医患关系逐渐演变为抽象的法律关系。从某种角度来看,患者将权利让渡给医生,医患之间的关系具有一定的契约性质,但是这并非指这种信任关系是一种抽象的法律关系,这种医患契约关系只是处于次要地位,医患之间更为主要的仍是伦理道德关系。然而,现实中的纠纷案件频发一定程度上消解了医患之间的伦理道德关系,变化为冷冰冰的契约关系,一方面使患者过度警觉;另一方面使医生实施防御性医疗,大大影响到了医患之间的信任关系。

6. 医患交往过程异化

传统的医疗过程中医患之间的交往是完整的人与人之间的交流,医生的望、闻、问、切四诊是完整一致的,充满了人情味。然而,现代的医学专业化、智能化发展使得医学高度分化而且技术化,以及专业科室之间具有排外性,某一位医生甚至某一部门的医生都已经无法完全办理、监控患者所需要的诊断和治疗,患者的就医过程中被分化到多个科室共同完成,一对一的稳定的医患关系被分解成了多个部分,情感交流逐渐减弱。

形象地比喻一下,患者从挂号开始进入医院,相对于医院来说犹如物品一样被接受,与医生的交流过程都要通过机器这个中介,以至于最后手术结束也都是从机器出来。在整个医疗过程中,医生在不同的医疗器械之中充当了功能各异的部件,执行特殊且具体的程序。这样的结果使得医患之间的交流越来越物化,趋向于非人性化与功能化。同时,在这种"物化"的医疗模式下,患者的疾病仅仅被认为是一种生理因素,舍弃了患者的心理、社会等因素,医患之间的关系进一步淡化。

---

① Benjamin Freedman, "A Moral Theory of Informed Consent", *The Hastings Center Report*, 1975, 5 (4), pp. 32-39.

四 构建医患信任关系的策略

虽然信任也会受到患者个体本身及外部环境的影响,但信任都还主要以医方的可信任性为基础。医方是否值得信任是患方是否产生信任感的基础,也是医患之间信任关系及信任活动的根本基础。在生命伦理学中构建信任的医患关系不仅需要医方本身的自觉,也需要外部条件的适当规范和引导。

1. 提高医方的可信任性

构建医患信任关系的关键在于是医方值得信任。首先,需要在医方专业能力建设方面努力。医方的专业能力是决定患者对其产生信任感和信任度高低的核心因素。患者一般会优先选择知名专家或者综合条件较好的医院等。因此,作为提供医疗救助的医方要注意提高自身专业素质。需要指出的是,我国现有医疗资源不够发达供不应求,同时存在分布不均的实际情况,农村与社区合作医疗机构卫生服务资源短缺、医疗水平较低、服务技术与能力也较低,以至于患者往往对社区与农村医院没有信心。因此要在农村与社区合作医疗方面加大努力,增强医疗的可及性和社会公正。其一,需要政府对基层医疗机构给予资金、人员、技术、政策等支持和保障;其二,可以努力在综合医院与社区医院之间建立联系,充分鼓励专科医院、大医院与附近的社区医疗机构开展合作,例如双向转诊制度的建立,方便大医院与基层医疗机构的合作。

其次,要注意加强培养医方的道德自觉性。责任是个体价值及其存在意义的主要表现形式和实现方式。康德指出:"每一个在道德上有价值的人,都要有所承担,没有承担,不负任何责任的东西,不是人而是物件。"[1] 只有积极担负自己在社会生活中的责任,医方才能够更好地展示自己的能力和品性,从而获得他人的信任感和信任度。现实医疗实践中,我们经常会遇到这样的问题:很难判断一个医生的道德动机是否暗藏着利益冲突和偏见等。怎样才能知道一位医生的背后是出于对患者利益的利他动机,还是出于职业道德的动机或者其他的因素则是几乎不可能的。然而,回顾医学史,古今中外,传统的伦理学都持有医生的动机应该而且必然可以是良善动机的见解。

---

[1] [德] 康德:《道德形而上学原理》,苗力田译,上海人民出版社 2002 年版,第 7 页。

例如中国古代医学以"仁爱救人"的思想为宗旨,古代医家把医学称为"仁术"。西方从希波克拉底誓言到人道主义口号也都无不是以治病救人为医德的准则。医生若严格做到其道德自觉性,医患之间的信任关系更为容易建立与强化,《2010大趋势》作者帕特西娅·阿伯丁曾指出:"从道德危机、腐败和怀疑的废墟中成长起来的重建道德和自由企业精神的运动越来越有力量,吸引了成千上万人的参与。"① 同样道理,医生道德的重建自然可以吸引更多患者的信任,尤其是医患信任的特殊性(患者"被迫"信任医生)更为容易地建立起这种信任关系。

最后,要倡导医方树立人文关怀精神,做好沟通工作。医学技术的高度发展和分化,使得医疗手段越发趋于技术主义,传统的医疗过程中医生和患者之间的直接交流逐渐弱化,转变成了医生—技术设备—患者的交流,患者的身体被分化成不同的组织与器官,而不是作为一个人的整体存在,以至于出现了"见病不见人,用药不用情"的说法,医生对患者的人文关怀在技术主义的影响下逐渐弱化甚至缺失。因此,加强医患信任的另外一个伦理学策略就是要倡导医方对患者的人文关怀精神。当医生对患者具有充分的同情心、认同感、关怀感等人文关怀精神,就会在沟通过程中做到仔细地聆听患者叙述,耐心地与之交流并进行精心的诊治,医患之间的信任也就随之而得到强化。

2. 适当的自主

如前所述,尊重自主性原则在医疗实践中给予信任一定的挑战,患者在签署知情同意书时,对于一长串可能出现的风险很难做到内心平衡,产生不信任在所难免。因此,在构建生命伦理学信任原则的伦理策略中,必须考虑这个因素,笔者认为可以建立一种"适当的自主"②,重建医患之间的信任。主要途径是在体现自主性原则的实践中寻求更合理的方案,同时,要时刻注意那些能够加强信任的要素,比如坚持诚信原则,释放最大信息量,消除其信息垄断的负面效果。

---

① [美]史蒂芬 M.R. 柯维、梅丽尔:《信任的速度》,王新鸿译,中国青年出版社2008年版,第353页。

② 我们还是要继续坚持自主性原则,虽然其存在种种困难,但从伦理的层面,其具有深厚的伦理基础。第一,自主性原则是对于患者人身和人格的尊重;第二,自主性原则表达了患者希望和医生平等、协商的愿望。当然,本文的着力点还是要指出信任的重要性。

首先，需要医方认真做好知情同意工作。知情同意不能单单体现在一纸文书上，医生应该从患者的角度来进行"知情"这部分的工作。信任是对特定情景的反应，医方可以增加知情同意程序的多样化和灵活性，根据不同的患者要给予合适的解释方式。例如对于谨慎的人可以进行反复的协商和讲解。最关键的是，某些特殊情景之下，手术的紧迫性或者风险性使得尊重自主性原则变得比较复杂，此时，尊重自主性原则的制度规则可以暂时让位于其他选择，尤其是为了生命的价值。一切为了生命，这也才是生命伦理学的主旨所在。刚刚发生的榆林产妇自杀案，虽然坚持做到了尊重家属的意见，但是在全社会却产生了非常不好的影响。

其次，作为患者一方，只强调"维权"而不注重"自律"也是一个普遍存在的现象，以往对自主性原则的强调使得患者的维权意识更为明显，一味地强调其具有知情同意权、隐私权、择医权等等，这确实是进步的表现，但这并不是说医患双方可以相互独立。相反，作为一种特殊的社会关系，医患之间必须相互理解、友好合作，在治疗方案中患者要配合医生的诊疗方案。而当治疗效果受到影响时，患者首先要向医生或其他专家咨询，若确切地是由于医生的责任所造成的后果，则还可以通过法律手段来维护自己的利益，而非不择手段地采取措施。

3. 构筑信任的社会机制

信任受到社会文化与社会制度等因素的约束，构筑一个良好的社会制度和文化规范对信任具有重要的影响。

首先，社会要重视信任文化的营造。道德文化是维系社会秩序的重要力量，尤其是我国传统的以"信"为道德维度的信任文化遭到破坏时，社会秩序也会受到严重的影响。因此，我们需要建立一种与社会现实相适应的道德体系。主要实现途径除了宣传部门加大宣传和弘扬诚信文化，特别需要加强信任的法制建设。

其次，设立有效的信用制度。信用制度的设立可以为人们的信用情况提供证明、解释和检验，从技术上保证某项信用交易的成功实现，为建立良好的市场经济运行秩序提供制度保障。在生命伦理学实践中，可以借鉴社会信用机制来建立、健全和完善医方的信用制度，奖励守信者，惩戒各种失信行为。信用制度可以将医生个人和医院/研究所的不良交易行为记录在案，有关行政机构可以视此对违规者进行一些惩罚，而患者则可以视此决定是否与之发生交易或继续往来，这样就能有效增强对不诚信行为的可预防性，甚至会减少一些交往中的信息不对称性。

4. 提高科学传播的透明度

在知识上医患关系是专家和普通人之间的关系,这就要涉及科学传播的过程,从科学传播角度来看普通人与专家的社会关系对于普通人是否乐意接受专家提出的观点与态度具有一定的影响。以往关于科学传播的调查研究显示,公众对科学技术了解的程度越高,包括其高技术性、高风险性和难以预测性等种种特征,他们越能够与专家进行和谐地沟通与交流,虽然可能会有分歧的观点,但是这种社会关系大体上是和谐的。相反,那些认为公众即是无知者,只能被动地接受专家的成果应用的专家反而得不到更多的认同。具体到生命伦理学实践中,医学专家或其他医务工作者可以通过各种渠道向公众宣传更多的医疗知识,帮助公众熟悉一些常识性疾病的预防、治疗和护理等医学知识,并让其了解某些医学技术的风险性和难以预测性等。

5. 加强生命伦理委员会的建设

关于生命伦理委员会的建设已经有许多学者提出,目前我国一些省市的医院也已经设立了生命伦理委员会。生命伦理委员会被认为是能够对政策制定、医患关系的矛盾、临床疑难病例方案的伦理选择等内容承担伦理咨询任务,而现实中,这些任务的执行却不够有力度,或者只是空壳,尤其是某些医院的生命伦理委员会不是权力机构,或者仅仅由医院管理人员兼职,这样,生命伦理委员会可能在某些具体的医患冲突中反而优先考虑医院的利益。加强生命伦理学委员会的建设应该向多方面发展组成人员,要包括医务人员,尤其是有一定医学伦理学基础的、具有丰富实践经验的医生,还应该包含生命伦理学专业人员、社会工作者和社区代表以及法律工作者等多学科人员,这种多学科人员的参与可以有利于从不同的角度更全面地分析问题。例如,在发生类似"丈夫拒签致孕妇死亡事件"和"榆林产妇跳楼"[①] 的紧急事件中,医生处于两难抉择,此时可以请生命伦理学委员会介入,替代患者担保签字。

有疾病,就有患者;有患者,就有医生;有医生,就有医学;有医学,

---

① "丈夫拒签致孕妇死亡事件":2007 年 11 月 21 日,怀孕 9 个多月的李丽云在北京朝阳医院因丈夫不同意签字施行剖腹产手术,导致产妇死亡。"榆林产妇跳楼":2017 年 8 月 31 日,榆林绥德产妇喊疼想剖腹产遭家属多次拒绝,选择跳楼自杀不治身亡。

就有生命伦理学。这是一种相伴相生的过程,也是一种闪耀着人性光辉与健康的美,作为以探讨生命科学与医学实践的学科,倡导信任的价值并构建一定的策略是生命伦理学不能回避的重要话题。

理论与中国

学好《孙子兵法》 提高战略思维

任俊华[*]

【内容提要】 本文概述了《孙子兵法》的主要内容，认为《孙子兵法》的战略思想主要体现在修道保法、慎战全胜、保国安民三个方面，并分析了其与当代战略哲学的联系，强调领导干部要汲取孙子兵法战略智慧，提高战略思维理论水平和实践能力。

【关键词】 孙子兵法；战略思维；战略哲学；大战略

《孙子兵法》被尊为"兵学圣典"，有"世界古代第一兵书"之雅称，全书共 13 篇，约 5900 字。《孙子兵法》是一个非常全面完整的体系，它从哲学理念的层面来观察战争现象，揭示和探讨战争的一般规律，提出了一系列指导战争的具体而科学的方法。在战争规律之外，《孙子兵法》还具有宏观视野，涉及政治战略、国家战略的层面，饱含丰富的战略智慧，成为当代战略哲学的重要思想源头。

一 《孙子兵法》的主要内容

《孙子兵法》第一篇名为《计篇》，又称《始计》，讲战争的指导性原则、纲领和全盘计划；第二篇《作战篇》讲战争的动员和准备；第三篇《谋攻篇》讲智谋在军事斗争中的重要性，即以最小代价获取胜利。第四篇《形篇》和第五篇《势篇》讲"形"和"势"两种决定战争胜负的基本因素："形"指客观、确定和具有必然性的因素，如战斗力的强弱、战争

---

[*] 任俊华，中共中央党校（国家行政学院）哲学教研部教授。

的物资准备等;"势"指主观、易变和带有偶然性的因素,如兵力的配置、士气的勇怯等。论述了客观条件具备之后如何通过高超的指挥艺术,通过灵活的战术变化和正确的兵力使用而赢得战争。第六篇《虚实篇》,"奇正"和"虚实"是战争中两个最主要的"诡道",变敌之实为虚,变己之虚为实,致人而不致于人,掌握战争主动权。第七篇《军争篇》讲用兵过程中的谋篇布局,如何在军事动员、调度、组织、筹划等过程中赢得先机。第八篇《九变篇》讲将军根据不同情况采取不同的战略战术,灵活运用各种军事原则。第九篇《行军篇》讲行军、宿营、作战的组织与指挥、利用地形与外在条件观察敌情等问题。第十篇《地形篇》论述不同种类的地形与作战的关系,以及不同地形下的行动原则和相应的战术要求。第十一篇《九地篇》所谓"九地",是依"主客"形势和深入敌方的程度等划分的九种作战环境,在不同作战环境下要相应采取不同的战术要求。第十二篇《火攻篇》讲以火助攻的种类、条件及实施方法等。第十三篇《用间篇》论述军事斗争中间谍使用的重要性以及各种间谍的使用方法。

在理论结构上,《孙子兵法》十三篇大体可分为两部分。一是先胜理论,包括《计篇》《作战篇》《谋攻篇》《形篇》等四篇,重点阐述了战前准备的问题,提出了重战慎战、未战先算、伐谋伐交、有备无患、五事七计、修道保法等一系列理论观点,其核心思想是"计利任势",努力造成军事实力及布势运兵上的绝对优势,最佳理想境界是"不战而屈人之兵";二是战胜理论,包括《势篇》以下的九篇,主要论述了战争实施方面的原则和方法,比如奇正、虚实、掌握主动权、因敌制胜、利用地形地势、火攻、用间等。《孙子兵法》提出了一整套反映军事理论认识对象的范畴,如天、地、将、法、治乱、勇怯、赏罚、虚实、奇正、专分、久速、迂直等。《孙子兵法》精辟地阐述了诸范畴之间的相互联系、对偶性范畴间相克相生的关系、主要范畴与次要范畴之间的相互制约的关系等。这些思想、原则和范畴,都对后世的军事战略理论和实践产生了重要的影响。

二 《孙子兵法》的战略思想

在任何时代,政治和军事都是不可分割的,军事思想因此总与政治思想联系在一起。《孙子兵法》超越了军事领域,从宏观视角阐述了涉及国家、政治层面的战略思想,具体体现在以下三个方面:

(一) 修道保法思想

针对春秋战国时期列国兼并、相互劫夺的情况，孙子给各诸侯国统治者提出一条基本政治原则——修道保法。《计篇》中的"五事""七计"是指导军事行动乃至整个国家的决策的原则基础。"经之以五事，校之以计，而索其情：一曰道；二曰天；三曰地；四曰将；五曰法。""校之以计，而索其情，曰：主孰有道，将孰有能，天地孰得，法令孰行，兵众孰强，士卒孰练，赏罚孰明？"可见，孙子非常注重"道"在国家生活中的作用和意义。

那么，"道"是什么意思？孙子解释说："道者，令民与上同意，故可与之死，可与之生，而不畏危。"即要让人民和君主的心志相通，同生共死而不畏惧退缩。《谋攻篇》说"上下同欲者胜"，即统治者施仁政，赢得人心，国君和人民上下同心合力，才能取得胜利。

"修道"以赢取民心的思想，是先秦时期许多开明思想家的共识。商鞅说："若民服而听上，则国富而兵胜，行是，必久王。"（《商君书·战法》）荀子也说："兵要在乎善附民而已。""下可用则强，下不可用则弱。""爱民者强，不爱民者弱；政令信者强，政令不信者弱；民齐者强，民不齐者弱。"（《荀子·议兵》）

既然"修道"如此重要，那么，如何才能"修道"以赢取人心呢？孙子认为，必须"令素行以教其民，则民服；令不素行以教其民，则民不服。令素行者，与众相得也。"（《行军篇》）"视卒如婴儿，故可以与之赴深谿；视卒如爱子，故可与之俱死。"（《地形篇》）由此可知孙子军事思想和政治思想的统一。孙子还认为，对国内的民众要"修道"，对攻占国百姓也要如此。《火攻篇》说："夫战胜攻取，而不修其功者，凶，命曰费留。"这里的"修其功"也有"修道"的意思，打了胜仗，攻取了土地城邑，必须及时论功行赏，修明政治。否则就会遭殃。

同时，孙子还提出了"保法"的政治主张。《形篇》指出："善用兵者，修道而保法。"孙子也将"法"列入"五事""七计"，因为"法者，曲制、官道、主用也"。"保法"，就是健全军队的组织编制、将吏的管理、军需的掌管等制度，使国家的各项事业和军队建设有硬性的制度保障。"修道"和"保法"都是国家的政治生活中不可或缺的。正如"道者，仁义也；法者，法制也。善用兵者，先修理仁义，保守法制，自为不可胜之政，伺敌有可败之隙，则攻能胜之。"（杜牧注）"无形之军政，即道与法是也。而道与法皆内政之主体。故曰此篇为军政与内政之关系也。"（刘邦骥：《孙子浅说·形篇》）孙子的"保法"体现在健全制度、严明赏罚、明确权限分工等方面。

（二）慎战全胜思想

"慎战"是孙子的战略原则与基本的政治主张。春秋时期，老子、孔子基本上反对战争，但作为一个军事家，孙子是不反对战争的。不过，孙子特别强调，由于战争的胜败关乎国与民的生死，发动战争必须谨慎。《计篇》指出："兵者，国之大事，死生之地，存亡之道，不可不察也。"孙子告诫，统治者决不可轻易开启战端，必须经过深思熟虑。"主不可以怒而兴师，将不可以愠而致战。合于利而动，不合于利而止。怒可以复喜，愠可以复悦，亡国不可以复存，死者不可以复生。故明君慎之，良将警之。"（《火攻篇》）国君不能因一时的怒气而兴兵开战，将领不可因一时的气愤而挑起战端。愤怒可以想法变得欢喜，怨恨可以设法变得高兴，国家如果灭亡了就不可能再重新建立了，人如果死了也不可能重新复活了。所以英明的国君和聪明睿智的将领一定要谨慎考虑。如果不得已一定要打，孙子认为，那也要遵循一定的原则"非利不动，非得不用，非危不战"。没有大好处，没有绝对取胜的把握，面对最大危险，就不得不动用武力来解决。

孙子之所以主张"慎战"，是因为他看到了战争的巨大危害。"凡用兵之法，驰车千驷，革车千乘，带甲十万，千里馈粮。则内外之费，宾客之用，胶漆之材，车甲之奉，日费千金，然后十万之师举矣。"（《作战篇》）"凡兴师十万，出征千里，百姓之费公家之奉，日费千金，内外骚动，怠于道路，不得操事者，七十万家。"（《用间篇》）战端一开，就会极大地影响生产，耗费钱财，给国家的正常运转和人民的生活都造成巨大的灾难。所以不到危急关头，不要贸然发动战争。

孙子还提出了"全胜"的思想，即以最小的军事代价换取最大的国家利益。《谋攻篇》指出："上兵伐谋，其次伐交，其次伐兵，其下攻城。攻城之法，为不得已。""故善用兵者，屈人之兵而非战也，拔人之城而非攻也，毁人之国而非久也，必以全争于天下，故兵不顿而利可全，此谋攻之法也。"意思是，最好的解决之道是用谋略战胜敌人，其次是通过外交手段，再次是用武力，最次的方法也是没有办法的办法是攻打敌人的城池。所以善用兵者，不通过打仗就能使敌人屈服，不通过攻城就能使敌人的城池归己，这样不用损耗兵力利益就可以保全。因此，孙子主张："凡用兵之法，全国为上，破国次之；全军为上，破军次之；全旅为上，破旅次之；全卒为上，破卒次之；全伍为上，破伍次之。是故百战百胜，非善之善者也；不战而屈人之兵，善之善者也。"所以在战场上百战百胜，并不是解决问题的最佳方法；不通过武力就使敌军屈服，才是好中之好。

为了达到"全胜"的目的，孙子认为，不要使战争拖得太久，要速战速决。"其用战也胜，久则钝兵挫锐。""兵闻拙速，未睹巧之久也。""故兵贵胜，不贵久。"（《作战篇》）

（三）保国安民思想

孙子虽然没有区分战争的性质，但认为，国家在做出重大决策时，要考虑与保国安民的目的有没有冲突。

孙子保国安民思想的形成与他生活的社会历史背景有关。春秋时期，周王室的权力衰落，对诸侯失去控制的能力，诸侯甚至个别诸侯国中有势力的卿大夫乘机崛起，争权夺利，形成了"礼崩乐坏"、诸侯林立、社会动荡不安的局面。而思想家们的政治蓝图是追求稳定而有秩序的社会。老子期望回到道法自然的小国寡民社会，孔子则主张社会应有伦理秩序。而作为军事思想家的孙子虽然思考问题的出发点与老子、孔子不同，但也有保国安民的价值取向。

对"人"的重视其实从西周初期就已经开始有了。西周时期，统治者从商朝失德致国灭的教训中深刻地认识到"修德配命""敬德保民""得民者昌，失民者亡"等。"德"被视作政治思想的核心内容。"唯命不于常，唯德是授。""无民而能逞其志者，未之有也。"（《左传·昭公二十五年》）"求宠于诸侯以和其民"（《左传·隐公四年》）等观念在《春秋》等记载那段历史的典籍中比比皆是。但是，当时"富民""保民"的出发点，并不是把普通民众视为政治主体，而仅仅是考虑到民心向背对政治的巨大影响。作为战略思想家的孙子当然也认识到了这一点。

孙子将"道"置于"五事""七计"之首，而"道"最基本的要求就是"令民与上同意"（《计篇》）。如果想要在战争中取得胜利，必须首先取得"民心"，赢得普通老百姓的认同和支持。战争可否的决定条件，只能是国家与人民的利益，"合于利而动，不合于利而止"（《火攻篇》）。因此，军事行动要"非利不动，非得不用，非危不战"（《火攻篇》），军事将领要"进不求名，退不避罪，惟人是保"（《地形篇》），而一国的国君则更"不可以怒而兴师"（《火攻篇》）。"战争是政治的特殊手段的继续"，从根本上说，战争从属于政治，其目的不是为战而战，而是为实现保国安民的最终目的。"慎战""不战而屈人之兵"等思想，都是孙子的政治价值取向的反映。

三　《孙子兵法》与战略哲学

战略哲学的产生有其时代背景和理论渊源。"二战"后，全球战略环境发生深刻变化，和平与发展已经成为当今世界的两大主题。随着全球化和信息化深入，人类命运共同体不断彰显。战略不再侧重于军事、战争的领域，更多地出现在经济发展、企业竞争、科学决策、宏观规划等方面，战略实践出现泛化趋势，对战略现象的反思也达到新的高度，战略哲学学科应运而生。当代战略哲学在反思以往战略理论的基础上，继承发展了传统战略智慧的内涵，作出了新总结，提出了新概念和命题。作为古代战略智慧的经典之作《孙子兵法》与当代战略哲学学科具有千丝万缕的联系，主要体现在以下三个方面：

（一）《孙子兵法》与"大战略"理论的联系

大战略理论是当代战略哲学的重要理论。随着人类历史的发展进程和战略环境的变化，战略现象不再局限于军事战争领域，而扩展到政治、经济、社会、文化等各个领域。这要求战略主体的视野不再局限于军事领域，也扩展到人类命运的各个方面，尤其是发展方面。《孙子兵法》虽然主要讲军事战略，但其"道天地将法"的战略分析框架，囊括政治、制度、君主、将领、民众等要素，有一定的全局性，是大战略理论的萌芽。

（二）《孙子兵法》与战略伦理学的联系

战略哲学学科体系产生的重要标志之一是战略伦理学的初步建构。古今中外的战略典籍可谓汗牛充栋，但是不同战略理论所提出的见解或方案可能大相径庭，这不仅是因为各方采用不同的战略思维方法，更因为战略方法的选择背后，包含战略价值判断、丰富的文化和伦理学根源。战略泛化的时代背景下，战略成为伦理学发挥作用的重要领域，同时战略思维的复杂性、战略现象的多样性，也迫切需要伦理学的指导，需要形成战略伦理的一般价值指导，只有这样才能更好指导全球各领域的战略实践，从而更好地增进人类的整体福祉。《孙子兵法》风靡古今中外，不仅因其战略战术智慧，也因其包含朴素的伦理思想，如充分考虑民生、慎战全胜、保国安民等思想。

(三)《孙子兵法》与战略决策论、战略驾驭论的联系

如果说战略价值论或战略伦理学是战略的方向性指引,战略决策论、战略驾驭论则是战略的具体方法。《孙子兵法》中的"庙算"即战前的战略谋划,"九变"即战争过程中的战略驾驭。当代战略哲学,因时代的发展,使战略决策和战略驾驭的方法和工具不断增多,效率不断提高。信息时代,大数据方法称为战略预测、战略决策的重要方法,虚拟现实、遥感通信等为战略驾驭的重要手段。这当然是《孙子兵法》成书的时代无法想象的,但不能否认,"庙算""九变"等思想,对战略主体的战略决策、战略驾驭仍有价值。

(四)《孙子兵法》与战略哲学"工具理性"的联系

战略哲学强调战略目的与战略手段的匹配性,既要求战略目的符合战略价值取向,又要求战略手段符合工具理性的要求。英国战略家利德尔·哈特(Sir Basil Henry Liddell Hart,1895—1970)指出,迂回—间接路线常常是达到目的的最短路径。间接路线因其低成本、有效性等特点,成为战略的工具理性的重要体现。《孙子兵法》强调"上兵伐谋,其次伐交,其次伐兵,其下攻城","不战而屈人之兵,善之善者也",正是要通过战略的优胜,达到避免战争的目的。战略与战术、战争的区别也在此得到体现。可以说,对战略手段的选择是战略谋划的重要方面,在这方面《孙子兵法》具有"工具理性"的萌芽。

此外,《孙子兵法》还体现朴素的唯物主义思想,强调客观分析现实情况,提升将领的战略认知水平,知己知彼才能百战百胜。《孙子兵法》提出的"奇正""虚实""死生"等哲学范畴,具有辩证法的光芒,闪烁着永恒的魅力。应当辩证地看待《孙子兵法》,汲取其战略智慧,在古代战略智慧的基础上,吸收一切先进的科学和文化成果,推进战略哲学学科不断发展。领导干部应当重视提高自身的战略素养,学习战略哲学相关理论,提高战略思维水平和战略实践能力。

建构性政治与中国道路的建构性特征

罗 骞[*]

【内容提要】 在反思消极政治、革命政治和微观政治的基础上,文章用建构性政治概念概括当代政治的发展趋势,并具体阐释了建构性政治的基本内涵和特征。改革开放以来,立足社会历史条件的变化,中国道路继承和发扬革命政治的实践主体性精神,实现了从革命政治向建构性政治的转化。中国道路在政治层面的特征就是这种建构性政治的兴起并逐渐得到巩固。文章从五个方面概述了中国道路的建构性政治特征及其对当代中国社会全面发展的重要意义。建构性政治的兴起是中国马克思主义当代化的基本形式,也是中国道路对人类政治文明发展可能提供的主要经验。如果这种建构性政治得到普遍实现和展开的话,人类社会历史就可能真正进入一种新的以理性为基础的发展阶段。

【关键词】 消极政治;革命政治;微观政治;建构性政治;中国道路

政治哲学中始终存在实然与应然之间的张力。仅仅在与描述性相对的规范性意义上理解政治哲学,实在是误解了政治哲学的本质,当然也误解了政治实践的本质。政治哲学关于政治的阐释应该是事实性与价值性、描述性与规范性的统一。正是这种对立统一的张力推动着政治实践和政治概念相互促进的历史发展。政治哲学讨论的政治概念并不是现实政治的图像,也不是与现实无涉的应然观念。它不仅仅是对现实政治的"反映",而且是超越现实

---

[*] 罗骞,中国人民大学哲学院教授。

政治的"预期"。在这个意义上，政治哲学的立论基础既不是实然，也不是应然，而是作为二者统一的"能然"，即事实上可行而且价值上应该的观念建构，既要把握政治客观状况又要以应然的观念建构规定政治实践的发展方向。政治哲学提供的不是与实践活动无关的绝对真理，而是历史性的实践真理。因此，政治哲学的基本观念本身在历史实践中不断地发展变化。

今天看来，当代政治实践已经发展到了与传统政治决裂的程度，现代西方的重要政治概念已经到了难以揭示当代政治实践及其发展趋势的程度，而新的政治形态和政治概念已现端倪。在反思现代消极政治、革命政治和微观政治的基础上，我们用建构性政治概括当代政治特征和发展趋势。在我们看来，40年改革开放实践坚持和发展的中国特色社会主义道路，其基本特征就是建构性政治的兴起并逐渐得到巩固。今天，随着中国特色社会主义从富起来走向强起来的新时代，由其奠基并展开的建构性政治发展道路将为中华民族伟大复兴和构建人类命运共同体的进步事业发挥新的历史作用。如果这种立足于中国实践的建构性政治理念在理论建设中也得到展开的话，中国特色、中国风格、中国气派的政治哲学也将是指日可待的事情。唯当中国道路的政治特征在政治哲学层面以标志性的独特概念得到表达的时候，其世界历史性的地位和意义才能真正地确立和巩固起来。

一 建构性政治概念的思想语境：三种政治概念

历史是孕育思想的大地。任何具有生命力的范畴都是从历史的土壤中生成并发展起来的，而不是"无人身的理性"自我展开的结果。西方社会进入近代以来，社会历史的发展也导致了政治观念的根本变化，形成了不同于前现代社会的多种政治概念。全面细致地研究各种具体政治思想以及它们之间的相互关系，不是我们这里的任务。从形态学的意义来看，我们将现代以来的政治概念概括为三种，即消极政治、革命政治和微观政治。这三种主要政治概念的基本含义、主要特征和相互关系的阐释将表明，它们已经不足以揭示当代政治实践尤其当代中国特色社会主义政治实践表现出的新特征和新趋势，因此我们提出建构性政治概念。对三种政治概念的阐释，是建构性政治概念提出的思想语境。

（一）以捍卫个体权利为核心的消极政治。现代政治解放确立了人的主体地位，以自由、平等和博爱的天赋权利观念颠覆了传统的神权政治和世袭专制。在现代解放中，人在政治上成为抽象同一性的公民，个人的出身、血缘、财产、信仰等不再是参与政治的条件，个人的私人生活也不再是政治干预的对象。马克思曾经高度肯定这一现代成就，认为它是在迄今为止的世界制度内人的解放的最后形式。[1] 立足这种自由平等的人权观念，现代权力制衡和民主选举制度将政治的正当性建立在社会认可的基础之上，要求政治国家以服务性的姿态发挥职能并且接受社会监督，捍卫个体权利。限制公共权力和弱化政府职能成为现代政治理论的核心主张。政治权力被要求从公民的私人生活中撤退。与这种政治生活中保障个人自由权利的观念相同，经济生活也要求实行自由放任的市场经济，主张国家权力放弃对经济生活的介入，小政府才是好政府，政府应该成为市场的"守夜人"。经济生活中的市场本位和政治生活中的个人本位都要求限制政治权力，削弱政府的职能。政治被看成消极的被动存在，而不像传统社会中的神学政治或者德性政治那样发挥一种超越现实的建构性力量。我们将这种政治概念及其实践称为消极政治。

由于肯定市场的自发性和个体权利的优先地位，消极政治以制约政治权力和弱化政治功能为基本指向，政治权力被看成一种必要的"恶"。预防政治权力的僭越和腐败，捍卫个体权利和社会生活的独立性成为现代政治的根本出发点。这种消极政治概念建立在政治国家与市民社会、个体权利与公共权力二元对立的基础之上，政治国家本质上被看成社会的附属结构，只应该发挥补充性的维护功能。这种政治概念限制了政治超越性的建构作用。政治活动不再被看成实现个体卓越的领域和构建社会意义空间的积极实践。政治国家只是被看成依据法律制度和科学技术运行的非道德实体，它将信仰、道德和美育等等多种职能留给了个人或市民社会。

在一定程度上可以说，黑格尔已经洞察了这种消极政治概念的局限性。黑格尔十分强调政治的积极作用，他赋予了国家优先地位和积极意义。黑格尔认为："国家是绝对自在自为的理性东西，因为它是实体性意志的现实……这个实体性的统一是绝对的不受推动的自身目的，在这个自身目的中自由达到它的最高权利，正如这个最终目的对单个人具有最高权利一样，成为国家成员是单个人的最高义务。"[2] 在黑格尔看来，国家的使命不在于"保证和保护所有权和个人自由"。否则，按照契约论的路子来理解国家，成为国家的成员就成为"任意的事"。因此，黑格尔以"绝对理性"的国家克服市民社会的"形式的普遍性"，认为市民社会"必须以国家为前提"。一种

---

[1] 《马克思恩格斯全集》第3卷，人民出版社2002年版，第174页。
[2] [德]黑格尔：《法哲学原理》，范扬、张企泰译，商务印书馆1996年版，第253页。

能动性、超越性的政治概念在黑格尔的理性国家观中已经初现端倪了。消极政治概念既不能揭示政治国家的功能，也不能揭示国家形成的机制。今天看来，更不符合当代政治功能强化的普遍趋势。当然，黑格尔对政治国家的积极肯定是从克服市民社会的局限性出发的，既不是因为政治国家作用日益强化这一当代的历史趋势，也没有真正超越现代市民社会与政治国家二元对立的理论立场。尽管如此，黑格尔的理论突出政治国家的建设性作用，对反思现代消极政治概念具有一定的启示意义。

（二）超越现代政治解放局限性的革命政治。马克思曾经批判黑格尔理性主义的国家观，在更加广博深厚的视野中提出了历史唯物主义的革命政治。马克思认为，黑格尔只是按照现代国家的样子描述了它，然后用这种现存的东西来冒充国家的本质，因此充满理论上的自我矛盾。[①] 在马克思看来，现代国家本身建立在现代市民社会的基础之上，现代国家唯心主义的完成同时也是市民社会的唯物主义的完成。[②] 马克思深刻地揭示了作为现代政治解放成果的自由、平等和民主权利的抽象性、形式性。"完成了的政治国家，按其本质来说，是人的同自己物质生活相对立的类生活。这种利己生活的一切前提继续存在于国家范围以外，存在于市民社会之中，然而是作为市民社会的特性存在的。在政治国家真正形成的地方，人不仅在思想中，在意识中，而且在现实中，在生活中，都过着双重的生活——天国的生活和尘世的生活。前一种生活是政治共同体的生活，在这个共同体中，人把自己看作社会存在物；后一种生活是市民社会中的生活，在这个社会中，人作为私人进行活动，把他人看作工具，把自己也降为工具，成为异己力量的玩物。政治国家对市民社会的关系，正像天国对尘世的关系一样，也是唯灵论的。"[③] 马克思由此指出，现代解放只是政治解放，而不是全面的人类解放。如果不能改变现代市民社会本身的基础，政治国家就不可能解决在此基础上产生的问题。

在马克思看来，未来解放应该从政治解放推进到物质生活领域，实现人类生活所有领域的全面解放，而不仅停留在思想自由和政治自由的权利层面。同时，新的解放更不应该只是资产阶级获得统治的权力，不应该只是部分人的获得解放，而应该是人类整体的解放。因此，马克思主张以革命的方

---

① 参见《马克思恩格斯全集》第3卷，人民出版社2002年版，第80—81页。
② 《马克思恩格斯全集》第3卷，人民出版社2002年版，第187页。
③ 同上书，第172—173页。

式实现社会经济基础的变革，消灭资本主义生产方式，以实现人类社会的整体解放。革命成为马克思理论的核心范畴。马克思的政治概念可以称为革命政治。此种革命政治理论突破了现代政治解放的界限，对政治实践的形式、目的、主体、功能等方面的阐释都不同于现代消极的政治概念。在这种革命政治概念中，政治的任务不是维护已经确立的资本主义统治，不是停留于捍卫个体的抽象权利，而是积极地摧毁现代资本主义的政治统治秩序本身。革命作为根本的政治实践活动，是改变现实、创造历史的本质力量，现代的程序正义、民主选举、权力监督、舆论自由等都不再是理论探讨的中心，也不是革命政治的目标，而是反思和超越的对象。

在这个意义上，革命政治是现代解放政治理论的推进，它不是否定而是要求彻底实现现代自由解放的目标。正是通过革命政治的传播，马克思思想改变了世界历史进程，成为当代思想和社会现实的基本构成要素，如今仍然是各种左翼思想的精神来源。然而，十月革命胜利七十多年后，苏联解体、东欧剧变导致了共产主义的大面积"塌方"（福山用语），革命政治的名誉遭到了极大毁损。在一些后现代主义者看来，革命政治彻底变革社会的蓝图不过是乌托邦梦想。与此同时，宿命论的历史观再度成为当代普遍的历史意识，现代的自由民主制度被看成了人类历史的终结。[①] 在当代社会历史的语境中，如何坚持和发展马克思主义的政治理论，革命政治创造历史的主体性精神如何得到传承，这是当代政治理论必须面对的问题。毫无疑问，对通过马克思主义革命理论取得政权，并坚持用马克思主义指导中国特色社会主义建设实践的中国共产党来说，继承革命政治的主体性精神，将它转化为社会建设实践中的能动力量，是一个事关根本的问题。

（三）立足于小叙事的后现代微观政治。整个现代政治总是高举自由、民主、平等的旗帜，以解放话语承诺实现完美的社会状态。20世纪中后期产生的后现代主义，开始全面批判现代以来的解放政治和革命政治，认为现代性的解放话语导致了20世纪以来的战争和历史灾难，人类应该放弃人性的完美主义假定和宏大的解放承诺。按照利奥塔的说法，现代性事业（普遍性的实现）不是被放弃或者遗忘了，而是被毁灭了、"清算"了。[②] 随着这一现代性事业的崩溃，思想界弥散着浓烈的怀疑主义和悲观主义情绪。后现代

[①] 参见［美］弗朗西斯·福山《历史的终结》，黄胜强、许铭原译，远方出版社1998年版，第1页。

[②] ［法］利奥塔：《后现代性与公正游戏》，谈瀛洲译，上海人民出版社1997年版，第168页。

主义正是这种悲观失望在思想上的表现。后现代主义者利奥塔自己就指出了一点:"随着这一事业的崩溃,一种无法消除的怀疑被铭刻在欧洲的,也许是西方的意识里面:历史并不如康德所认为的那样,必然地'向更好的方向'前进,或者说,历史并不一定拥有普遍的目的。"①

在这种普遍的悲观情绪中,后现代主义质疑人类解放的宏大叙事,质疑建立一种理想社会的思想前提和实践努力,形成了消极政治和革命政治之后的第三种政治概念,我们称之为微观政治。后现代主义者批判马克思主义的革命政治在内的现代解放政治,是立足于抽象人本主义和理性主义的宏大叙事,一种改变现实的社会工程学。后现代主义认为政治没有绝对基础、绝对原则和绝对目标,将政治活动看成立足于当下的、具体的微观实践,甚至是一种话语游戏和公共娱乐。后现代主义的罗蒂曾经指出,我们已经走到了大写哲学、大写政治终结的时代,政治只是处理具体事件的微观实践。在罗蒂看来,小实验小变革才是一种真正的历史性意识,是现实的经验主义立场,"充分认识历史性意味着减轻痛苦和克服非正义的小的实验方法",在谈论真实政治时要满足于具体和平凡。②

后现代主义虽然激烈地批判现实,但是,放弃了未来目标的激进批判在实践上却成了现实的同谋。后现代微观政治面临着一种自我解构的悖论和困境,它只是反映了当代世界多元性的复杂格局,并不能承担起一种明确的历史使命。尤其是在游移不定的多元主体中寻求某种共通性,立足微观实践否定实体性组织的必要和可能,后现代的批判力量弥散和消解于居无定所的话语之中,仅仅成为一种话语诉求和思想姿态。同时,在差异性和个体性被极端强调的情况下,极端否定性的政治思想完全可能陷入虚无主义和相对主义。真正说来,今天人类面临的重大挑战和现实困境不是个体的微观实践能够应对和处理的,它需要的恰恰不是否定而是强化政治国家的担当和责任,不只需要作为微观话语的小叙事,更需要能够把握时代和历史发展趋势的宏观理论。

在当今全球一体化加深加快的过程中,人类社会面临的挑战越来越多,政治影响的领域越来越广,政治的作用也越来越大,人们参与政治的方式也越来越多,政治在社会历史发展中的作用和政治实践模式都在发生巨大的历史变化。与此同时,人们的世界观、历史观和价值观也都在发生巨大变化。

---

① [法]利奥塔:《后现代性与公正游戏》,谈瀛洲译,上海人民出版社1997年版,第182页。
② [美]理查德·罗蒂:《真理与进步》,杨玉成译,华夏出版社2004年版,第204页。

传统的政治概念已经不能概括和反映当代政治的基本特征和发展趋势，一种新的政治实践和政治理念正在形成。我们称之为建构性政治的兴起。建构性政治概念是在反思现代三种主要政治概念的基础上提出的，是在政治哲学理念的层面对当代政治实践形态的抽象，而不是指某种具体的政治方案、政策或者战略等等。我们需要对这一概念的哲学内涵进行规定。

二 建构性政治概念的基本内涵和特征

人是天生的政治动物，并且社会历史天生就是政治性的。只要有人和人的社会，就有政治。但是，政治实践形态和关于政治的基本观念则是在社会历史变迁中不断发展变化的。政治观念总是产生于特定时代的政治实践同时又指引政治实践的展开。从20世纪中后期以来，当代政治的使命、影响、方式、观念都发生了深刻变化。政治因素渗透到了生活的方方面面，大到人类生存的未来，小到人们日常生活中的吃穿住行，政治的作用越来越大，影响越来越宽。我们认为，消极政治、革命政治和微观政治已经不能反映和揭示当代政治实践的发展趋势。我们用建构性概念来概括和揭示这种变化和趋势。简言之，建构性政治认为政治并不是社会的一个构成部分或者局部领域，而是社会历史发展的基本组织方式和基本推动力量。面对当代社会遭遇的各种困境和当代政治功能普遍强化和拓展的趋势，建构性政治概念不同于消极政治、革命政治和微观政治，它突出强调政治国家发挥积极的建构性作用，以渐进的方式维系人类生存并且推动社会整体的发展。建构性政治概念是对政治形象的重塑，试图提供一种积极的、理性的总体性政治概念。

第一，政治被看成构成社会历史的存在论范畴。在传统本体论中，存在被理解成生存实践和经验现象之先和之外的绝对本体或绝对原则。哲学探究的是不受时间和空间限制的绝对真理，因此本体论成为第一哲学。与此不同，后形而上学的存在概念是指多元差异的经验世界，是现实而不是抽象的同一性本体。不论对马克思主义还是存在主义来说，存在不仅被理解为经验现象而且被理解为人类活动中介的具体过程。通过经验现象和实践活动概念的突出，传统形而上学先验主义、抽象主义、还原主义和本质主义的存在概念被瓦解了，多元性、具体性、实践性、历史性和社会性等范畴进入了存在论。在这个意义上，社会历史被阐释为由人的生存实践在物性世界中建构的超越物性世界的存在空间和存在领域，实践概念具有了基本的存在论意义。

在这样一种由实践中介的存在概念中，作为公共活动、公共空间和公共制度的政治就具有了根本的存在论意义。政治被看成构成社会历史的内在维度，或者说人类存在的存在条件，而不仅仅是与其他生活领域并置的一个领域。作为社会历史的构成条件，政治贯穿和体现在审美意识、道德实践、日常生活，尤其是物质生产等人类存在的方方面面。正是在这个意义上，我们可以重新阐释亚里士多德"人是天生的政治动物"这一命题。社会和历史天生是政治性的，政治是人类存在的基本条件，是社会历史的内在要素和动力。社会历史的实际面貌和发展进程，受到政治因素的普遍中介和普遍推动。人的存在和由人的生存实践构成的社会历史需要被政治地理解，政治成为我们理解和把握社会历史构成和发展的一个基本视角。建构性政治概念首先强调的就是政治的这种社会历史存在论意义。

政治活动作为人类的基本实践活动，连接着内在的主体诉求和外在的客观条件，社会历史就是在这种主客体双向制约和双向构成的生存实践中建构的共在空间和共在过程。作为在物性中存在又超越物性的存在领域，社会历史乃是实践中面向未来展开的超越状态和超越过程。没有实践的能动性视角，将现实看成自在过程，哲学就容易成为抽象的本体论，哲学智慧就容易单面化为绝对真理，社会历史就会被看成命定论的必然过程。所谓处于意见领域的政治就会被探索绝对真理的哲学贬低和小看。与传统的哲学和政治概念不同，在建构性政治概念中，立足于实践为基础的存在论视域，政治被理解为人类自我维系、自我生产和自我超越的基本共在方式。以建构性政治概念为核心的政治哲学将从本质上瓦解存在与实践、哲学与政治以及真理与行动之间的传统二元论。哲学真理不再被看成观念中绝对正确的知识，而是人类的生存智慧。政治不再被看成没有真理性的经验行动，而是在作为生存智慧的哲学真理指引下创造和守护着人类存在的本质活动，是人作为类自我展开和自我实现的根本实践。

第二，承担守护人类生存的基本使命。政治是构成社会历史的基本实践活动，是人类自我发展和自我实现的共在方式，影响着社会的基本面貌和发展趋势。然而，今天人类的自我发展导致了自我毁灭的现实可能性，人类的生存实践已经触及到了自身存在的多重底线。人类社会与自然环境的矛盾、人类社会内部的矛盾以及当今人类发展与未来人类之间的矛盾都意味着人类整体面临着存亡的问题。人类毁灭的现实可能性应该成为理解当代政治的根本问题。政治概念不能停留于实现自由、平等、正义等理念上，进步主义和发展主义不再能够单方面地构成政治叙事的基础，追求自由解放的同时人类政治面临着守护人类存在的根本使命。政治叙事的出发点不能只是捍卫个体权利，甚至不再停留于民族国家独立发展，人类已经成为一个相互联系的命运共同体。政治阐释必须站在这种人类命运共同体的高度，站在维系人类生存的高度理解政治的基本职能。建构性政治概念不仅在创造和改变现实，亦即是追求自由全面发展意义上理解政治，而且还存在守护、维系人类不至于在自我创造中自我毁灭的意义上理解政治实践的基本意义。建构性政治超越了现代消极政治、革命政治和微观政治，引进人类毁灭的死亡意识，在这样一种人类生死存在的高度理解政治的意义，将维系和守护人类生存突出强调为政治的基本使命。

正是在这种存在论的高度上，建构性政治超越了技术政治、权利政治、生命政治等等概念对政治的理解，政治不再只是被看成一种技术统治、利益分配、公共服务、意见表达、权利捍卫、欲求实现的方式。诸如此类的政治规定固然不错，但从今天人类面临的处境而言，它们严重地低估了政治的存在论使命和存在论意义，仅仅将政治看成是社会内部利益关系的协调和处理，而没有站在人类存亡的高度上把握政治。建构性政治概念，就是在人类生死存在的高度突出强调政治守护存在的使命，强化政治的历史使命和担当意识。政治的任务不仅在于创造美好的未来，实现自由发展，而且在于守护人类的存在，避免人类自我发展带来自我毁灭这一根本灾难的发生。

第三，承担建构精神价值空间的职能。由于反对极权主义和等级专制，现代政治强调作为个体权利的自由、平等和民主，政治叙事的基础是个人主义、利己主义和功利主义的，性恶论成为现代政治理论普遍的人性假定。公权不仅不再承担社会教化的道德责任，而且本身被看成是不得不存在的一种恶。因此，政治理论的核心是弱化政治职能，强化权力制约。政治理论的立足点被降低到了最低线的基础上，政治不再被看成是构建伦理社会的基本方式。孔子说："政者，正也。子帅以正，孰敢不正？"（《论语·颜渊》）孟子曾经说过："君仁，莫不仁；君义，莫不义；君正，莫不正。一正君而国定矣。"（《孟子·离离上》）传统德性政治中建构精神意义空间的超越性被现代消极政治瓦解了，政治成为一种以科学性和技术性为本质特征的社会管理，不再承担德育教化的基本作用。建构性政治概念认为，人类社会是生存实践中建构的超越实存的可能性空间，在超越物性的精神空间的建构过程中，政治应该继续发挥根本的导向作用，而不只是利益协调、权利保障和社会秩序维护。政治应该具有道义的担当，追求真、善、美的统一，努力构建德性的社会生活，政治必须维护个人的平等权利和社会公正，但不应该只是狼性社会的参与者和维护者。

承担这种超越物性的建构功能，政治领域本身的建设必须包含理想建设，道德建设，信念建设，原则建设，理念建设等，在人类德性的养成和精神的教化中发挥标杆性的作用。而不是相反，政治本身成为社会道德和社会风气衰败的重灾区。真正说来，技术的、制度的、法律的建设只是政治建设的形而下层面，只是起到保底的作用，今天却被看成本质性的甚至是唯一的任务了。没有内在精神和德性的约束，再先进、再完善的制度体系都可能毁在腐败者手里。相反，高尚和善良的人很少需要外在法律和道德的制约。政治权力当然需要防范性的制约措施，但不能陷入制度崇拜，贬低甚至放弃政治中的德育和德性。如果政治失去了道德操守和理想追求，升官发财被看成是为政的目的，发展经济被看成是政绩的唯一指标，政治实践被看成唯利是图的领域，它的衰败和社会生活本身的庸俗化就是难免的。

建构性政治强调政治中的德性，不仅强调政治领域本身的道德建设，而且强调政治在道德美育等精神领域建构中的积极作用。当然，建构性政治概念并不否定对权力制约和规范，将权力假定得绝对纯洁。相反，它把权力的规范运行看成是政治完成其使命的必要环节，看成是政治塑造其德性形象的基本要求，因此从根本上强化了权力制约的重要性。然而，权力规范不能只强调法律制度表层约束，而是要深入到人的灵魂深处，使之成为一种理性的自觉，成为一种当然的价值取向。为官有"德"有"道"，而不是单纯与个人的利益联系在一起，才能廉政勤政，才能自律自洁。

第四，强调以实践为基础的辩证历史意识。社会历史作为立足于物性世界却又超越物性的存在领域，是实践开启的跳跃与渐进辩证统一的过程。革命方式实现的历史飞跃作为质变是历史的非常态，而渐进作为量变才是社会历史过程的常态。立足于这样一种辩证的历史观，建构性政治主张通过渐进的方式改变现实，既不放弃主体性的创造精神，也不主张毕其功于一役的激进实践。教条的革命论者只是崇拜暴力和激进的方式，而低估渐进式改革，忽视了在漫长的历史渐变过程中常态建设具有更加普遍的意义。相反，也存在抽象地否定革命可能性的立场，质疑改造现实的主体性精神，将社会历史看成是自在过程的宿命论观点。建构性政治概念超越这两种极端的取向，强调辩证的历史观念和理性的历史精神，突出渐进性实践在社会常态发展中的根本意义。但同时认为，如果以渐进性的方式没有成功化解社会的结构性矛盾和冲突的话，社会革命总是可能的。

由于这种辩证的历史意识，建构性政治概念不预设历史的透明状态，好像通过某种政治实践，不论是改良或者革命，人类能够进入彻底解放、不再有对立和冲突的完美状态，而是将社会历史看成实践中不断生成的辩证过程。只要人类存在，这一过程就是流动的，不可能达到静止的、绝对的完美境界。建构性政治概念批评宿命论历史观的同时，批评历史的终结论，它不为政治实践寻找绝对的正当性基础，也不为政治实践寻找绝对的终极目的。建构性政治概念认为，历史只是人类生存实践中展开的建构性过程，没有抽象的绝对必然性提供保证，也没有绝对的终极状态等待达到。建构性概念意味着人类始终向未来敞开，社会历史就是实践建构中敞开的辩证的可能性过程。

第五，坚持发扬创造历史的主体性精神。立足于辩证的历史意识，建构性政治概念突出强调主体的创造性，强调人类自我担当的使命意识。主体觉醒是现代的基本成果，主体性被阐释为现代性的基本原则。这一原则包括了两个层面，一个是人本身被理解为价值的根源，人成为目的；另一个是人被理解为推动社会历史发展的动因，人成为动力。主体性的历史观意味着人被理解为历史发展目的的同时被理解为推动历史发展的动力，人以自己的实践和行动来实现和满足自己。解放政治充分地体现了这种现代的主体性意识。然而，现代主体性在追求进步和解放的同时包含了强烈的支配逻辑。[①] 人甚至将自身看成取代上帝的历史主宰，能够通过把握历史的必然来创造历史，人成了绝对的尺度和绝对的目的。通过反思 20 世纪上半叶战争和暴力带来的灾难，后现代主义的微观政治明确地批判这种主体主义，质疑改造现实和创造历史的主体性精神，通过对革命政治的批判放弃了政治的担当和使命。在这个意义上，微观政治概念与消极政治概念存在着相同的地方。它们对政治权力和政治职能持消极的立场，站在政治国家和公共权力的对立面批判和反思政治。

建构性政治概念强调政治积极的建构性功能，主张继承和发扬革命政治的主体性精神，突出政治创造历史和守护存在的双重使命，呼唤主体性的担当精神和创造精神。但是，由于经历了后现代主义的思想洗礼，目睹了绝对主体性张扬带来的现实灾难，建构性政治概念包含了超越绝对主体性的自我限制的边界意识。主张培育历史的理性精神，以渐进的方式发挥政治的积极作用。这是一种温和的主体性立场。这种温和的主体性立场反思历史目的论的乌托邦冲动和激情，将人类历史理解为人的主观能动性与客观制约性相互

[①] 参见［德］马克思·霍克海默、西奥多·阿多诺《启蒙辩证法》，渠敬东、曹卫东译，上海人民出版社 2003 年版，第 6、7 页。

作用的渐进展开过程，因此充满了历史的理性精神和辩证的实践智慧。在历史的发展过程中，人绝不是绝对的主宰，也不是消极被动的提线木偶，而是有限的能动主体。强调这种温和的主体性立场，建构性政治坚持超越现实的理想，主张渐进地发挥政治的能动性和创造性以推动历史的发展。

三 中国道路的建构性特征

面对当代人类生活的复杂化、总体化以及人类生存危机的加重加深，政治发挥着越来越重要的作用，越来越体现出建构性政治的特征。当代中国改革开放40年取得的伟大成就和中国道路的成功，可以看成是建构性政治兴起的标志性事件。中国的改革开放实践将革命政治的主体性精神转化为和平建设时期的强大动力，政治国家以一种渐进的方式积极地推动整个社会的全面发展，承担着社会跨越式发展引领者和助推器的作用。这是当代中国道路成功的基本政治经验。提出建构性政治概念就是为了总结当代中国社会主义建设中的政治经验，从政治哲学理念的层面重新理解政治在当代社会历史中的积极作用以及基本特征。在我们看来，中国道路表现出的建构性政治特征是多方面的，其中主要有以下几个方面。

首先，政治国家对社会的整体进步发挥着根本的建构性作用。在全球化和现代化的过程中，中国属于后发的发展中国家。处于后发阶段的国家如何以昂扬的姿态实现高速的跨越式发展，没有现代的市场经济不行，但是单靠社会和市场的自发性也不行。从中国改革开放40年取得的巨大成就来看，在当代中国社会的全面进步和高速发展中，在执政党的坚强领导下，政治国家起到了动员、组织、实施等根本性的作用。从目标定位、战略规划到坚决实施，都没有离开强大的政治力量。不仅改革开放的基本国策本身是由政治上的决断发动的，而且整个建设实践都是在执政党的坚强政治领导下有步骤有组织地展开的。改革开放初期就形成了以经济建设为中心，坚持改革开放，坚持四项基本原则的社会主义初级阶段的基本路线，充分地体现了特殊的政党政治在社会发展过程中的巨大作用。党的十九大报告提出，我国从富起来走向了强起来的发展阶段，在新的发展阶段上到建国100周年前后努力把我国建设成为富强文明民主和谐美丽的社会主义强国。"两个一百年"的战略目标和"两步走"的发展步骤又将成为新时代的行动指南，对社会整体发展起到根本性的推动作用。

改革开放初期，邓小平以改革也是一场革命的命题将革命政治有效地导向了社会的常规性建设，革命的主体性精神成为社会建设实践的强大精神动力。改革开放的政治话语不是放弃而是继续强调政党政治的积极作用。可以清晰地看到，改革开放的主导逻辑不是自由放任式的小政府大社会，不是在个人本位和社会本位的基础上主张政府只是"守夜人"，从而削弱和制约政治功能的发挥。政治国家和市场社会从来没有被放到二元对立的框架之中，没有陷入对市场自发性的盲目崇拜。相反，政治力量是推动当代中国社会全面发展的根本因素，政治力量渗透到了社会生活的方方面面。相对于改革开放之前，政府的职能转变了，政府实现职能的方式转变了，但它推动社会发展的作用不是弱化了，而是强化了。随着改革开放的深入和发展，我国社会走向了强起来的新时代，社会的主要矛盾发生了转变，但国家和政府在社会发展中的积极作用将不会变化，执政党领导全国人民实现中华民族伟大复兴的历史使命不变。可以说，建构性政治是当代中国道路的优势所在。

其次，逐渐培育了辩证的历史观念和历史的理性精神。建构性政治概念认为，历史是渐变与飞跃相统一的辩证过程，但渐变是社会历史发展的常态，飞跃是非常态，革命只会发生在社会剧烈冲突的关节点上，是历史剧烈飞跃的瞬间。因此，不能将革命看成是历史发展的唯一途径。经过改革开放的实践，中国社会逐渐形成了这种渐进性的历史观念，社会进入了常规化的发展道路。社会主义初级阶段理论，社会主义阶段性的发展战略，将实现共产主义看成是漫长的社会历史过程，这些思想都充分体现了辩证的历史观念和历史的理性精神，为稳健的社会建设提供了思想基础。按照邓小平的说法："巩固和发展社会主义制度，还需要一个很长的历史阶段，需要我们几代人、十几代人，甚至几十代人坚持不懈地努力奋斗，决不能掉以轻心。"[①]这样的表述，既要求坚持社会主义的发展方向，同时又指明了社会主义建设的长期性、艰巨性，复杂性，既要求人们有一种冷静的客观理性，不陷入乌托邦式的盲目冲动，又要求坚定信仰，发挥积极的主观能动性，充分体现了辩证的历史精神和高超的政治实践智慧。过去"三步走"的发展战略，以及十九大上一脉相承地提出的"两个一百年"的发展目标等，既扬弃了激进的革命政治，又主张积极有为，将革命精神转化成了长期建设的内在能动性，社会充满生机和活力。中国道路正在以渐进性的方式促进中国社会的全面发展，正在将中华民族的伟大复兴一步一步地变成现实。这种立足于辩证历史

[①] 《邓小平文选》第3卷，人民出版社1993年版，第379—380页。

意识的渐进性发展道路，是建构性政治的显著特征。

再次，政治话语从二元对立的斗争观念向多元共存的和谐观念转变。在革命战争年代，主导的是二元论的阶级斗争话语，这是现实的客观需要。改革开放提出以经济建设为中心的社会主义初级阶段基本路线，放弃了阶级斗争为纲的路线，政治的主流话语发生了根本性转变。这一转变过程是通过反对阶级消亡论的同时反对唯阶级论实现的，话语的辩证性确保了话语转化的连续性和渐进性。这种话语转变提供了宽松的政治环境，使得全民能够聚精会神搞建设，一心一意谋发展。在这个过程中，个体自由权利，民族国家复兴，人类存亡等等都成为政治理论关注的问题，成为政治正当性论证的基础。政治叙事维度的多重化，使得立足于二元冲突的政治话语转变成了顾及多重因素和各方利益的新政治话语。为实现中华民族的伟大复兴而提出的中国梦，为了实现可持续发展提出的生态文明建设，为实现人类的共同发展提出的构建人类命运共同体等等，都体现了政治叙事的多重化。通过民主文明复兴主题的纳入，人类命运共同体主题的纳入，拓展了国家内部和国家之间交流对话的空间。

与叙事主题的多重化相联系，政治叙事的核心原则也从对立斗争向和谐共存转变。从改革开放初期提出的和平与发展取代战争与革命成为时代的主题，到胡锦涛时代的构建和谐社会与和谐世界，以及十八大以来的一系列提法都可以看到这样一种深刻的转变。这种话语转变还从中国传统思想中找到了渊源，从而有效地同中华文明的伟大复兴有机地联系起来。万事万物之间都存在着对立统一的关系，曾经的革命政治突出强调矛盾对立性的一面，赋予斗争性的优先地位，当代的建设实践突出的却是矛盾的同一性，强调共荣共存。社会的主要矛盾和矛盾的主要方面发生了变化，政治的理论叙事本身也必然发生变化。这种叙事原则的变化体现了一种继承与发展的关系，是革命政治向建构性政治转变的根本体现。

复次，依法治国的法制化过程保证了社会渐进发展的稳定性。毛泽东说，我们不但善于打破一个旧世界，还将善于建设一个新世界。[①] 革命的任务是打破旧世界，革命者取得政权只是万里长征走完了第一步，目的是建设一个新世界。古人说，可以马上得天下，但不能马上治天下。革命第二天面临的建设实践是一个漫长的历史过程，不可能暴风骤雨式的瞬间就实现飞

---

① 《毛泽东选集》第4卷，人民出版社1991年版，第1439页。

跃。革命成功之后，不忘初心，如何以渐进方式利用政权实现革命的目的，是革命党成为执政党之后面临的根本问题。能不能辩证地处理好这一问题是执政的革命党面临的重大考验。在这一考验面前，革命政权具有退化变质的可能，甚至有面临被革命的可能，曾经的革命者可能成为被革命的对象。从这个意义上讲，任何一种革命本质上都是以反对革命为根本的目的，必须以确保自己不被革命。问题只在于取得政权之后，它是否真正能够建立良好的制度实现革命的初衷，推动和维系社会健康良性的发展。因此，革命政权必须要实现社会管理的制度化和规范化，将革命的能量引向常规化的社会建设实践。

改革开放果断地放弃了不断革命的理论，政治活动逐渐纳入制度化、规范化、法制化的轨道。终止了领导人的终身制，建立了程序化、规范化的人事制度，减少了领袖人事变动对社会的影响，确保了社会发展进入到稳定的渐进发展模式。改革开放的发展过程中，虽然不同的阶段有过小的曲折，但法制化在不断加强，依法治国如今已经成了基本国策和普遍意识。社会运行和管理依靠规范化的制度和法律，避免了人为的任性和非理性的冲动。合理的制度和公正的法律是保证社会稳定运行和健康发展的基本条件。改革开放以来，制度化建设的逐渐推进，既是建构性政治的根本要求，也体现了建构性政治的基本特征。

最后，理想信念建设扬弃了作为技术管理的中性政治概念。现代性政治显著的特点是价值中立化，消解了政治崇高的道德担当，传统的德性政治转向了中性的行政管理。中国道路得以顺利展开的政治概念与这种现代政治概念存在着本质的差异。继承马克思主义的革命精神，政治始终被赋予了正面的意义，它是一种解放的力量，进步的力量，包含了超越的道义高度和理想信仰。为政不是一种与其他职业等同的职业，从政者不仅要求良好的工作能力，尤其要求有优秀的道德品质和坚定的政治信念。马克思主义政党的政治思想建设本质上包含了道德修养和伦理要求，从来都要求德才兼备。这一点我们从《为人民服务》《论共产党员的修养》等政治著作中可以看到。政党在当代中国政治生活中根本就不是西方意义上从事选举的组织，而是对社会历史发展具有道义担当的先进力量。政治根本不是被看成一种不得不存在的恶，不是价值无涉的技术管理，而是追求理想、追求崇高，具有内在道德担当和崇高使命的伟大事业。在这个意义上，社会主义政治在更高的层面上继承和发扬了古代政治中的德政传统。在革命后的建设实践中，作为政治领导核心的执政党，必须将自己树立为社会道德的标杆和旗帜。在道德精神建设中发挥积极的作用,这是当代中国建构性政治与消极政治和微观政治不同的地方。得道者得天下,只有将理想信念和思想道德建设紧密地结合起来,确保政治权力和政治主体拥有道义的正当性基础,才能为政治发挥积极的建构性作用提供长久的支持,才能为中华民族的伟大复兴提供强大的凝聚力和精神支持。

余 论

我们可以从多种视角和多种层面揭示中国道路的特殊性,总结中国道路的成功经验,阐释中国道路的世界历史性意义。在我们看来,建构性政治的兴起是当代政治实践的显著特征和基本发展趋势。一方面,随着全球化时代的到来,民族国家的内部和国家之间都面临着越来越多的困境和挑战,政治发挥着越来越重要的总体性作用。政治体系的功能不再只是一般的秩序管理,确保社会的公平正义,而是承担着维系人类生死存亡的重大使命。在这样的背景下,革命政治、消极政治和微观政治概念都不再适应时代的需要,政治正在以一种积极的方式发挥着强大的建构性作用。中国改革开放40年实践的成功经验和基本特征,正是建构性政治兴起的典型表现,它代表了当代政治发展的基本方向。在这个意义上我们可以说,建构性政治的兴起是马克思主义革命政治当代化和中国化的基本成果,是中国道路对于人类政治文明发展可能提供的主要经验。另一方面,当今世界并不太平,各种暴力冲突和对抗此起彼伏,建构性政治的理念和实践面临着挑战。在这个意义上我们又不得不说,建构性政治还处在最初的萌芽阶段,它只是我们对当代政治初现端倪的发展趋势的揭示与期待,因此只是一种立足于"实然"的可能的"应然"。唯当这种趋势和期待在坚持和呵护中变成普遍现实的时候,我们才可能说,人类历史和人类政治真正进入了一种新的发展形态。我们今天的实践和理论努力,正是为这样一种新形态的到来做准备。

在这种人类历史和人类政治的新形态中,马克思主义当代化和中国化也将进入新的发展阶段。立足于建构性政治概念,我们可以初步地将马克思主义的这种新阶段称为建构性马克思主义。在我们看来,建构性马克思主义的兴起和巩固是当代中国实践对马克思主义发展的基本贡献。建构性马克思主义的兴起,不仅是当代社会历史变迁的根本要求,也是当代思想原则变迁的根本体现。中国实践中提出的构建人类命运共同体,铸牢中华民族共同体意识,建设社会主义现代化强国等根本命题,都体现了建构性的时代精神和时代原则。这种建构性特征充分表明，马克思主义不仅有革命的理论形态，而且能够发展出建构性的理论形态，马克思主义的革命理论和革命主体性精神可以转化为社会建设中的强大力量。革命从来不是目的本身，就像解构永远指向的是建构，甚至本身就意味着建构一样，建构性马克思主义是马克思主义发展的必然结果，是马克思主义理论和实践中展开的下篇。以建构性的政治实践为基础，当代中国正在以磅礴气势续写这部摄人心魄的理论篇章。当然，从建构性政治概念出发，关于建构性马克思主义理论本身的阐释就不是这里的任务了，我们将会以专题性的方式展开。

柏拉图阅读中的几个问题（上）

成官泯[*]

【内容提要】 19世纪后半期以来主流学界形成的对柏拉图著作真伪的看法，以及对柏拉图著作顺序及思想发展的看法，基于对古代著述的并无根据的现代想象，因此，更合理的做法是，回到忒拉绪洛斯所厘定的"正典"，并在阅读、解释柏拉图著作时放弃早、中、晚三期框架。若阅读柏拉图时充分注意对话录的戏剧特征，阅读便成为一种特殊的生存经验：在读者与苏格拉底或哲人之间存在着张力。柏拉图珍藏或隐藏了历史上真实的苏格拉底，把我们引向"变得又美又新的"苏格拉底，因此，阅读柏拉图，对于每一个曾有爱智冲动的人来说都是一种心灵的陶冶。

【关键词】 苏格拉底；柏拉图；苏格拉底问题

学习哲学的人，在初步了解哲学史之后，最有必要做的事，就是读哲学原著。在阅读哲学原著时，我们遇见的第一个大哲是柏拉图。人们阅读柏拉图的历史源远流长，由此形成了各种各样的门派、套路，研究柏拉图的第二手文献汗牛充栋，有志于原汁原味地领略柏拉图思想的读者，当然不能忽视这些套路和文献。自19世纪后半期以来，经过一百多年的积淀，柏拉图研究界逐渐形成了一种主流的阅读套路，我们在这里就探讨与这个主流套路相关的几个问题，并结合我们的思考提出一点建议，这虽然算不上柏拉图研究中的"前沿"问题，却是我们读柏拉图时首先要面对的重要问题。

---

[*] 成官泯，中共中央党校（国家行政学院）哲学教研部副教授。

一　真伪问题

我们的时代去圣久远，柏拉图的著作写于差不多 2400 年前，在柏拉图著作的漫长流传中，免不了出现真伪纷争。

在探讨柏拉图著作的真伪之前，我们得搞明白古代著述的一些基本事实。首先，古代著作的所谓"发表"，与我们熟知的印刷术出现后的情形完全不同，那不过就是手经手的转抄，所以，我们现在能看到的古代某书，比如说柏拉图《苏格拉底的申辩》，都是一些抄本，其内容绝大部分一致，而细节总有一些出入，而对于这些抄本，我们甚至不能说，它们有一个唯一的来源或母本，因为我们实在不能安全地假定，柏拉图写完《苏格拉底的申辩》之后，就拿到市场上卖了，后来流传的各个抄本就是这个母本的辗转抄录，实际情况倒有可能是，柏拉图写出著作来，首先流入其学园，门人传诵抄录，而且柏拉图未必不会自留底稿，供自己玩摩、加工、润色。

其次，古人完全没有著作权的概念，无论在抄书还是著述时，都没有著作权的概念。抄书时，他们可能就添入了自己的创作，在著述时则有抄袭、托名的事经常发生，所谓抄袭，就是自己写书时抄袭前人著作而不加说明，所谓托名，就是谎称自己的创作其实是转抄某个前贤的作品，古人为什么这样？这不是我们要在这里讨论的论题，我们只需要强调，我们现代人如此看重的"原创"二字，在古人却是完全不在意的。

这样一来，古人的著作，历经两千年，传到我们手中时，我们得到的是，相传是某某古人，比如说柏拉图的著作，但我们却不可以拿我们现在的情形来揣测古代，以为那就是柏拉图本人原创出来的样子，他将它付梓印刷，白纸黑字，流行至今，相反，极有可能的情形是，那除了是柏拉图的原创外，至少还有其学派中人的重述、增加、删削、改易、捉刀补篇等等，它们都归到柏拉图的名下，要在我们中国，就会名之曰"《柏拉图》"，一共若干篇，但其作者不一定就是柏拉图一人，其定型成书时间也不一定就在柏拉图在世时，这样的情形，大概是中外古书撰述的通例吧。中国古书的撰述情形，在余嘉锡《古书通例》[①] 中有很好的说明，我们由是知道，比如读庄子，我们读的是《庄子》书，他可能是庄子一派，但绝不是庄子一手定稿的作

[①] 余嘉锡：《古书通例》，上海古籍出版社 1985 年版；余嘉锡：《目录学发微 古书通例》，中华书局 2007 年版。

品。西方的情况也许与中国不尽相同，或许柏拉图书中属于柏拉图个人的创作相比庄子书中更多，但同样不争的事实是，流传至今、相传是柏拉图的著作，绝不同于我们现代的著作情形，它们只是归在柏拉图名下的，古人不像现代人这样看重这是哪个思想家个人的原创，同样，古人很少像 19 世纪以来的学者这样疑经、疑古。所以，自古以来（19 世纪之前），柏拉图著作的真伪问题，不像现在这样是什么大问题，人们对待这一问题的态度是：相传是柏拉图的作品，就是柏拉图的作品。真伪问题，在古代接近于伪问题。

流传至今，归在柏拉图名下的作品，一共有 42 篇对话、13 封书信、1 篇词语手册，还有若干条隽语短诗，汉译或作"箴言"，如今都有英译，收在库珀（John M. Cooper）主编的《柏拉图全集》[①] 中。我们今天能有柏拉图的著作全集，得益于公元一世纪时忒拉绪洛斯（Thrasyllus）的编辑，埃及的亚历山大那时是一个讲希腊语的城邦，忒拉绪洛斯是那里的星象学家、柏拉图派哲学家，他按照古希腊悲剧的演出结构方式，将柏拉图的作品编成九组四联剧，对话 35 篇，13 封书信合一篇，一共九卷 36 篇，而其余的作品，忒拉绪洛斯怀疑不是柏拉图本人所作，没有编入他的九卷集中。

忒拉绪洛斯编的柏拉图九卷集，顺序篇目如下：

卷一：游叙弗伦（Euthyphro）
　　　苏格拉底的申辩（Apology of Socrates）
　　　克力同（Crito）
　　　斐多（Phaedo）
卷二：克拉底鲁（Cratylus）
　　　泰阿泰德（Theaetetus）
　　　智者（Sophist）
　　　治邦者（Statesman）
卷三：巴门尼德（Parmenides）
　　　斐利布（Philebus）
　　　会饮（Symposium）
　　　斐德若（Phaedrus）
卷四：阿喀比亚德（Alcibiades）†
　　　阿喀比亚德后篇（Second Alcibiades）＊

[①] John M. Cooper, ed., *Plato. Complete Works*, Indianapolis: Hackett Publishing Company, Inc., 1997.

　　　　希帕库斯（Hipparchus） *
　　　　情敌（Rival Lovers） *
卷五：忒阿格斯（Theages） *
　　　　卡米德斯（Charmides）
　　　　拉克斯（Laches）
　　　　吕西斯（Lysis）
卷六：游叙德谟（Euthydemus）
　　　　普罗塔哥拉（Protagoras）
　　　　高尔吉亚（Gorgias）
　　　　美诺（Meno）
卷七：大希琵阿斯篇（Greater Hippias） †
　　　　小希琵阿斯篇（Lesser Hippias）
　　　　伊翁（Ion）
　　　　美涅克塞努（Menexenus）
卷八：克利托丰（Clitophon） †
　　　　理想国（Republic）
　　　　蒂迈欧（Timaeus）
　　　　克里提阿（Critias）
卷九：米诺斯（Minos） *
　　　　法律篇（Laws）
　　　　厄庇诺米斯（Epinomis） *
　　　　书简（Letters） ‡

我们的观点是：忒拉绪洛斯编入九卷集中的作品，都是柏拉图的作品！忒拉绪洛斯根据什么说它们是柏拉图的作品，我们现在不探究，也无从探究。我们依从一个流传了差不多2000年的权威（其源头其实还要再往前追溯300年[1]），难道心里有多不踏实吗？难道不比依从现在流行的什么观、什么论、什么说去论断忒拉绪洛斯所传柏拉图著作的真伪更靠谱吗？

在忒拉绪洛斯所传九卷集之外归在柏拉图名下的作品，现在有个通称：

---

[1] [古希腊]第欧根尼·拉尔修：《明哲言行录》，卷三：41—62（英译本：*Lives of the Eminent Philosophers*, tr. P. Mensch, ed. J. Miller, Oxford University Press, 2018）。参见[英]泰勒（A. E. Taylor）《柏拉图——生平及其著作》，谢随知等译，山东人民出版社1991年版，第22—23页，英文版（*Plato, the Man and his Work*, London, 1926, 1955年重印第6版）第11页。

柏拉图《杂编》，已有中译本[1]。关于杂编，我们赞同主流学者库珀的看法："被忒拉绪洛斯归到伪作的对话录也值得重视，即便有很强的理由否认是柏拉图所作；《定义集》则是价值极高的作品，成于柏拉图身前及他去世后几十年间的柏拉图学园。"[2]

在忒拉绪洛斯所传的九卷集中，目前主流学界的看法，关于13篇《书简》的情况比较复杂，其中第7封和第8封（尤其第7封）书信被绝大多数学者认为真作，布里松曾列举了1485—1983年间共32家的柏拉图书信研究，其中只有6家否认第7封书信的真实性[3]。关于其余书信则聚讼纷纭，难有定论，但大多被疑为伪作。不过我们要明白这样一个基本的事实：在现代疑古运动兴起之前，即在18世纪之前，柏拉图书简的真伪并未成为一个问题！根据古人的报道，早在公元2世纪的时候，人们研究柏拉图，有的从其对话录开始，有的从其书简集开始[4]。还是遵循这流传了近2000年的传统吧！柏拉图《书简》已有中译注释本[5]。

忒拉绪洛斯所传的九卷集共有柏拉图对话录35篇。在18—19世纪的西方学界，特别是在德国，柏拉图作品的真实性普遍受到怀疑，疑古最甚之时，仅余5篇对话未被确认为伪书[6]！疑古风潮渐渐归于平静后，曾经的"伪作"纷纷得到正名，到19世纪末，大多数都恢复了真作之名[7]。20世纪主流学界对柏拉图对话真伪的看法，从先后广泛流行于英语世界的两个全集中可窥一斑。第一个是汉密尔顿主编的《柏拉图对话集暨书简》[8]，初版于1961年，至1980年已印至第10版。第二个就是前面提到的库珀主编的《柏拉图全集》，于1997年出版，一举成为最方便、流行的全集本。

---

[1] 《柏拉图杂编》，吴光行译疏，中国社会科学出版社2017年版。

[2] Cooper, op. cit. ix—x。

[3] Luc Brisson, *Platon: Letters*, Paris: GF Flammarion, 1987, p. 70.

[4] 参见 R. S. Bluck, *Plato's Seventh and Eighth Letters*, Cambridge University Press, 1947, p. 1.

[5] 《柏拉图书简》，彭磊译注，华夏出版社2018年版。

[6] 程志敏：《〈厄庇诺米斯〉的真伪》，载刘小枫、陈少明主编《经典与解释16：柏拉图的真伪》，华夏出版社2007年版，第3—9页。根据泰勒的报道，"极端主义者想把对话录真作的数量限制到9篇"（泰勒：《柏拉图——生平及其著作》，谢随知等译，山东人民出版社1991年版，第23页，英文版第11页）。

[7] 曾经广为流行的乔伊特（Benjamin Jowett）译本（*The Dialogues of Plato*）的选目，反映了当时学界对柏拉图真作的看法。乔伊特初版于1871年，1892年第3版，1953年修订第4版，各版篇目有个别增减，但所收对话篇目维持在28篇左右。参见 Cooper, op. cit., xi 页注11。

[8] Edith Hamilton & Huntington Cairns, eds., *The Collected Dialogues of Plato including the Letters*, Princeton: Princeton University Press, 1961.

库珀版收齐了古来归在柏拉图名下的所有作品，凡真实性存在争议的，就在篇目后面加以标识。标"*"的是指"学界普遍认为非柏拉图所作"，就是所谓"伪作"（一共6篇：《阿喀比亚德后篇》《希帕库斯》《情敌》《忒阿格斯》《米诺斯》《厄庇诺米斯》）；标"□"的，指"是否柏拉图所作未得学界普遍认可"，就是所谓"疑伪作"（一共3篇：《阿喀比亚德》《大希琵阿斯篇》《克利托丰》）；其余26篇未加标识，自然就是柏拉图的所谓"真作"了。

汉密尔顿版收柏拉图对话"真作"26篇，附录"疑伪作"2篇（《大希琵阿斯篇》《厄庇诺米斯》），其余7篇对话则当作"伪作"径直舍去不收。

经过对比，我们可以发现，这两个本子认定的柏拉图对话真作26篇完全相同，这说明，学界认为铁定为真的柏拉图对话，从1961年到1997年，并没有改变。两个本子认定为伪以及怀疑为伪的对话作为一个整体，也都是那9篇，所不同的不过是《阿喀比亚德》和《克利托丰》，库珀版归为"疑伪"，汉密尔顿版则当作"伪"，《厄庇诺米斯》库珀版归到"伪"，汉密尔顿版则归到"疑伪"。其余的篇目，《大希琵阿斯篇》两者皆认定"疑伪"，另外5篇（《阿喀比亚德后篇》《希帕库斯》《情敌》《忒阿格斯》《米诺斯》）则被两者铁定为"伪"[①]。

国际主流学界的看法，附上国内学界的看法，列表如下：

	认定真	怀疑伪	认定伪
库珀（1997）	26篇	大希琵阿斯篇 阿喀比亚德 克利托丰	阿喀比亚德后篇、希帕库斯、情敌、忒阿格斯、米诺斯、厄庇诺米斯
苗力田（1989）	24篇	大希琵阿斯篇 阿喀比亚德 小希琵阿斯篇 美涅克塞努	阿喀比亚德后篇、希帕库斯、情敌、忒阿格斯、米诺斯、克利托丰、厄庇诺米斯
汉密尔顿（1961）	26篇	大希琵阿斯篇 厄庇诺米斯	阿喀比亚德后篇、希帕库斯、情敌、忒阿格斯、米诺斯、阿喀比亚德、克利托丰

[①] 国内学者对所谓柏拉图著作真伪问题的看法，当然都是跟随国际学者。苗力田先生主编的高等学校文科教材《古希腊哲学》（中国人民大学出版社1989年版）第235—236页中说："经过学者们大量细致的考证和研究，基本确定为真实的有以下24篇……有四篇真伪未定，尚待进一步研究，它们是《大希琵阿斯》《小希琵阿斯篇》《阿喀比亚德》《美涅克塞努》。其余作品都被认为是伪作。"这里的说法，当作真作的24篇与汉密尔顿和库珀无异，但是把汉密尔顿和库珀都认为铁定为真的《小希琵阿斯篇》和《美涅克塞努》归到了疑伪作，于是疑伪和伪作的篇目加起来就多达11篇。具体负责这部分内容编译的是余纪元教授，他这么讲，应该必有所据，但我们不得而知。

关于柏拉图著作的真伪，我们的观点是：忒拉绪洛斯所传九卷柏拉图"正典"（Canon）都是真正的柏拉图的作品！尤其当我们考虑到，实事求是地讲，这所谓"柏拉图的（Platonic）"意思，绝不是在现代学术规范、学术道德、版权意识、原创声明等等意义下的"柏拉图的（of Plato）"。

二 分期问题

19 世纪末，疑伪风潮趋于平静，新时代的读柏拉图方法同时兴起，一百多年的发展成果，最终在主流学界形成了一个阅读、解释柏拉图的范式，就是将柏拉图一生的写作，分成早中晚三个时期，而柏拉图一生的思想，也相应呈现为逐渐发展、变化的三个阶段，这就是所谓"编年论"（chronology）与"发展论"（developmentalism）。这样的范式，既提供了一种阅读的路径，也提供了一个解释、研究的大框架，因此对学者极具吸引力，经过几代学者的努力，在 20 世纪末以弗拉斯托斯（Gregory Vlastos）为代表的一批学者这里几乎大功告成。为明晰起见，列表如下：

	早期	中期	晚期
弗拉斯托斯等	游叙弗伦 苏格拉底的申辩 克力同 卡米德斯 拉克斯 吕西斯 游叙德谟 普罗塔哥拉 高尔吉亚 大希琵阿斯 小希琵阿斯 伊翁 美涅克塞努 美	克拉底鲁 斐多 会饮 理想国 斐德若 巴门尼德 泰阿泰德 诺	蒂迈欧 克里提阿 智者 治邦者 斐利布 法律篇

215

理论与中国

续表

	早期	中期	晚期
弗拉斯托斯 (1994)①	弗拉斯托斯把《理想国》卷一归到早期。认为《美诺》是从早期到中期的过渡。未排定早期对话录的时间顺序。中期与晚期则依据可能的写作时间排序。在其1991年的著作②中，把《吕西斯》《游叙德谟》《大希琵阿斯篇》《美涅克塞努》《美诺》看作从早期向中期的过渡。		
格思里 (1975)③	格思里把《游叙德谟》、《美涅克塞努》、《美诺》归入中期。		
罗斯 (1951)④	罗斯把《美诺》归入早期。		
泰勒 (1926)⑤	泰勒把《克拉底鲁》、《美诺》归为"苏格拉底对话"（即早期）。把《普罗塔哥拉》归到中期。		

如上表所示，我们可以看到，百年来主流学界对柏拉图写作时间顺序的分期，基本上没有太大的变化。这样一些对话：《游叙弗伦》《苏格拉底的申辩》《克力同》《卡米德斯》《拉克斯》《吕西斯》《希琵阿斯》《伊翁》，还有《普罗塔哥拉》和《高尔吉亚》，总是被绝大多数学者当作早期对话录。《斐多》《会饮》《斐德若》《理想国》，这4篇则是中期对话录的支柱。如下6篇则是铁定的晚期对话录：《智者》《治邦者》《蒂迈欧》《克里提阿》《斐利布》《法律篇》。

本来，关于柏拉图的生平，我们本无信史的依据，我们所知其实大多来

---

① Gregory Vlastos, *Socratic Studies*, ed. Myles Burnyeat, Cambridge University Press, 1994, p. 135.

② Ibid., pp. 46—47.

③ W. K. C. Guthrie, *A History of Greek Philosophy*, Vol. IV, Cambridge University Press, 1975, p. 53. 在第50页，格思里说，康福德的分期法或可代表普遍接受的推论（Francis M. Cornford, "The Athenian Philosophical Schools", *Cambridge Ancient History*, vol. VI (1927), 311ff)。格思里与康福德的不同只在于，后者把《巴门尼德》与《泰阿泰德》归到晚期。

④ W. D. Ross, *Plato's theory of ideas*, Oxford: Oxford University Press, 1951, p. 10. 鉴于其著作的主题，罗斯只列举了与理念论有关的5篇早期对话：《查米德斯》《拉克斯》《游叙弗伦》《大希琵阿斯篇》《美诺》。

⑤ [英]泰勒（A. E. Taylor）：《柏拉图——生平及其著作》，谢随知等译，山东人民出版社1991年版，第31—38页。

自于他本人在《书简》中的报道，尤其是他 60 岁以前的经历，几乎一片空白。对于他的生平，人们确定了年表中的几个重要点：

公元前 427 年，出生。

公元前 399 年，苏格拉底死。柏拉图 28 岁。

公元前 387 年，首次叙拉古之旅。在这前后，建立学园。40 岁。

公元前 367 年，第二次叙拉古之旅。60 岁。

公元前 361 年，第三次叙拉古之旅，次年回到雅典。66 岁。

公元前 347 年，逝世。享年 80 岁。

按照人的自然生命历程，一个享寿 80 之人，20 岁时成年不久；30 岁时尚年轻；40、50 岁时正当壮年；60 岁时血气既衰，步入晚年；70 岁年逾古稀，更是到了生命的最后年岁。对于哲人来说，相比于身体，思想的成熟大约要晚 10 年吧，而且思想受年岁影响而衰老的程度和速度，不像体力那么明显。我们现代人见惯了大哲学家一生思想的发展变化，比如康德，比如海德格尔。轮到柏拉图这里，学者们把他的写作和思想，直到 40 岁左右都称作"早期"，到 60 岁称作"中期"，最后 20 年或更晚时期称作"晚期"。

发展论的观点，即认为柏拉图写作、思想随年岁发展变化，是一个现代现象。与此相反，古代的柏拉图阐释者则是"统一论者（unitarians）"[1]，他们相信在柏拉图所有对话录中有着系统、统一的学说或思想，公元前 1 世纪的哲人说："柏拉图有多种声音，但不像有人以为的那样有多种学说。"现代的"柏拉图研究"开始于 18、19 世纪之交的德国。W. G. Tennemann 试图把柏拉图的真作按康德的原则整理成一个哲学体系（1792—1795）[2]。很快，施莱尔马赫（Schleiermacher）的柏拉图翻译计划（1804）开启了新的主导研究法，他认为，理解柏拉图的对话，在方法论上必须精准重构对话的原本顺序，对话的序列本身是柏拉图从头到尾精心设计的[3]。不久，施莱尔马赫的方法又被赫尔曼（K. F. Hermann）彻底修正了，他认为，对话反映柏拉图思想的展开时所依据的原则是不受柏拉图自己控制的，他根据德国浪漫派和

---

[1] Junia Annas, *Platonic Ethics*: *Old and New*, Ithaca, 1999, pp. 3–5. 引文见《解读柏拉图》（*Plato, a Very Short Introduction*），高峰枫译，外语教学与研究出版社 2013 年版，第 37、142 页。

[2] W. G. Tennemann, *System der Platonischen Philosophie I*, Leipzig, 1972–1975.

[3] ［德］施莱尔马赫：《论柏拉图对话》，黄瑞成译，华夏出版社 2011 年版。

唯心论来理解这些原则①。我们可以发现，19世纪上半期的德国学者都从体系上来理解柏拉图，体系的最终表达就是《理想国》，他们对其他对话录做了排序，但认为它们都是最终体系的预备。在施莱尔马赫和赫尔曼的时代，有对柏拉图对话录的排序，或可说有发展论的端倪②，但是并不存在当今意义上的发展论。那时划分对话录的时期，更多是从哲学学说上考虑，并依靠史学研究确定的事实。在那之后，柏拉图研究图景大变。经过了19世纪中期的辨伪（athetizing）浪潮，到19世纪末期，学者们掌握了号称"科学的""文体考量学"（stylometry），才开始有对柏拉图写作的真正编年（chronology），并将柏拉图对话录的写作顺序和思想发展的顺序联系起来，最终形成了早中晚三期的框架③。

我们可以说，正是19世纪历史主义、历史意识的兴盛，为柏拉图研究中的编年论和发展论提供了大的思想背景，而文体考量的所谓科学方法，则助力历史意识在柏拉图研究领域开花结果。时至今日，绝大多数主流学者都认为，弄清（哪怕是大体上）柏拉图写作的年代顺序，对于理解柏拉图思想非常重要，不论他们在其著作编年问题的具体看法上有多大差异，足见历史意识之深入人心。

在柏拉图研究图景的转变过程中，英国学者坎贝尔（Lewis Campbell）厥功甚伟④，他于1867年发表的对于《智者》与《治邦者》的研究，力证两者是柏拉图真作，不仅扭转了辨伪潮，而且开启了文体考量学。坎贝尔发现，在5篇对话（《智者》《治邦者》《斐利布》《蒂迈欧》《克里提阿》）与据信是柏拉图最晚著作的《法律篇》之间，存在着措辞或文体风格上的亲缘性，于是他判断它们是柏拉图晚年之作，并进而推断，柏拉图晚年在形而上学（理念论）和政治思想方面重新思考《理想国》中的观点，变得更加向现实世界妥协。坎贝尔的研究在同一时期在大陆并未广为人知，那里学者们正饶有兴趣地历史地重构柏拉图与其同时代人比如伊索克拉底的竞争，可巧，这也导致了对柏拉图文体手段的精细研究。在通过文体考量确定6篇对话为

---

① K. F. Hermann, *Geschiche und System der Platonischen Philosophie*, Heidelberg, 1839. 黑格尔的学生策勒尔（E. Zeller, Die Philosophie der Griechen, 1844—1852）当然根据黑格尔哲学来重构柏拉图的体系。

② 比如赫尔曼把柏拉图对话分为"苏格拉底影响的"、"麦加拉派影响的"（《克拉底鲁》《泰阿泰德》《智者》《治邦者》《巴门尼德》）、"执掌学园时的"。

③ 参 Hayden W. Ausland, "Nineteenth-Century Platonic Scholarship", in: Gerald A. Press ed., *The Continuum Companion to Plato*, Landon & New York: Continuum, 2012, pp. 286—288.

④ Lewis Campbell, *The Sophistes and Politicus of Plato*, Oxford, 1867.

柏拉图晚年之作后，学者们很快便确定如下4篇（因与《理想国》文体风格亲近）为倒数第二组：《斐德若》《理想国》《巴门尼德》《泰阿泰德》，并推断其余的更早。文体考量学在19世纪末蓬勃发展，成果丰硕，到1897年时，卢托斯拉夫斯基（Wicenty Lutoslawski）自信地认为可以一劳永逸地解决对话排序的所有问题[①]，不过，大多数学者认为文体考量并不能科学地解决归为"苏格拉底对话"的这一大组对话的排序问题[②]。为了确定柏拉图作品的时间顺序，除了文体与语言学研究的手段，学者们还运用了更多的手段，主要是[③]：（1）文学批评；（2）主题的或哲学的考虑；（3）历史事件的外证以及文本的相互参证。尽管存在着各种矛盾、困难和争议，坎贝尔开创的图景主导了主流学界，成为柏拉图研究中19世纪留给20世纪的主要遗产。把柏拉图作品分为早中晚三期，今日学者们差不多视为理所当然。

20世纪前期，编年论研究成果丰富，三期分期格局初定。到20世纪中期时，柏拉图研究又有两个引人注目的新发展：一是发展论的新发展；二是学者们纷纷运用现代分析哲学的技巧研究柏拉图对话，取得了全新成果。自古以来的统一论者都认为柏拉图的理念论是其核心的、一贯的思想，这种看法从坎贝尔开始有了松动，他认为晚年柏拉图重新思考、修正了其成熟期（《理想国》时期）的思想，20世纪的学者进而发现，晚年柏拉图，从《巴门尼德》开始，思想发生了重大改变，他批判理念论[④]。发展到这时，发展论才发展出了标准的发展论观点：理念论只是中期（成熟期）柏拉图的思想！把理念论限定在中期，这就要求修改早先主要基于文体考量学的分期，策略是：把谈到理念论的对话统一归到中期，具体来说，就是把原先归到早期的三篇移到中期：《克拉底鲁》《斐多》《会饮》。至于原先归在中期的《泰阿泰德》与《巴门尼德》，因为其中包含了对中期学说的批判，有些学者便

[①] Wicenty Lutoslawski, *The Origin and Growth of Plato's Logic, with an Account of Plato's Style and of the Chronology of his Writings*, London, 1897.

[②] 参 Hayden W. Ausland, "Nineteenth-Century Platonic Scholarship", in: Gerald A. Press ed., *The Continuum Companion to Plato*，第287、288、290页。

[③] 参前引格思里，第41—54页。

[④] Gilbert Ryle, "Plato's Parmenides", in: R. E. Allen ed., *Studies in Plato's Metaphysics*, London: Humanities Press, 1965, p. 134. 赖尔文章最初发表于 *Mind*, 48 (1939), pp. 129—151 and 302—325. 另参 Richard Kraut, "Introduction to the Study of Plato", in: Richard Kraut ed., *The Cambridge Companion to Plato*, Cambridge, 1992, pp. 14—20. 中译本：[美]理查德·克劳特编：《剑桥柏拉图研究指南》，王大庆译，北京师范大学出版社2018年版。

主张把它们归为晚期。这种发展论支配了20世纪中期分析学派的柏拉图学者[1]。到这时，柏拉图写作的早中期三期划分，几乎臻于完工。把柏拉图写作分成早中晚三期，不仅仅是大致确定了作品"出版"的时间顺序，更重要的是，它也为柏拉图思想的发展顺序设定了框架，为研究柏拉图提供了指南。早中晚三期划分，既是写作时间顺序的设定，又是思想发展顺序的设定！人类思维的通常逻辑似乎是，我们应该依据一个思想家写作的顺序，来推断其思想的发展历程[2]。但不幸在柏拉图这里不是这样，写作时间顺序与思想发展顺序，两者都是推测和设定，而且学者们并非总是依据前一设定来建构后一设定，而常常也依据后一设定来建立前一设定，两者互为依据！基于柏拉图哲学思想的发展论框架修订过的作品编年法，自然也存在不少问题，比如，《美诺》的核心是回忆说，而回忆说在《斐多》中明显与理念论相关，有学者于是认为它是从早期到中期的过渡，再比如，在《游叙弗伦》中理念论其实就呼之欲出了，有学者于是便论证早期对话中有理念论的早期版本[3]，再比如，有学者通过论证老牌的晚期对话《蒂迈欧》包含了理念论，进而试图把它在写作时序上移到中期[4]，这就引起了激烈争论，但不被大多数学者支持，被斥为"大胆"（bold）。除了理念论的发展指标，还有发展论者引入别的标准（比如灵魂观、辩证法概念）对柏拉图思想发展进行分期，这里不赘述。

弗拉斯托斯是用分析哲学手段研究柏拉图对话的代表。借助分析哲学的方法，学者们带着当今哲学中本体论、认识论、道德学的关切，进入到柏拉图对话中特别适合用来进行逻辑分析的哲学论证部分，更好地理解、评估柏拉图对相关问题的解决之道，取得了丰硕成果。然而，分析研究法的毛病也是显而易见的，因为柏拉图对话中有大量部分并不具有那种逻辑结构以致特别适合用作分析研究，况且，对单个论证的分析，无论做得多么专业，都并

---

[1] William Prior, "Developmentalism", pp. 288—289. 见 *The Continuum Companion to Plato*.

[2] 根据柏拉图写作的时间顺序来推断其思想的发展变化，也并不一定完全靠得住，在主流学者中从20世纪开端到末尾都有反对者（Paul Shorey, *The Unity of Plato's Thought*, Chicago, 1903, p. 4, 以及 Charles H. Kahn, *Plato and the Socratic Dialogue: The Philosophical Use of a Literary Form*, Cambridge, 1996）。

[3] R. E. Allen, *The Euthyphro and Plato's EarlierTheory of Forms*, London, 1970. William J. Prior, "Socrates Metaphysician", *Oxford Studies in Ancient Philosophy*, 27（2004），pp. 1—14.

[4] G. E. L. Owen, "The Place of the *Timaeus* in Plato's Dialogues", *Classical Quarterly*, 3 (1953), pp. 70—95. (repr. in: R. E. Allen ed., *Studies in Plato's Metaphysics*, London: Humanities Press, 1965, pp. 1—12).

不足以据此确定这些论证所居于其中的整篇对话的意义[①]。分析研究法的最大问题是，从分析哲学的狭隘哲学观出发，完全无视柏拉图对话的戏剧特征，睁眼不见柏拉图对话中的论证乃是言语（logos）与行动（ergon）的双重论证的结合。所以，对一篇对话，若想从总体上理解其中所发生的实事，分析研究法并无推进，我们只要对比一下弗拉斯托斯以及米勒（Mitchell H. Miller）对《巴门尼德》的研究[②]，就可以看出，即便对于如此逻辑的对话，关注其戏剧特征有多么重要！通过分析法研究柏拉图的论证，学者们不仅发现柏拉图是当代哲学的知识观念、意义理论、逻辑原子主义等等的先驱，更多地发现了柏拉图论证中"诚实的困境"、立场的不一致、概念的二义、问题的不相关、论争的错误和失败，如此等等。忠诚于分析方法的学者们最不能忍受的一大问题是，苏格拉底的主张，在不同的对话录中，竟然会有非常大的反差，甚至矛盾、对立，这让他们如鲠在喉、寝食难安，确实，仅仅从逻辑上讲，A 若正确，Ā 就绝不可能正确，这样的难题，在逻辑内部是不可能解决的。其实，如果我们认真对待柏拉图对话的戏剧特征，在整篇对话的情景中考察单个论证的意义，在所有对话编织的戏剧整体中考察单篇对话所传达的部分的、片面的真理，那么，不同对话中呈现的矛盾和对立非但不是我们理解柏拉图的障碍，反倒成了我们进入柏拉图思想的线索。所以，不同对话录中苏格拉底反差巨大甚至互相矛盾的问题，分析派的学者是提出了只对于他们才成为问题的问题，不过，他们漂亮地解决了他们提出的问题！这里有发展论的又一个新发展，又是卓越的弗拉斯托斯！

我们可以说，20 世纪中期起，发展论的新发展和分析方法的兴盛，这两者的同时性绝非偶合，正是分析法提出的问题推动了发展论的发展。

通过聚焦理念论，发展论者成功地使中晚期的划分有了坚实的哲学基础：中期是对理念论的成熟表达，晚期是对它的批判。现在，整个大厦的框架还有一部分需要完善，就是，还需要在哲学上为早期和中期的划分建立坚实基础。在早中期对话中，苏格拉底都是主要发言者。问题的解决同"苏格拉底问题"联系起来，所谓苏格拉底问题，是指，当我们在哲学史研究中说

[①] 参 J. H. Lesher, "Analytical Approaches to Plato", pp. 292—294. 见 *The Continuum Companion to Plato*.

[②] Gregory Vlastos, "The Third Man Argument in the *Parmenides*", *Philosophical Review*, (63) 1954, pp. 319—349 (repr. in: R. E. Allen ed., *Studies in Plato's Metaphysics*, London: Humanities Press, 1965, pp. 231—263). ［美］米勒:《灵魂的转向：柏拉图的〈帕默尼德〉》，曹聪译，华东师范大学出版社 2015 年版。

到苏格拉底时,到底指的是谁?依据什么文本来判断历史上那个苏格拉底的真实思想?分析学者发现,"苏格拉底"在柏拉图对话的不同部分中反差太大,以致可以说有两个哲人叫"苏格拉底",弗拉斯托斯总结道,"这个人一直是同一个。但是,他在不同组对话中所搞的哲学如此不同,以致绝不可能把它们描绘成是共存于同一个头脑中,除非它患了精神分裂症。它们在内容和方法上都大相径庭,以致彼此截然不同,就像不同于任何你愿意提到的自亚里士多德开始的第三者哲学"[1]。弗拉斯托斯列举了十组对立论题,显示早期对话中的苏格拉底与中期对话的苏格拉底的不同,比如:早期完全是一个道德哲学家,中期则是一个有广泛理论兴趣的哲学家;早期否认拥有知识,未提出分离的理念,没有关于灵魂本性及不死的论说,中期则自信发现了知识,提出了理念论以及不死灵魂的三分结构,等等。经过研究,他的结论是:早期对话录展示(exhibit)了历史上那个真实的苏格拉底的方法和学说。当然,这并不必然是柏拉图有意通过再造(reproduction)给它们来一个精确的复制(copy),而是,柏拉图在其哲学生涯的开始阶段,追随苏格拉底,以苏格拉底的方式从事哲学,通过写作力图把苏格拉底的洞见变成自己的东西,所以,那是想象性的再创造(imaginative recreation),"真实的苏格拉底思想存在于柏拉图对它的再创造中"(《苏格拉底的申辩》则据说是真实历史记录)[2]。柏拉图对话记录了柏拉图心灵的发展,这是发展论的基本假定,结论是,在早期对话录中,苏格拉底所言反映了历史上苏格拉底的哲学观点,当然,也反映了在其成熟,拥有真正自己思想(中期)之前的柏拉图的哲学观点,因为,"柏拉图只会允许他的苏格拉底言说他(柏拉图)认为真的东西"[3]。这就是说:存在"苏格拉底的反讽",但是不存在柏拉图的反讽!

在柏拉图文本中成功地区分出苏格拉底的和柏拉图的,这是20世纪柏拉图研究的一大贡献!

---

[1] Gregory Vlastos, *Socrates: Ironist and Moral Philosopher*, Cambridge University Press, 1991, p. 46.

[2] Ibid., pp. 45—53. 参 M. L. McPherran, "Vlastosian Approaches", pp. 294—296. 见 *The Continuum Companion to Plato*.

[3] 参大师的追随者的介绍:本逊(Hugh H. Benson),"苏格拉底与道德哲学的发端",见《劳特利奇哲学史》(十卷本)第一卷,中国人民大学出版社2003年版,第370—372页及相关注释。

弗拉斯托斯代表性地总结了发展论和编年论的成果，尽管存在反对的声音[①]，仍然成了当今学界的主流看法：柏拉图对话录在写作时序上分为早中晚三期，早期对话反映苏格拉底的思想，追问德性和美好生活，中期对话体现柏拉图成熟期的思想，核心是理念论，在晚期对话中，柏拉图批判理念论，思想进一步发展[②]。

柏拉图一生，哲思久长，写作必有时序，思想或有发展，这都是很可能的事，但若说只有到了现代人们才能认识到其写作时序的重要，勘定其写作分期，厘清其思想发展，而自古以来两千多年竟未有所闻，这倒是一件有趣的事，何以如此？这里面起决定作用的因素，恐怕不在古人柏拉图那里发生的实事，而在我们今人自己的先入之见。上面提到的主流看法，如果我们看不清编年论与发展论特定的历史来源，不思考其哲学上的脆弱性，而把三期

[①] 主流学界的反对大都无意撼动三期划分的大框架，主要的意见是，苏格拉底 Earlier 与苏格拉底 Middle 的差异，不像弗拉斯托斯所说的那样巨大。不过 Thesleff 和 Kahn 对划分早期和中期提出了强烈质疑。Kahn 发展出自己独特的预示论读法（proleptic reading），认为早期与中期的不同并非体现柏拉图思想的发展阶段，所谓早期著作，是为展示柏拉图成熟哲学思想精心制作的准备和预示。对分期说的根本质疑来自主流外的学者，比如 Howland、Ausland、Nails。晚近的编年论文献：

Gerard R. Ledger, *Re-Counting Plato: A Computer Analysis of Plato's Style*, Oxford, 1989.

Leonard Brandwood, *The Chronology of Plato's Dialogues*, Cambridge, 1990.

——, 'Stylometry and Chronology', in: Richard Kraut ed., *The Cambridge Companion to Plato*, Cambridge, 1992, pp. 90-120.

Charles M. Young, "Plato and Computer Dating", *Oxford Studies in Ancient Philosophy*, 12 (1994), pp. 227-50.

主流学者质疑早中期分期的文献：

HolgerThesleff, "Platonic Chronology", *Phronesis* 34 (1989), pp. 1-26.

Charles H. Kahn, *Plato and the Socratic Dialogue: The Philosophical Use of a Literary Form*, Cambridge University Press, 1996.

——, "On Platonic Chronology", in: Julia Annas and Christopher Rowe eds., *New Perspectives on Plato, Modern and Ancient*, Cambridge, 2002, pp. 93-127.

根本质疑早中晚三期划分的文献：

Jacob Howland, "Re-reading Plato: the Problem of Platonic Chronology", *Phoenix* 45 (1991), pp. 189-214.

Hayden W. Ausland, "The Euthydemus and the Dating of Plato's Dialogues", in: Thomas M. Robinson and Luc Brisson eds., *On Plato: Euthydemus, Lysis, Charmides, Selected Papers from the Fifth Symposium Platonicum*, Sankt Augustin, 2000, pp. 20-22.

Charles L. Griswold, "Comments on Kahn", in: Julia Annas and Christopher Rowe eds., *New Perspectives on Plato, Modern and Ancient*, pp. 129-44.

[②] 英美主流学界在 21 世纪对写作时序的标准观点，见 Terence H. Irwin, "The platonic corpus", in: Gail Fine ed., *The Oxford handbook of Plato*, Oxford University Press, 2008, pp. 77-84.

划分当作柏拉图研究的范式，那么，在这一范式下的研究必定是将更多的现当代想象加到柏拉图身上，得到的与其说是从柏拉图那里得来的教益，不如说是我们自身的映射。现代对柏拉图作品的时序分期工作，只有在满足如下假定前提时才有可能是可靠的①：

（1）柏拉图（像当今多数哲学工作者所做的这样）写完一篇就发表一篇，每一篇发表出来就成了作者无法再改的历史存在，反映了作者当时的思想。

（2）如若柏拉图思想变化，经过修改并再版某篇作品，史上必有传闻或记载，我们必可得而知。可见，柏拉图并未因思想发生变化而修改再版某篇作品。

（3）柏拉图作品，不论篇幅短长，都是完成一篇之后再接下来写下一篇。

（4）柏拉图发表一篇作品时不可能自留底稿，他也不会终生不辍地编辑、修改、重写它。

（5）所有流传的抄本都来源于同一个母本，是柏拉图亲自手订。即便晚年作品也是如此，里面的文体习惯，来自柏拉图本人，不可能来自某个抄、编者，比如 Philip of Opus（第欧根尼·拉尔修，3：37）。

（6）柏拉图去世之后，在柏拉图学园内外流传的柏拉图作品，整体来说相当稳定，篇目、文字都几乎没有增删改易，到拜占庭的阿里斯托芬（Aristophanes of Byzantium，c. 257—180 BC）和忒拉绪洛斯（d. 36 AD）时都是如此，至少当今断定为真的作品就是这样。

……

这些在当今很容易满足的条件，在古代却并不如此②。关于古代作品的

---

① 严肃认真的学者在谈到作品分期时，都能意识到其设定的性质和界限，比如罗斯就指出，长篇对话写作必定历时较长，其间可能穿插短篇写作，而且有柏拉图勤勉修改作品的古代证据，于是指出任何对时序的排定都必定是"试探性的"（tentative）（见罗斯前引书，第9—10页）。赖尔在排时序时有专门一节讨论文体考量学的困难（Gilbert Ryle, *Plato's Progress*, Cambridge University Press, 1966, pp. 295—300）。关于时序排定的实践原则，格思里对下面的说法深以为然：它只能是"大体遵照编年论，结合以阐释的方便"（见格思里，前引书，第54页）。弗拉斯托斯提出他的宏论，也只是当作一个"设定"（hypothesis）（见 Gregory Vlastos, *Socrates: Ironist and Moral Philosopher*，第53页）。不幸的是，很多学者把早、中、晚三期的说法和框架当成了事实，用作研究指南。

② 研究者们发现，大量证据表明古代的情形与今人按照当今习惯的想象迥异。Debra Nails 被主流学者称为"统一论者"，他关于编年论及其困难的介绍，见其为 *The Continuum Companion to Plato* 写的词条 "Compositional Chronology"，尤其第291—292页。

写作与流传，越来越多的柏拉图研究者恢复到常识，实事求是，编年论走过150年后摇摇欲坠，终到寿终正寝时，发展论的哲学构建也就随之成为无实事根基的沙上大厦。

所以，我们的观点是：别偷懒，忘掉早、中、晚期的说法和框架吧！

问题与中国

亚里士多德与人工智能

钱圆媛*

【内容提要】 在现代人工智能发展的今天,亚里士多德的相关思想仍未远离我们:人工智能始于哲学,而亚里士多德在两千多年前发展出的逻辑思想尽管以现代标准来看并不健全,却可以说仍影响着基本的现代人工智能架构;其"范畴化"及相关的"实体—属性"思想,仍有助于更好地理解分类、编程乃至人工智能及其影响;同时在构建有道德的人工智能体问题上,亚里士多德的德性伦理学亦提供了一条不同于功利论和义务论的优势路径。

【关键词】 亚里士多德;人工智能;逻辑;范畴;德性伦理学

在今天的西方,可以说亚里士多德似乎仍无处不在。就像一根不显眼的挂在布片上的线头,而只要牵起这根线头——正如展开一个西方哲学论证一样,你总能在里面发现甚至归结到亚里士多德的相关思想。例如在当代伦理学领域,新亚里士多德主义(neo-Aristotelians)已与主流的功利论和道义论形成了三分天下的局面,而在与认识论和科学哲学有密切联系的当代元——形而上学(meta-metaphysics)领域中,两个基本阵营可以说就是新奎因主义和新亚里士多德主义。[①]

哲学与人工智能(Artificial intelligence,AI)似乎也有天然的亲缘关

---

* 钱圆媛,中共中央党校(国家行政学院)哲学教研部讲师。
① Tahko, E. T., "In Defence of Aristotelian Metaphysics", In Tahko, E. T., eds., *Contemporary Aristotelian Metaphysics*, Cambridge University Press, pp. 26-43 (2012). Kapelner, Z., K., "Reconciling Quinean and Neo-Aristotelian Metaontology", Submitted to Central European (接下页)

联：人工智能始于哲学，用于人工智能中的许多形式主义和技术来自于哲学并在哲学中继续得到探究和锤炼，同时还有哲学家将人工智能的研究和发展视为哲学或哲学的一部分——丹尼特（D. Dennet）就提出了一种虽有争议却极具启发的观点，认为人工智能应被看作是对与传统认识论共享的"智能或知识可能性"问题的最抽象的探究，①换言之，人工智能可谓是解释人之心智的一种尝试。德雷福斯（H. Dreyfus）亦指出，关于人工智能的本质的探讨属于哲学："因此，当像埃克特（Eckert）和莫奇利（Mauchly）这样的实践者在宾夕法尼亚大学设计第一台电子数字机器时，像图灵这样试图理解这些机器的本质和能力的理论家开始对一个迄今为止属于哲学家的领域感兴趣，即理性自身的本质。"②

因此哲学家亚里士多德出现在人工智能领域的话题里，这并不奇怪。那么那位生于公元前 384 年，距今已有两千多年的斯塔吉拉人，与正式出现不过才几十年的人工智能有什么关系呢？

一　逻辑律与人工智能

人工智能在其相对较短的历史中，深受逻辑思想的影响，尽管有对于逻辑形式主义及其重要性的争论，③但绝大多数人工智能研究者都认同逻辑在人工智能一些核心领域中的重要性乃至根本性作用。而亚里士多德在两千多年前发展出的逻辑思想尽管以现代的标准来看并不健全，却可以说说仍然影响着基本的人工智能架构：我们可以在亚里士多德那里找到所谓的三大逻辑思维定律（Law of Thought），其是我们如何思考的常识性规则。这些法则往往被认为是正确的、合乎逻辑的思维所必需的。可以发现，在这种源自亚里士多德的"二进制逻辑"和电子电路的工程学原理之间有一个几乎难以置

（接上页）University Department of Philosophy, In partial fulfilment of the requirements for the degree of Masters of Arts, Budapest, Hungary: 2015. Brons, L., "Quantifiers, Domains, and (Meta−) Ontology", in symposium "Philosophy of Mental Time 3: Metaphysics of Time" on September 27th 2014 at Meikai University in Urayasu (Chiba), Japan. www. lajosbrons.

① Dennett, D., "Artificial Intelligence as Philosophy and as Psychology", p. 60, p. 64, in Ringle, M. ed. *Philosophical Perspectives in Artificial Intelligence*, Atlantic Highlands, NJ: Humanities Press, 1979, pp. 57−80.

② Dreyfus, H., *What Computers Still Can't Do*, Cambridge, MA: MIT Press. 1992, p. 72.

③ McDermott, D., "Critique of pure reason", *Computational Intelligence*, 3 (3): 1987, pp. 149−160. Nilsson, N., "Logic and artificial intelligence", *Artificial Intelligence*, 47 (1−3), 1991, pp. 31−56. Birnbaum, L., "Rigor mortis: A response to Nilsson's 'Logic and artificial intelligence'", *Artificial Intelligence*, 47 (1−3), January 1991, pp. 57−77.

信的匹配——电流可以流动也可以不流动，开关可以打开也可以关闭。这正好符合亚里士多德逻辑中命题的真假区分的二元性质。因此，亚里士多德那里的逻辑律仍可以说是所有数字（二进制）计算的基础：

1. 矛盾律：[1] 如果 p 是一个命题（一个可以是真或假的句子，比如："现在下雨了"），那么 p 和"非 p"同时为真是不可能的。更简单地说，它不可能都是真实的，即"现在下雨"和"现在不下雨"（在同一地点和时间）。类似的，如果一个比特（bit）[2] 是"1"，它就不能同时是"0"。

2. 排中律：[3] 如果 p 是一个命题，那么要么 p 为真，要么非 p 为真。它们不可能都是假的，或者都是真的。而对于每一个比特，它必须是"1"或"0"。

3. 同一律：[4] 对于所有的 p 而言，p 等同于 p 自身。同样，是"1"的比特的值就是"1"，而每个 bit 都有一个自身同一的值。

可以说，如果没有这些假设，传统的数字计算将毫无意义。但要注意的是，这些并不一定适用于量子计算机或模拟计算硬件，或者说要在这些背景中解释它们将变得更加困难。

亚里士多德也首次系统地研究了三段论。亚里士多德的三段论是类似这种形式的论证：

大前提：所有的人都有死。

小前提：苏格拉底是人。

结论：苏格拉底有死。

尽管会有错误的三段论形式，尽管今天的哲学家和数学家普遍认为亚里士多德三段论是谓词演算的一个特例，但关键在于，一台试图进行逻辑推理的机器必须以某种形式使用这种三段论作为其推理的一部分。同时，之所以还要在计算中使用亚里士多德的逻辑，是因为它的优点——亚里士多德逻辑与实际的人类思想有关：[5]因此，比如基于亚里士多德逻辑的演绎数据库可

---

[1] *Metaphysics* 1006b13—22.

[2] 比特是英文 binary digit 的缩写，由数学家 John Wilder Tukey 提出，是二进制数中的一位，是表示信息的最小单位，只有两种状态：0 和 1。这两个值也可以被解释为逻辑值（真/假、yes/no）、代数符号（＋/－）、激活状态（on/off）或其他两值属性。

[3] *Metaphysics* 1011b23—28.

[4] *Metaphysics* 1006a29—b28，*Prior Analytics* 68a.

[5] Gramstad, T., "AN INTRODUCTION TO ARISTOTELIAN COMPUTER SCIENCE", *Nordic Artificial Intelligence Magazine* No. 2 1991，http：//folk. uio. no/thomas/po/aristotelian－computer－science. html.

以用自然语言解释其推理,它还可以应用在重点与人类用户进行交互作用的领域中,以及应用于对人类思维的模拟尤其是人工智能中涉及的归纳和可能性问题。

二 范畴、分类、程序设计与世界的"二进制化"

人工智能涉及的另一个可以追溯到亚里士多德的核心思想是"范畴化"或者说"分类",[①] 其关联着与把握类的定义相关的"实体—属性"思想。

分类思想最早可以从柏拉图那里找到,其典型代表是在《政治家篇》258b—268d 中对正确分类与找寻一类事物的定义之间的关联的探讨,而亚里士多德系统化了这种方法。"范畴"在亚里士多德那里,即是对存在者的最普遍的、最高的类的完整列表,大致包括实体、数量、质量、关系、处所、时间、姿势、状态、主动、被动,[②] 每一类范畴都有明确的定义,且每一类的成员都共享该类别的本质定义(即普遍形式)或特点;其中,后面九类与第一类的关联可以被归结为"实体—属性"的关系,其中实体可以独立自存,属性则需依附于实体而存在。

在机器学习中,机器学习算法就是旨在学习数据(data)中的共性或者说普遍性(也称为形式或信号 signal),从数据中将普遍的共性与特殊性(也被称为噪音 noise)分离开来,比如,将"普遍的波斯猫"(信号)与附着于该信号上的特殊情况(噪音,如一只猫有伤疤,另一张图像背景有一棵树等)相分离,从而学习理想的波斯猫应该是什么样子。可以说,将本质属性与非本质属性区别出来,这是好的程序设计中非常重要的内容。

同样,在面向对象的程序设计中,[③] 我们可以区分一只特定的狗和它所属的类("狗")。进一步,我们可以给狗的各种属性赋予特定的值:它的

[①] SOWA, F. J., "CATEGORIZATION IN COGNITIVE COMPUTER SCIENCE", in Cohen, H. &Lefebvre, C. ed., *Handbook of Categorization in Cognitive Science*, Elsevier, 2006, pp.141—163.

[②] *Categories*, 1b25.

[③] 在计算机程序设计中,传统的方法是面向过程的程序设计,其把计算机程序视为一系列的命令集合,就像一步步遵循烹饪食谱一样,计算机按照预先设定的顺序执行,先执行 a,然后执行 b,再执行 c,等等。而随着计算机越来越发展,它们的相关软件程序也变得越来越长、越来越累赘。通常情况下,计算机往往需要一遍又一遍地运行相同的代码。面向对象的程序设计(Object Oriented Programming 或 OOP)把计算机程序视为一组对象的集合,而每个对象都可以接收其他对象发过来的消息,并处理这些消息,计算机程序的执行就是一系列消息在各个对象之间传递。

颜色是棕色的，它的重量是 5 千克，等等。这些概念不仅构成了人工智能的基础，而且也是关系数据库和对象数据库的基础，并且常常是用于（经典的、符号化的）人工智能系统中的知识表示的基本组织原则。

对此，有研究者指出[①]："分类是面向对象的程序设计的中心活动，其区别于面向过程的程序设计。由亚里士多德开创的传统逻辑，将分类确定为我们首要的推理活动，我们由此得知该事物是什么。这种对事物'是什么'的把握是所有的进一步推理的基础。"因此，"仔细地研究这种关系，通过一种哲学的研究能够比当前许多关于面向对象的程序设计的教科书更好地理解分类和编程。"类似的，有研究者高度认同亚里士多德对人工智能的积极影响："我们一直认为，亚里士多德的逻辑对程序员有益，使他们可以有序、轻松、无错地表现他们的艺术"，[②] 确实，这样的数字二进制逻辑使我们能够制造出计算算术和逻辑表达式的机器，其速度和准确度令人难以置信，并使现代数据库、飞行控制计算机、保险计算和其他计算能力的诸多应用成为可能。

然而，数字二进制带来的消极影响也可以部分地追溯到亚里士多德那里。这种影响的表现之一是，世界的"二进制化"导致了细微差别的严重丧失，影响了我们的日常生活：例如，在现代社交媒体的档案中，一个人若要填写自己的感情乃至家庭生活状态，尽管选项不限于"单身""已婚""丧偶"这三种，还可以包括一些更现实的关系描述，比如："分居"或"很复杂"。但这并不能完全描述社会现实，因为，即使是 5—10 个这样的类别仍然是数字化形式化的——在某种意义上说，这些形式标签永远无法捕捉到人类关系的全部复杂性。

另一个例子是餐馆点餐。在过去，人们可以告诉服务员自己想吃什么，并就如何准备和提供菜肴提出特殊要求。但随着订单处理中数字计算机的出现，餐馆再也不能接受这样的订单了。现在数字化的订单很难接受菜品的修

---

① Rayside, D., Campbell, T. G., "Aristotle and object-oriented programming: why modern students need traditional logic", in SIGCSE '00 Proceedings of the thirty-first SIGCSE technical symposium on Computer science education, Austin, Texas, USA ACM, March 07-12, 2000, pp. 237-244.

② Rayside, D., Campbell, T. G., "An Aristotelian understanding of object-oriented programming", in Proceeding OOPSLA '00 Proceedings of the 15th ACM SIGPLAN conference on Object-oriented programming, systems, languages, and applications, Minneapolis, Minnesota, USA ACM, 2000, pp. 337-353.

改请求，因为没有适当的系统能够处理这些请求。这反映出人类生活丰富性的减少，乃至在很大程度上的失去：生活和人的选择变得更加可预测，原始的、深刻的个人选择在许多情况下受到阻碍，甚至变得不可能。再比如标准化的简历系统的大量运用，使得非标准化的简历在申请某些领域的工作中变得极为困难，这意味着，一个人的某些"非标准化"的重要经验因不能得到数字化处理而不受重视，因而最终可能成为无用的和无价值的。

因此，当人类生活在某些程度上被简化为一系列标准化的菜单选择，这可以说是侵蚀了人类生活的某些基本人性。这也可谓是亚里士多德思想通过数字技术带来的对生活的一方面影响。

可以说，亚里士多德的思想在人工智能的源头处，仍流溢着一种源初的丰富性，对这种丰富性的不断重返一方面能深刻理解人工智能发展上的某些根本困难；另一方面能有望对其中的某些困难找到解决思路。对于前者而言，在面对人工智能发展的困难上，德雷福斯反思了自苏格拉底—柏拉图—亚里士多德以降的形式化、二元化传统："回顾过去十年的人工智能研究，我们可以说，已出现的基本观点是，由于智能必须位于人类生活中，因此智能不能与人类生活中的其他部分相分离。然而，对这一看似明显的观点的坚持否认，并不始于人工智能自身。它始于柏拉图对智能或理性灵魂与属于身体的技能、情感和欲望的分离。"[1] 而亚里士多德某种程度上继续着这种二分，他将人定义为理性的动物，进而将理性二分为理论理性与实践理性。与此同时，逻辑和几何在希腊人那里的发明，使得一切推理甚至理性都可以被还原为计算的这一理想开始被奠定。[2] 苏格拉底可谓是这样做的第一人，而柏拉图继承了这一点并把伦理的要求认识论化，希望将伦理学数学化为一门精确的演绎科学。[3] 在柏拉图那里，一切知识必须涉及定义，否则就不是知识，因此依靠感官和直觉的厨师、依靠灵感的诗人都没有知识。后来，智能的形式化、计算化愈演愈烈，比如霍布斯就认为，"理性除了计算，什么都不是……"而莱布尼茨的理想就是有一天我们可以对道德也进行计算。[4]

---

[1] Dreyfus, L. H., *What Computers Still Can't Do: A Critique of Artificial Reason*, MIT Press, 1992, p. 62.

[2] Ibid., p. 67.

[3] Anagnostopoulos G., *Aristotle on the Goals and Exactness of Ethics*, Berkeley: University of California Press, 1994, p. 5. Broadie, S., *Ethics with Aristotle*, Oxford University Press, 1993, p. 17.

[4] Dreyfus, L. H., *What Computers Still Can't Do: A Critique of Artificial Reason*, MIT Press, 1992, p. 69.

亚里士多德则不同，他认为在伦理的领域里，我们要依靠经验直觉，我们的理性不能与人类生活相分离。他认为伦理领域的善是很难被定义的，并且需要感知。①

因此在这一方面，重返亚里士多德的思想，有望就人工智能当前面临的某些伦理困境求得解决思路，其中之一即是，如何构建有道德的人工智能？

三　德性伦理学与构建道德人工智能体

这一问题始于，随着人工智能和机器人系统有了更高的自主性，且它们的应用领域如自动驾驶、服务性机器人和数字人身助手离人更近，带来了各方面的许多忧虑。相比从外在不同方面对其进行限制、约束和规范，更关键的是从人工智能自身着手，构建有伦理维度的人工智能。

当然，这并不是说使人工智能有人类一样的伦理道德，而是类似于认为人工智能有"智能"一样，指的是使得人工智能可以表现出符合人类伦理道德期望的行为。

为此，我们需要将道德代码化，而这涉及我们不同伦理理论的不同进路问题。其中，也许广大的程序员更熟悉的是功利主义的算法，②但亚里士多德的德性伦理学思路也是伦理算法的一个很好的出发点：有研究者指出，德性伦理学涉及人们希望成为什么样的人的问题，可以帮助人工智能研究人员在不断变化的社会条件下构建伦理讨论，并指导如何将伦理学纳入塑造学习路径的人工智能。③不仅如此，亚里士多德伦理学强调从经验中学习，这形成了与现代人工智能的恰当结合。从道德典范那里进行模仿学习是德性伦理学的一个核心概念，这能解决人工智能体涉及的价值取向一致性问题（value alignment problem）。此外，一个被赋予了节制和对人友爱的美德的智能系统可以被证明不会对人类造成"控制问题"，因为它不会有无限的自我促进的欲望。④

---

① Ibid., p. 68. *Nicomachean Ethics* 1109b20—29.
② Han Yu, Zhiqi Shen, Chunyan Miao, Cyril Leung, Victor R. Lesser and Qiang Yang, Building Ethics into Artificial Intelligence, Proceedings of the Twenty-Seventh International Joint Conference on Artificial Intelligence (IJCAI-18), p. 5531.
③ Ibid..
④ Berberich, N. Diepold, K., "The Virtuous Machine-Old Ethics for New Technology?", arXiv: 1806. 10322v1 [cs. AI] 27 Jun 2018, https://arxiv.org/abs/1806.10322.

还有研究者指出了亚里士多德德性伦理学的优点[①]：在运用德性伦理学作为编程工具的问题上，构建带有品格的计算机，或者自上而下地实现德性或者作为学习型计算机发展品格，这是非常有用的。前一种方法把德性看作是可以编程到系统中的特征。后一种方法源于对神经网络的现代"联结主义"方法与基于德性的伦理系统之间的趋同的认识，这种趋同尤其与亚里士多德的方法相似。联结主义关注的是神经网络的发展和训练，它认为应通过经验和实例，而不是语言和规则捕捉的抽象理论来进行。亚里士多德恰恰认为，伦理品格并不来自抽象的教授，而是来自反复的实践练习中形成的"习惯"。

　　可以说，在人工智能发展的今天，亚里士多德仍未远离我们。虽然其思想有一定的局限，但其思想中包含的源初丰富性仍在某种程度上有助于我们深刻理解和把握人工智能以及"智能"本身，并有望继续推动人工智能的发展。

[①] Wallach, W. and Allen, C., *Moral Machines: Teaching Robots Right from Wrong*, Oxford University Press 2010, p.119.

国内外"数字劳动"研究述评

廖 苗 黄 磊*

【内容提要】 本文介绍国内外"数字劳动"研究的概况和基本思路,从信息产业和数据生产的角度去看数字劳动概念的分析适用性,指出数字劳动研究存在的问题和局限在于对"数字生产"领域关注面的窄化以及对"劳动"概念的泛化,面临着对当代资本主义生产方式分析效力不足以及忽视新兴技术的变革潜能的问题。如能将对当代数据生产领域的价值分析作为数字劳动研究的新进路,厘清具体生产方式中数据采集、存储、开发等环节中价值和剩余价值的产生的过程,则有可能在揭示剥削状况之余,进一步发掘数字技术的解放潜力。

【关键词】 数字劳动;劳动价值论;数字工作;数据生产

"数字劳动"是当代传播学和西方马克思主义研究领域提出的一个学术概念,用于描述大众传媒、文化产业、互联网等技术高度发达的社会状况中劳动生产模式的新变化。近年来,随着我国信息通信产业和文化传媒行业的迅猛发展,国内对"数字劳动"领域的关注和研究迅速升温,成为传播学、社会学、马克思主义和科学技术哲学等学科的新兴热点。

一 国外的数字劳动研究

数字劳动研究最早可以追溯到1970年代。1977年,加拿大传播学

---

* 廖苗,长沙理工大学马克思主义学院哲学系讲师;黄磊,中国科学技术发展战略研究院博士后。

者斯麦兹在其所写的《传播：西方马克思主义研究的盲点》一文中提出"受众商品论"①。斯麦兹认为在大众传播媒介（如电视、广播等）构成的文化传播产业里，有一个很重要的商品被忽视了，就是"受众"。文化传播产业把传媒的受众——读者、听众、观众，作为商品生产出来。文化传播的过程中，使用者被塑造成为"受众"，他们接受了大众媒介所传播的文化。传媒把生产出来的"受众"打包出售给商家，受众便成为商品定向销售的对象。这就是所谓的"受众商品论"。2000年，意大利的自治主义者特拉诺瓦在《免费劳动：为数字经济生产文化》②一文中提出"免费劳动"概念，更关注的是互联网社交媒体，比如facebook。人们在社交媒体中上传视频、发布信息等各种行为，为互联网社交媒体的平台供应商提供了免费的劳动。2008年之后，欧美马克思主义和传播学界兴起了研究探讨"数字劳动"的热潮，如2009年在加拿大和美国举办的专题学术研讨会③，英国《传播、资本主义和批判》期刊（简称3C）在2013—2014年举办的专题征文④。2014年，英国的学者福克斯写了一本专著《数字劳动与卡尔·马克思》⑤，比较系统地阐释了数字劳动概念，建构了数字劳动研究的理论。

国外"数字劳动"的研究主要包括几个方面：

一是对"数字劳动"所指的各种现象的描述，如特拉诺瓦⑥考查了使用电子邮件、社交网络、写博客等大量互联网冲浪活动。克斯尼科⑦用数字劳

---

① Fuchs, C., "Dallas Smythe Today—The Audience Commodity, the Digital Labour Debate, Marxist Political Economy and Critical Theory. Prolegomena to a Digital Labour Theory of Value", *tripleC*, 2012, 10 (2): 692—740.

② Terranova, T., "Free Labor: Producing Culture for the Digital Economy", *Social Text* 2000, 18 (2): 33—58.

③ Burston, J., Dyer-Witheford, N., and Hearn, A., Digital labour: Workers, authors, citizens", *Ephemera*, 2010, 10 (3/4): 214—221. 和 Scholz, T., *Digital Labour: The Internet as Playground and Factory*. New York: Routledge Press, 2012.

④ Sandoval, M., and Fuchs, C., "Introduction: Philosophers of the World Unite! Theorising Digital Labour and Virtual Work—Definitions, Dimensions, and Forms", *tripleC*, 2014 (2): 467.

⑤ Fuchs, C., *Digital Labour and Karl Marx*. New York: Routledge, 2014.

⑥ Terranova, T., "Free Labor: Producing Culture for the Digital Economy", *Social Text*, 2000, 18 (2): 33—58.

⑦ Scholz, T., *Digital Labour: The Internet as Playground and Factory*. New York: Routledge Press, 2012, pp. 98—111.

动来分析粉丝群体的行为。布拉迪奇[1]研究了互联网时代的 DIY 文化。琼斯[2]研究了大学图书馆员的数字劳动。

二是"数字劳动"概念的提出和界定,如特拉诺瓦[3]以互联网用户无偿、自愿的网络行为所提供的"免费劳动"来界定"数字劳动"。舒尔茨[4]提出"玩乐劳动"的概念,指的是互联网上的休闲、娱乐和创造性的无偿活动,以此来界定"数字劳动"。福克斯[5]所认为的数字劳动包括信息通信技术行业整个价值链上所涉及的各种劳动。

三是以马克思主义的理论资源对"数字劳动"进行分析和批判。特拉诺瓦[6]分析了"免费劳动"创造的价值,指出数字劳动者隐秘的被剥削状况。福克斯[7]通过区分"劳动"和"工作"提出了数字劳动的"三重异化"模型。

二 国内的数字劳动研究

以"数字劳动"为主题,在中国知网上能检索出三十多篇文章。[8] 其中 2014 年复旦大学新闻学硕士论文 1 篇[9],2015 年武汉大学传播学博士论文 1 篇[10],报纸文章 8 篇,期刊文章 27 篇,绝大部分发表于 2017 年及以后。通过对这些文献的梳理,可以看到目前国内学界对"数字劳动"的研究大致可以分为三类。

第一类是对国外数字劳动的理论和研究成果的译介,介绍了"数字劳

---

[1] Bratich, J., "The digital touch: Craft-work as immaterial labour and ontological accumulation", *Ephemera*, 2010, 10 (3/4): 303-318.

[2] Jones, P., "Digital labour in the academic context: Challenges for academic staff associations", *Ephemera*, 2010, 10 (3/4): 537-539.

[3] Terranova, T., "Free Labor: Producing Culture for the Digital Economy", *Social Text*, 2000, 18 (2): 33-58.

[4] Scholz, T., *Digital Labour: The Internet as Playground and Factory*. New York: Routledge Press, 2012.

[5] Fuchs, C., *Digital Labour and Karl Marx*. New York: Routledge, 2014.

[6] Terranova, T., "Free Labor: Producing Culture for the Digital Economy", *Social Text*, 2000, 18 (2): 33-58.

[7] Fuchs, C., "What is Digital Labour? What is Digital Work? What's their Difference? And why do these Questions Matter for Understanding Social Media?" *tripleC*, 2013, 11 (2): 237-293.

[8] 检索时间为 2018 年 8 月 28 日,检索式为:主题=数字劳动 or 题名=数字劳动(模糊匹配),经人工排查无关结果后,得到共 38 篇文献。

[9] 黄炎宁:《数字劳动、拜物和消费性公民主体》,硕士学位论文,复旦大学,2014 年。

[10] 吴鼎铭:《互联网时代的"数字劳工"研究》,博士学位论文,武汉大学,2015 年。

动"概念的内涵界定、表现形式和研究历史[1]。燕连福、谢芳芳[2]界定了数字劳动的内涵，认为有广义和狭义之分。广义的数字劳动指的是数字媒介技术和内容的生产、流通与使用过程中所涉及的脑力与体力劳动。这个广义的概念是福克斯在他2014年出版的《数字劳动与卡尔·马克思》一书中提出的。福克斯所研究的"数字劳动"不仅涉及特拉诺瓦等人主要讨论的在各种社交媒体上的用户行为，他还提到在整个的数字文化产业里涉及的其他环节，既包括生产苹果手机的富士康的血汗工厂里面的劳动，也包括软件工程师等编程人员的劳动。狭义的数字劳动概念是以数字技术为终端的社交媒介领域内的用户劳动，主要指人们作为社交媒体的用户，每天发朋友圈、刷朋友圈、发微博、看视频、上传视频等活动。国内的研究更多关注的是狭义的数字劳动。吴欢、卢黎歌[3]列出了数字劳动的四种具体形式：（1）互联网产业专业劳动，包括软件编程以及互联网产业公司从业人员；（2）无酬的数字劳动，主要是社交媒体的用户活动；（3）受众劳动，包括观看音频、视频等媒体；（4）玩乐劳动，包括玩电子游戏。这四种形式的"数字劳动"涉及范围也是比较宽的，不局限于上文中提到的狭义的"数字劳动"。

第二类是结合马克思的劳动价值论对数字劳动的属性、价值创造、数字资本主义的演进逻辑等进行理论分析[4]。谢芳芳、燕连福[5]基于福克斯与特

---

[1] 吴欢、卢黎歌：《数字劳动与大数据社会条件下马克思劳动价值论的继承与创新》，《学术论坛》2016年第12期；燕连福、谢芳芳：《福克斯数字劳动概念探析》，《马克思主义与现实》2017年第2期；文森特·曼泽罗尔、姚建华、徐偲骕：《移动的受众商品：无线世界的数字劳动》，《开放时代》2017年第3期；冯洁、周延云：《国外马克思数字劳动研究：概览与评析》，《贵州社会科学》2017年第12期。

[2] 燕连福、谢芳芳：《福克斯数字劳动概念探析》，《马克思主义与现实》2017年第2期。

[3] 吴欢、卢黎歌：《数字劳动与大数据社会条件下马克思劳动价值论的继承与创新》，《学术论坛》2016年第12期。

[4] 刘荣军：《数字经济的经济哲学之维》，《深圳大学学报》（人文社会科学版）2017年第4期；孔令全：《数字时代的数字劳动和数字治理》，《厦门特区党校学报》2017年第4期；孔令全、黄再胜：《国内外数字劳动研究——一个基于马克思主义劳动价值论视角的文献综述》，《广东行政学院学报》2017年第5期；黄再胜：《数字劳动与马克思劳动价值论的当代阐释》，《湖北经济学院学报》2017年第6期；谢芳芳、燕连福："数字劳动"内涵探析——基于与受众劳动、非物质劳动、物质劳动的关系》，《教学与研究》2017年第12期；孔令全：《浅析数字经济时代数字劳动研究的价值意蕴》，《沈阳干部学刊》2017年第6期；孔令全、黄再胜：《马克思劳动价值论之数字经济时代拓展——西方资本主义社会数字劳动价值创造研究》，《广东行政学院学报》2018年第2期；蓝江：《一般数据、虚体、数字资本——数字资本主义的三重逻辑》，《哲学研究》2018年第3期；吴欢、卢黎歌：《数字劳动、数字商品价值及其价格形成机制——大数据社会条件下马克思劳动价值论的再解释》，《东北大学学报》（社会科学版）2018年第3期；白刚：《数字资本主义："证伪"了〈资本论〉?》，《上海大学学报》（社会科学版）2018年第4期。

[5] 谢芳芳、燕连福：《"数字劳动"内涵探析——基于与受众劳动、非物质劳动、物质劳动的关系》，《教学与研究》2017年第12期。

拉诺瓦研究的差异，梳理了数字劳动与受众劳动、非物质劳动及物质劳动三者的关系。孔令全、黄再胜[①]基于劳动价值论分析了数字劳动中使用价值的生产、交换价值的转化和剩余价值的产生，指出数字劳动是资本剥削逻辑的延伸和强化。吴欢、卢黎歌[②]根据数字商品的特点绘制了一般数字商品的市场价格形成机制图。

第三类是在传播学领域使用数字劳动概念对互联网经济的具体案例进行考察[③]。黄炎宁[④]研究了微博官方账号的运营。张斌[⑤]研究了字幕组与青年文化。蔡润芳[⑥]考查了游戏产业中玩家的劳动。吴鼎铭[⑦]研究了网络视频的众包生产模式。李霞飞[⑧]研究了自媒体粉丝群体的商品化。郭倩[⑨]研究了支付宝年度账单的生成。

三 数字劳动研究的基本思路、主要结论和存在问题

通过考察国内外数字劳动研究的主要文献，可以将其基本思路归结三点：

---

① 孔令全、黄再胜：《马克思劳动价值论之数字经济时代拓展——西方资本主义社会数字劳动价值创造研究》，《广东行政学院学报》2018年第2期。

② 吴欢、卢黎歌：《数字劳动、数字商品价值及其价格形成机制——大数据社会条件下马克思劳动价值论的再解释》，《东北大学学报》（社会科学版）2018年第3期。

③ 张斌：《中国字幕组、数字知识劳（工）动与另类青年文化》，《中国青年研究》2017年年第3期；蔡润芳：《平台资本主义的垄断与剥削逻辑——论游戏产业的"平台化"与玩工的"劳动化"》，《新闻界》2018年第2期；吴鼎铭：《作为劳动的传播：网络视频众包生产与传播的实证研究——以"PPS爱频道"为例》，《现代传播》（中国传媒大学学报）2018年第3期；李霞飞：《从"咪蒙"粉丝的"数字劳动"看自媒体粉丝群体的商品化》，《东南传播》2018年第3期；郭倩：《数字经济时代下的数字劳动与受众商品化——以支付宝年度账单及2017年账单"被同意"事件为例》，《海南大学学报》（人文社会科学版）2018年第4期。

④ 黄炎宁：《数字劳动、拜物和消费性公民主体》，硕士学位论文，复旦大学，2014年。

⑤ 张斌：《中国字幕组、数字知识劳（工）动与另类青年文化》，《中国青年研究》2017年第3期。

⑥ 蔡润芳：《平台资本主义的垄断与剥削逻辑——论游戏产业的"平台化"与玩工的"劳动化"》，《新闻界》2018年第2期。

⑦ 吴鼎铭：《作为劳动的传播：网络视频众包生产与传播的实证研究——以"PPS爱频道"为例》，《现代传播》（中国传媒大学学报）2018年第3期。

⑧ 李霞飞：《从"咪蒙"粉丝的"数字劳动"看自媒体粉丝群体的商品化》，《东南传播》2018年第3期。

⑨ 郭倩：《数字经济时代下的数字劳动与受众商品化——以支付宝年度账单及2017年账单"被同意"事件为例》，《海南大学学报》（人文社会科学版）2018年第4期。

第一，网络行为、社交媒体活动等信息化活动能够生产使用价值。这是使用"数字劳动"这一概念能带来的一个比较重要的启发。人们上网和使用互联网社交媒体等行为通常都被认为是消费行为、社会交往行为以及休闲、娱乐行为。在"数字劳动"研究视域中，这些行为被认为是为互联网平台提供商生产出了使用价值。"受众商品论"指出，这些行为生产出了"受众"这样一个商品。因此这些行为其实是创造价值的，可以称为"数字工作"。

第二，数字工作在资本主义社会中被异化为数字劳动。福克斯根据对马恩经典著作的阐释，对"工作"和"劳动"这两个概念进行了区分。他认为马克思的理论里面其实是有这样的区分的。他引用的依据是恩格斯在马克思的资本论第一卷第一章讲到劳动二重性时做的一个脚注，其中提到马克思在写"劳动"的时候对这个词的使用并没有做出很明确的区分。马克思所使用的德文 Arbeit 在英文当中有两个词可以作为它的翻译，一个是 work（工作），一个是 lobor（劳动）。work 是生产使用价值的，它是劳动的质的方面；lobor 生产的是价值，可以通过在量上被计算。由此可以把"工作"和"劳动"两个概念进行区分。福克斯提出的数字劳动将来能够超越资本主义生产关系进入共产主义的生产方式，就是基于这样的一个区分。基于这一概念上的区分，福克斯认为数字工作（work）在资本主义社会当中被异化为数字劳动，并提出了"三重异化"的模型来剖析数字劳动。第一重异化是劳动者与劳动力的异化。劳动者如果不去参与网络社交这类活动，就会受到孤立，产生社交的匮乏感；第二重异化是劳动者与生产资料的异化，这又分为两个方面：一方面是劳动者与劳动对象异化，指的是数字劳动生产出来的人类经验（文化）是在资本的控制之下的；另一方面是劳动者与劳动工具的异化，即社交媒体中数字劳动的工具主要是网络平台，但网络平台属于大公司所私有；第三重异化是劳动者与劳动产品的异化，即数字劳动生产出来的货币财富被资本家所占有。[1]

第三，数字劳动生产出来的剩余价值被平台供应商剥削。基于前述三重异化，劳动力、劳动资料和劳动产品都被资本所控制，在资本主义生产关系中，数字劳动生产出来的剩余价值就被资本家所剥削了。福克斯设想只有超越资本主义生产关系，在共产主义的情况下，实现了"数字劳动"中劳动力

---

[1] Fuchs, C., "What is Digital Labour? What is Digital Work? What's their Difference? And why do these Questions Matter for Understanding Social Media?" *tripleC*, 2013, 11 (2): 237—293.

和生产资料公有制,才能够实现数字劳工的解放。[1]

在这样的基本思路之下,数字劳动研究的主要结论可以归结为三点:

第一,通过使用"数字劳动"这一概念来进行分析,揭示出人们在使用社交媒体的过程中被剥削的状况。一般人们认为使用互联网社交媒体是在休闲、在社交、在娱乐、在消费。但是"数字劳动"研究认为进行这些活动都是在被剥削。

第二,由"数字劳动"的被剥削状况分析推演出"数字劳工"可以进行维权行动,比如特拉诺瓦提出了"反劳动"行动纲领,拒绝免费为社交媒体提供内容。[2]

第三,可以通过改造信息时代的生产关系来实现数字共产主义。

然而,从前文中对"数字劳动"研究的基本思路的归纳,可以看出当前"数字劳动"研究进路存在两个问题。

首先,"数字劳动"的研究过于聚焦在对文化产业的内容分析,忽视了对当下经济生产中颇为重要的信息产业的数据生产(如物联网、人工智能、智能制造)的关注。这是对"数字生产"领域的窄化,这可能会限制"数字劳动"这一概念对当代资本主义生产方式分析的效力。

其次,由于将大众使用互联网技术和产品的休闲、消费、娱乐等行为都归为劳动,混淆了生产和消费两个概念,这就有可能导致对"劳动"概念的泛化,从而掩盖当代数字技术及相应生产方式中蕴藏着的变革潜能。

四 数字劳动研究的新进路

因此,笔者提出,"数字劳动"研究所关注的生产领域可以适当拓展。国内外的"数字劳动"分析大都集中在文化产业,关注内容的生产。在数字劳动研究中经常提到的"受众商品论""免费劳动""非物质劳动"等相关概念,都是针对内容的生产——生产文化,生产文化的受众。文化产业中,生产的原料是受众有意识的社交媒体活动。而生产出来的产品主要有两种:一种是资本主义生产关系的意识形态,即认为文化产业中受众的活动是休闲而不是劳动;另一种是精准广告,即,使用传媒和互联网社交行为都使得人们

---

[1] Fuchs, C., "What is Digital Labour? What is Digital Work? What's their Difference? And why do these Questions Matter for Understanding Social Media?" *tripleC*, 2013, 11 (2): 237-293.

[2] Terranova, T., "Free Labor: Producing Culture for the Digital Economy", *Social Text*, 2000, 18 (2): 33-58.

成为广告精准投放的对象——这是"受众商品论"和"免费劳动"的重要批判思路。但福克斯和特拉诺瓦的思路不一样。特拉诺瓦局限在文化产业，所以聚焦在"消费"活动中，关注免费劳动，这一思路延续下去就与"非物质劳动"概念①有交叉。福克斯的关注范围更宽，延伸到了数字媒体生产的整个价值链，所以包括了设备的生产和软件程序的生产，这就把非洲采矿，富士康流水线和印度程序员都包括进来。福克斯的思路拓宽了很多，但是与内容生产的分析方法并不一致，那些提供硬件和基础设施的劳动的分析方式就回归传统劳动。福克斯的广义数字劳动分析，更全面更现实，但又脱离了"数字劳动"分析思路的特殊性。如何既坚持马克思主义的生产物质性、现实性和广阔思路——"生产—分配—交换—消费"——从而跳出文化产业消费环节的局限性，又能够保留"数字劳动"批判的特殊性和时代性呢？这就需要把"数字生产"不仅仅看作是一般生产的"数字化"映射，而是生产了物质性的"数据"。数据的生产具有不同于其他商品生产的特殊性和时代性。

数字劳动如何产生价值？这是在劳动价值论的框架之下进行数字劳动研究的关键问题。故而，数据生产是一个中间环节。数字劳动的直接产出是内容，以数据的形式存在，通过数据开发，进一步产生出价值，转化为另一种形式的产品。所以，要关注数字劳动的"商品"是什么。必须通过关注"商品"这一中介，才能把数字劳动的故事讲通。这就要从数字劳动过渡到"数据"生产的领域上来。在这个转换过程中，具体的生产技术、生产资料必然会浮现出来。有劳动投入，有生产资料，有技术手段，整个生产关系才浮现出来。

如果数字劳动研究可以不局限在分析文化产业的内容生产，而更多关注信息通信产业的数据生产，有可能开辟出新的分析思路。近年来，物联网、大数据、人工智能、智能制造、智慧城市等概念在国内外迅速升温。信息产业的数据生产在社会生产中的重要性越来越突出。我们已经悄然进入了数字化生存时代。随着数据的收集、存储以及挖掘技术的不断发展，数据成为可以交易、增值的重要资产。成千上万的企业花费金钱和人力，只为开辟新的数据流量通道。看似不计成本甚至倒贴地在招揽客户，实则以获取用户的信息、累积大量数据为目标。一些初创型中小企业积攒了足够量的数据可以出

---

① Lazzarato, Maurizio, "Immaterial labor", In Virno, Paolo; Hardt, Michael. *Radical Thought in Italy : A Potential Politics*. University of Minnesota Press, 1996. pp. 142—157. ［美］麦克尔·哈特、［意］安东尼奥·奈格里：《帝国：全球化的政治秩序》，江苏人民出版社 2008 年版。

售给大公司。拥有大规模数据的公司可以通过挖掘，让数据产出新的价值。数据的生产、交易、开发的产业链已然成型，在此基础上还衍生出了基于数据的金融体系。看似无形无体的数据不仅成了可以交易的商品，而且成了可以增殖的资本。

在数据生产的领域中，生产的原料是数字化的所有活动的信息，产品就不局限在作为广告商的受众——用户，而是非常丰富的。例如工业、制造业中兴起的"智能制造"概念，所依赖的是物联网生产出来的相当具有价值的数据。我们如今使用的手机等智能通信终端设备，每天收集了海量用户的出行信息、采购信息、健康信息。正在发展中的物联网，将使得几乎所有的设备和产品都可以通过携带的传感器收集各种位置和状态信息。由这些信息所构成的数据可以服务于材料、食品、汽车等等工业品和日用品的生产：根据客户的需求进行定制化生产，根据物流、消耗等状况进行时间规划上的精准生产。在服务行业，通过可穿戴设备、智能家居、智能交通工具源源不断地产生海量数据，记录人们衣食住行等生活的方方面面。海量数据与人工智能的结合，便能够为用户提供个性化和定制化的医疗、出行、教育等服务。

在数据生产领域运用"数字劳动"概念进行分析，则需要克服已有的"数字劳动"研究中对"劳动"概念的泛化使用，重新区分生产和消费，区分生产者和生产资料，分清劳动者和劳动对象。由于人们的衣食住行等各种行为都可以被采集，被采集为数据的人类活动本身是否都可以算作生产剩余价值的劳动行为？很多数据都是被动被采集的，例如公路上的摄像头采集了大量交通出行的数据，这些交通行动，属于数据生产的原料，而不是人们主动去花费精力和时间来提供的。人们的消费活动有可能成为劳动，但并不必然成为劳动。需要考虑的是在什么样的条件下，消费活动会成为劳动，这就要考察具体的生产过程。网络的社交行为、消费行为在什么样的条件下参与了生产，在什么样的条件下仅仅是非生产的消费行为——这需要做出区分。消费行为有可能不是数据生产活动的劳动行为，而是劳动对象。可以进行一个类比：长白山的水被包装起来销售，但长白山并不是劳动者；如今垃圾焚烧能用于发电，能够通过对垃圾进行加工生产出商品和利润，但是制造垃圾之行为本身不是劳动，垃圾就只是劳动对象。所以要区分在什么样的数据生产当中，人的受众行为、消费行为是劳动，什么样的情况下不是劳动，而仅仅是消费行为。

因此，需要对数据生产过程进行更为细致的价值分析，考察数据的价值从何而来，数据资产增值的秘密何在。进行这样的分析和考察有赖于对具体案例的经验研究。在此，笔者仅从较为抽象的层面作一个示例。

数据生产可以粗略地分为三大阶段：数据采集、数据存储和数据开发。每一个阶段都有物质生产资料和劳动力的投入，都生产出数据的使用价值和交换价值。对数据生产进行价值分析需要对每个阶段的生产过程进行考察。

数据采集依赖于各种各样的传感设备。例如人们佩戴手环进行运动、睡眠，手环采集了人们的运动和健康数据。这些传感设备的设计、生产，企业对传感设备进行大范围的投放行为，需要花费很多的劳动时间和物质成本。数据采集阶段的价值来源于传感器的制造和投放，而不是人们的运动和睡觉行为本身。人们在不佩戴手环时也需要活动和睡觉，但是这些日常生活不能算作生产数据的劳动。

数据存储是数据生产的重要环节，需要相应的存储设备。而数据存储设备也是需要设计、生产和维护的。此外，存储数据本身也是消耗能源与资源的活动。例如，上海工行的中心机房占地面积是 44340 平方米。[①] 看似无形无体的数据，其存在本身就需要投入劳动成本，故而数据的存储也是价值的一个来源。

数据开发则更是需要投入劳动力和劳动工具才能进行。有一个概念叫"数据废气"[②]，指的是没有被开发利用的数据就像是汽车排放的尾气，是无用的废弃物。人类的互联网行为和活动产生了很多的数据，如果不去进行特定的采集、存储、开发，就会像尾气一样被排掉了。关于数据经济有一个著名的例子，提供搜索引擎服务的谷歌公司对人们搜索的数据进行挖掘，能够预测流感的趋势。[③] 人们仅仅是搜索购买药品的信息，或者疾病治疗方法的信息。这些数据的价值是否产生于人们的搜索行为本身？还是说谷歌公司在挖掘这些搜索数据的过程中，把原来数据的废气进行采集、存储、开发，才使得其产生价值？又如上网输入验证码的例子，这一流程的目的是识别人类用户，防止机器注册。但将人们识别图片、文字等验证码的数据进行加工，就能成为机器学习进行图片识别和文字识别的有价值的数据，有助于人工智

[①] 国内外数据中心建设规模对比分析。http://www.jifang360.com/news/20161028/n356888550.html [EB/OL].[2018—08—28]

[②] O'Leary D. E., Storey V. C., "Data Exhaust." In: Schintler L., McNeely C. (eds) *Encyclopedia of Big Data*. Springer, Cham, 2017.

[③] Ginsberg, Jeremy & Mohebbi, Matthew & S Patel, Rajan & Brammer, Lynnette & Smolinski, Mark & Brilliant, Larry, "Detecting Influenza Epidemics Using Search Engine Query Data", *Nature*. 2008, 457. 1012—4. 10.1038/nature07634.

能的开发。从一些具体的经验研究中，我们需要考察数据价值生发的点具体在哪里。

五　小结

"数字劳动"研究运用马克思的劳动价值论对信息时代的互联网等技术条件下的生产和消费等行为进行分析，通过分析媒体受众和网络平台用户的社交、娱乐等行为替媒介供应商生产出价值和商品，揭示出作为"数字劳工"的媒介用户的隐秘的被剥削状况。但由于对"数字生产"领域关注面的窄化以及对"劳动"概念的泛化，面临着对当代资本主义生产方式分析效力不足以及忽视新兴技术的变革潜能的问题。如能将对当代数据生产领域的价值分析作为数字劳动研究的新进路，厘清具体生产方式中数据采集、存储、开发等环节中价值和剩余价值的产生的过程，则有可能在揭示剥削状况之余，进一步发掘数字技术的解放潜力。